THE
MAITRI OR MAITRAYANIYA UPANISHAD,
WITH THE
COMMENTARY OF RAMATIRTHA

BIBLIOTHECA INDICA

A

COLLECTION OF ORIENTAL WORKS

PUBLISHED UNDER THE SUPERINTENDENCE OF THE

ASIATIC SOCIETY OF BENGAL.

THE
MAITRI OR MAITRAYANIYA UPANISHAD,
WITH THE
COMMENTARY OF RAMATIRTHA

EDITED, WITH

An English Translation,

By

E. B. COWELL. M.A.,

PROFESSOR OF SANSKRIT IN THE UNIVERSITY OF CAMBRIDGE.

GYAN

Published by

Gyan Publishing House
5, Ansari Road
Daryaganj, New Delhi-110002
Phone: 011-47034999, 9811692060
E-mail: books@gyanbooks.com

Distribution Network
gyanbooks.com
India, USA, Canada, UK, Australia, France

ISBN : 978-81-212-2884-8 (HB)
First Published, 1870

2nd Impression 2021

Printed at: Gyan Press, Delhi.

The
Maitri or Maitrayaniya Upanishad,
With The
Commentary of Ramatirtha
Author: E. B. Cowell

BIBLIOTHECA INDICA

A

COLLECTION OF ORIENTAL WORKS

PUBLISHED UNDER THE SUPERINTENDENCE OF THE

ASIATIC SOCIETY OF BENGAL.

THE

MAITRI OR MAITRAYANÎYA UPANISHAD,

WITH THE

COMMENTARY OF RÀMATÎRTHA,

EDITED, WITH

An English Translation,

BY

E. B. COWELL, M.A.,

PROFESSOR OF SANSKRIT IN THE UNIVERSITY OF CAMBRIDGE.

LONDON:

PRINTED BY W. M. WATTS, 80, GRAY'S INN ROAD.

1870.

PREFACE.

THE Maitri or Maitráyaṇíya Upanishad belongs to the Maitráyaṇíya Śákhá of the Black Yajur Veda. It appears to have originally formed a part of a lost Bráhmaṇa belonging to that Śákhá, just as the Bṛihad Áraṇyaka comes at the end of the Śatapatha Bráhmaṇa. The preceding karma káṇḍa, according to the Commentator, consisted of four parts which described the various ceremonial rites; and the Upanishad was the fitting conclusion by which the initiated devotee is led from ceremonial to spiritual worship.

Its main subject is a dialogue said to have been held between King Bṛihadratha and the sage Śákáyanya, who relates the divine science of Brahman as it had been delivered to him by the sage Maitri or Maitreya, the son of Mitrá. In the sequel of the discourse he relates a dialogue held in olden time between the deities called the Válakhilyas and the Prajápati Kratu. This inserted dialogue would seem to have originally ended with the fourth chapter, but in the present recension it is continued to the 29th section of the sixth chapter. Maitri's own discourse ends in the 30th section of the same chapter; but the Upanishad itself continues the subject in a very similar manner to the end of the seventh chapter. We learn from the Commentator that the sixth and seventh chapters were considered to be *Khila* or supplementary; and he warns his reader not to expect the same strict connection between their various sections, which had been found in the earlier chapters. Even the earlier portion of the Upanishad must be assigned to a late period; and the latter portion must be comparatively modern, as we may judge from the Vaishṇava quotations which are sometimes introduced (as *e. g.* vi. 13, 23.)

The proper title of the Upanishad is doubtful. The two MSS., which I used in Calcutta for this edition, do not give the original text separately from the commentary, but insert it in detached portions which were carefully distinguished by red pigment; and consequently they have no separate colophon for the text; and in the colophons to the Commentary they vary (with M.) between *maitryupanishad-dípiká* and *maitriśákhopanishad-dípiká*. The Poonah MS. (C.) calls it the *Maitráyaṇíya-śákhopanishad,* and similarly Baron von Eckstein's transcript (E.) gives the name in its closing colophon as *Maitráyaṇíyopanishad.* Vidyáraṇya in his Sarvopanishad-arthánubhútiprakáśa gives the name as the Maitráyaṇiyopanishad, and in śll. 55, 150, he speaks of Maitra as the *śákhá-pravartaka.* It is quoted as the Maitreyopanishad in the Sánkhyapravachanabháshya, p. 46, with a reference apparently to iii. 2 and vi. 10. I have doubtingly written the name as the Maitri Upanishad; Professor Weber (Ind. Stud. x. 233) prefers Maitrí Upanishad.*

The great peculiarity of this Upanishad consists in its frequent reference to older works; thus we find in the earlier portion (ch. i.—v.) seven definite quotations introduced by the formulæ *anyatrápyuktam* or *ityevam hyáha*; these occur respectively in pp. 31, 32; 46; 48; 49; 53; 55, 56; 59. The first is taken from the Bṛihad Áraṇyaka Upanishad v. 9; but the others I have not been able to identify. The later portion (chh. vi., vii.) bristles everywhere with these quotations, always introduced by one or other of the same formulæ; but most of them come from unknown sources. I have noticed that the Chhándogya Up. is quoted in vi. 4., the Kaṭha Up. in vi. 4, vi. 30, vii. 9; the Praśna Up. in vi. 5 and vi. 8 (but not as a direct quotation in the latter); the Taittiríya Up. in vi. 11, 12; the Íśá Up. in vii. 9; the Amṛita Vindu Up. in vi. 22, 34 (cf. the transl. given in Ind. Stud. ii. 60—62,

* In the extract from the Muktiká Upanishad, given by Mr. W. Elliot in the B. A. S. Journal, 1851, p. 613, it is written Maitráyaṇí and Maitráyaṇi, but it is placed among the Upanishads of the Sáma Veda.

śl. 1. 2. 4. 5. 17); and Manu (iii. 76) in vi. 37. But the great majority of the quotations* remain unidentified.

The Sanskrit text was all printed in India before I left that country; but the publication has been delayed since my return to England in order that the concluding portion might be accompanied by the English translation. The printed text was based on a collation of two MSS. containing the original and commentary.† These were (1.) A., an old and very correct MS. belonging to the library of the Asiatic Society of Bengal; and (2.) B. a less correct and modern MS. procured by Professor Griffith from Benares. The two MSS. never differ except in errors of transcription, and must have come from a common source. I subsequently procured from Poonah, through Professor Haug, a copy of a MS. containing the five first books without the Commentary (C.), the variants of which I subjoin in a list of various readings which follows this preface.‡ Since my return to England I have also partially collated the MS. of the text and commentary (M.) which once belonged to Sir W. Jones, and is now in the British Museum. It consists of two volumes (Nos. 14767, 14768), copied in the Śáka year 1715. Śankara's commentary on the Taittiríya Upanishad is bound up with it in the second volume; hence, as Rámatírtha's name is nowhere mentioned, Sir W. Jones in a note erroneously attributed the comm. on the present Upanishad to the same author. Unfortunately it is a very bad MS.,

* The śl. quoted in page 185 may be a corrupted version of Chúliká Up. 1; see Ind. Stud. ix. 11.

† Rámatírtha's commentary is full of interest, as he had a thorough acquaintance with the Upanishad literature, but he seems to be a modern writer. An author of the golden age of Hindu commentators would, for instance, hardly have used the form *rájyasthemne* (p. 5, l. 6), as *sthira* is not included in the pṛithwádigaṇa, see Siddh. Kaumudí, i. 703; *stheman* does however occur in the poetical Śankara-vijaya (i. 9), ascribed to Mádhaváchárya.

‡ I may here add that this MS. inserts at the commencement the following formula of benediction (cf. Śatap. Bráhm. i. 9. 1. 26, 27). Tachchhamyor ávṛiṇímahe, gátu*m* yajnáya gátu*m* yajnapataye, daiví swastir astu naḥ, swastir mánushebbyaḥ. Úrdhwa*m* jigátu bheshaja*m*, śa*m* no astu divipade, śa*m* chatushpade. O*m* śántiḥ śántiḥ śántiḥ.

full of omissions and errors of transcription; but I have collated all the text and parts of the Commentary, and have found it of some service in several corrupt passages. These variants are also given in the above mentioned list. As I obtained the help of these MSS. too late for my collation,—the former after the printing of the five first chapters, the latter after the printing of the whole work,—I must beg to call particular attention to the subjoined list of errata, where I have corrected several errors into which I had been led in Calcutta by the corrupt text of the only two MSS. then available.

Professor Weber in his Indische Studien, vol. ii. p. 395, mentions a transcript of a MS. of this Upanishad, which he had received from Baron von Eckstein, and gives some extracts from it, which are alluded to in my note to the Sanskrit text, p. 10. He has kindly allowed me the sight of the transcript and I have compared it with my text. It only contains the five first chapters numbered as four, and is unfortunately very inaccurate, having been, as I conjecture, transcribed from a MS. in the Telugu character; and I have therefore only occasionally noticed its various readings in the subjoined list. It often omits words and lines, and it also closes ch. ii. with the ***pratipurushaḥ*** of §. 5. and omits all that follows in pp. 25—39.

In one respect however this MS. (E.) is of great interest, as it belongs to a different recension from our other MSS. and in some places its order differs widely from theirs. Thus after iv. 3. there follows as iv. 4., a passage from vi. 34. (in my edition pp. 177—180) beginning ***atreme śloká bhavanti; yathá nirandhano vahniḥ*** &c. (in p. 179. 2, E. has ***akshayam*** like M., and in p. 179. 10 ***śeshás tu granthavistaráḥ***), down to ***mokshe (sic) nirvishayam smṛitam iti.*** Then follows, as iv. 5, what is given in the printed text as v. 1, 2 (pp. 69—76). (In p. 72 l. 3, and p. 73, ll. 1, 2, 3, it reads ***prajápatis tasya proktá agryás tanavo Brahmá Rudro Vishṇur iti; eva yo ha khalu vávásya rájaso 'nśo 'sau sa yo 'yam Rudro, 'tha yo ha khalu vávásya sáttwiko,*** &c., which is a curious interpolation, as it refers to the passage in iv. 5, 6, which this MS. entirely omits.) It is very remarkable that Vidyáraṇya in his Anubhútiprakáśa adopts the same order; thus iv. 3 ends in śl. 129, and śl. 130, 131, 132 give the substance of vi. 34, while the remaining ślokas, 133—147, give v. 1, 2.

Anquetil du Perron gives a translation of this Upanishad in vol. i. pp. 294—374 (*Oupnekhat Mitri*); his version generally seems to follow the text as printed in this edition, but it sometimes apparently incorporates passages from a commentary or additions by the Persian translator.

The text of the tenth adhyáya of Vidyáraṇya's Anubhútiprakáśa, which I have printed after the Upanishad, is edited from the two MSS. in the Sanskrit College Library of Calcutta. Vidyáraṇya nowhere recognises the sixth or seventh chapters except where he analyses the lines from vi. 34, as mentioned above.

Cambridge, Nov. 25, 1869.

VARIOUS READINGS.*

PAGE.	LINE.	
2	3	-परावर्तनेन परमपुरुषार्थ- M. (cf. Transl. note, p. 240).
5	3	सहस्रस्य C. (cf. Comm.) सहस्रस्य मुनेः E.
8	3	संयोग C. for संप्रयोग.
10	1	अखरीषो ननक्तुः शर्याति- C.
„	2	मरुत C.
12	1	दृश्यत इति C.
„	„	अर्हमीति C. M.
15	1	मैत्रेयः E.
16	1	अभिनिष्पद्यत C.
18	2	मैत्रेण E.
„	4	अथ ते क्रतुं M.
22 25	2 1	अनिष्टेन C. (cf. Comm.)
28	1	चिविशामीति C.
29	3	अनिष्टो C.
35	4	ईरितं C. which is a better reading.
38	2	प्रेक्षवत् C.
39	1	कृतभुक् C.
40	4	अवाङ्घोद्धा C. (so too in p. 41, l. 3).
*„	„	C. E. add at the end of §. 1 (after परिभ्रमतीति *sic*,) कतम एष इति तान् होवाचेति (cf. p. 45, l. 3).
45	1—3	C. E. add परिभ्रमतीति after अनुफलैरभिभूयमानः and omit सदसद्योनि—होवाचेति.

* This list contains the various readings of C., with a few from E.M. Those of A.B. are given in the printed text.

PAGE.	LINE	
46	5	After उपैति E. reads अथ यत् त्रिगुणं चतुरशीतिलक्षयोनिपरिभतगणं.
47	1	नानात्वस्वरूपं C.
,,	2	चक्रमिव चक्रिणेति E.
49	2	वसुनेति C.
50	3	अतस्तृष्णा C. (Cf. Comm.)
,,	4	व्यावृत्तत्वं C.
53	2	सायुज्यं C. E.
55	1	महाधनान्धकार इव E.
,,	2	स्वप्नमिव C.
56	1	इव स्थिताः C.
61	2	यस्तु C. for यः.
,,	3	चोपालभते ब्रह्म सत् C.
63	2	सायुज्यं C.
69	4	त्वं मनस्त्वं C. त्वं मनुस्त्वं E. (cf. Weber, Ind. Stud. ix. p. 108.)
,,	,,	खं C. M.—E. omits त्वं विष्णुं and then agrees with printed text.
71	1	आस for आसीत् E.
,,	2	एतद्वै रजसो रूपं E. (cf. Sánkhya Sára, p. 12).
72	9	स्वप्नादिवृष्युद्भववदबुद्धिपूर्विकैव M.—The printed text (from A. B.) should probably be corrected to स्वप्नादिवृत्त्युद्भववदबुद्धिपूर्विकैव.
73	1, 2	च C. for स, and also in p. 74, l. 1.
79	13	M. corruptly इन्द्रियध्यक्षं तेषु स्वतन्त्रः. A. B. are also corrupt here. The true reading is probably इन्द्रियाध्यक्षस्तेषु.
83	4	तद्ब्रह्म यद्ब्रह्म तज्ज्योतिः M. The text seems to require a further correction,—यत्सत्यं तद्ब्रह्म यद्ब्रह्म तज्ज्योतिर्यज्ज्योतिः स आदित्यः.

PAGE.	LINE	
86	17	षिन्त्यं यतः M.
88	9	संबोधयिता M.
100	1	एष षाव M.
111	2	अन्नमस्त्येवंवित् M.
117	10	M. has the reading of note *; but it is corrupt in †.
119	1	योनिर्वै M.
124	4	दृश्यन्त् M.
126	2	M. corruptly तिर्यग्वावाजवोंङ्ड. The true reading is probably तिर्यग्वावाङ् वोंङ्ड.
137	4	सायोज्यत्वं M. but in Comm. सायोज्यं.
154	2	संसारचक्रं M which is the reading of the Comm.
,,	3	नित्ययुक्तस्य M.
161	4	विचेष्टेत M. (but not in Comm.)
166	2	चाप्सरसः M.
168	3	प्रज्ञानमित्येके । अथ ते वा एतस्य M. rightly.
172	4	शरद्धेमन्तः शिशिरं स शिरः - M.
179	2	अक्षयमश्नुते E. M.
,,	9	क्षयं गतः E. M.
,,	10	शेषास्तु ग्रन्थविस्तराः E. शेषन्ये ग्रन्थविस्तरः M.
185	2, 13	शुचिं M. (cf. Weber, Ind. Stud. ix. 11).
187	1, 6	लीयन्ते M.
198	2	M. has throughout §§. 1–6 स्तुवन्ति.
209	2	भयं तीर्त्वा M. (but in Comm. मृत्युं).
210	1	परियान्ति M.
214	2, 18	स्कन्धात्स्कन्धं M. स्कन्धास्कन्धं A. B.
221	3	-उपभोगाद्वैतीभावो M. cf. note *.

M. gives no colophon at the end of the Comm., ch. 1; at the end of ch. 2, 3, 6 it has इति मैत्रीशाखोपनिषद्दीपिकायां &c.; and at the end of ch. 4, 5, 7 इति मैत्र्युपनिषद्दीपिकायां &c.

ERRATA.

PAGE.	LINE.	
2	3	Read -परावर्तनेन परमपुरुषार्थ- (cf. transl. p. 240. note
18	4	„ वालखिल्या.
19	1	„ अब्रुवन्.
22	1	„ ईदृशेन.
30	8	„ अन्तरेय.
31	7	„ तदभिव्यक्तिं (so M.)
32	6	„ देवौघायं.
„	15	„ उत्तम्भयति.
35	6	„ अग्नानि.
36	18	„ उज्ज्वलत्वचवाचिना.
40	4 *infr.*	„ अत एकस्य (so M.)
46	5	„ नानात्वमुपैति.
48	4	„ संवृद्ध्युपेतं.
56	4 *infr.*	„ धाम.
65	14	„ उपासनं.
71	1	„ स्यात् तत्परेण.
„	6	„ कथमित्थं.
73	8	„ न तु.
„	14	„ आपादतलमस्तकं.
84	last l.	*Dele* ।.
86	17	Read चिन्त्यं यतः (M.)
97	3	„ प्राणोपाधिः.
100	2	„ सर्वभूतेभ्यः.
102	5	*Dele* मन्त्रं पठति.

PAGE.	LINE.	
111	1	Read चैतन्यं.
113	1	„ स्पृशतीन्द्रियार्थान्
116	4	„ जायन्ते.
126	2	„ तिर्यग्वावाङ् वोर्द्धं (see var. lect.
146	3	„ इत्येवं.
151	last l.	„ संन्यास.
153	11	„ ब्रह्माकारे.
„	16	„ पश्यन्नेवं.
157	1	„ निराशः.
„	3	„ यन्निष्कामत्वं (M.)
158	7	„ पुंसः.
167	2	„ तस्यैतल्लिङ्गं.
168	2	„ प्रज्ञानमित्येके । अथ ते वा (M.)
186	1	„ एतद्यदादित्यस्य.
188	last l.	„ ज्वालाः.
202	1	„ विशोकोऽविचिकित्सः.
204	2	„ स्वर्ग्यस्यैव.
210	2	„ अन्धेनैव—यथान्धाः.
214	2, 18	„ स्कन्धात्स्कन्धं.
221	10	„ स कारणस्य.
„	16	„ तुर्ये न (see p. 291, note.)
24	5	Add (छान्दो० ख० ६ । ख० ८).

मैत्र्युपनिषत्

श्रीरामतीर्थकृतदीपिकासहिता ।

आसियातिकसमाजस्यानुज्ञया तद्व्ययेन च ।
इ, बि, कौएल नाम्नेयं साहेबेन विशोधिता

कलिकाता नगर्यां

व्याप्टिष्ट मिसन् यन्त्रे मुद्रिता ।

शकाब्दाः १७८५

ई० १८६२ ।

ERRATA.

Page 18, line 4, *for* वालिखिल्या *read* वालखिल्या.

Page 19, „ 1, *for* अब्रूवन् *read* अब्रुवन्.

Page 46, „ 5, *for* नानात्वमु ति *read* नानात्वमुपैति.

Page 48, „ 4, *for* संदृष्ट्यपेतं *read* संदृष्ट्युपेतं.

Page 24, „ 5, *add* (छान्दो० अ०६। ख०८).

मैत्र्युपनिषत्।

दीपिकासहिता।

ॐ ब्रह्मणे नमः।

प्रणम्य रामं प्रणताभयप्रदं
गुरूंस्तथा कृष्णमुखांस्तदात्मनः।
मैत्रायणानां श्रुतिमौलिमर्थतः
प्रसाध्य विष्णोः परमे पदेऽर्पये॥ १॥

ब्रह्मयज्ञो वा एष इत्याद्या मैत्रायणानामुपनिषत् तस्याः पूर्वकाण्डेन सम्बन्धः। काण्डचतुष्टयात्मके पूर्वस्मिन् ग्रन्थेऽनेकानि कर्माण्यग्निहोत्रादीनि विहितानि तानि दोषावच्छफलार्थतया श्रुतानि यद्यपि तथापि न परमपुरुषार्थपर्यवसितानि, यतः साध्यफलानि तानि, साध्यञ्चानित्यं यत्कृतकं तदनित्यमिति नियमात्। श्रुतिश्चात्र भवति 'तद्यथेह कर्मजितो लोकः क्षीयत एवमेवामुत्र पुण्यजितो लोकः क्षीयते' (छान्दो० अ० ८) इति। 'यदिह वा अप्यनेवंविन्महत्पुण्यं कर्म करोति तद्धास्यान्ततः क्षीयत एव' (बृहदा० अ० ३। ब्रा० ४) इति च। तथा 'यो वा एतदक्षरं गार्ग्यविदित्वास्मिंल्लोके जुहोति यजते तपस्तप्यते बहूनि वर्षसहस्राण्यन्तवदेवास्य तद्भवति' (बृहदा० अ० ५। ब्रा० ८) इति च। तस्मात् स्वभावतो नित्यनिरतिशयपुरुषार्थार्थिनः पुंसोऽभिलषितसाधनोपायप्रदर्शनाय प्रवर्तमानो

B

वेदोऽनादिभवपरम्परानुभूतानेकविषयवासनावासितान्तःकरणं वासनापरवशतया प्रवर्तमानं विषयासक्तमानसं प्रति सहसा विषयप्रवणतापरावर्तनेनाऽऽपरमपुरुषार्थरूपाविद्यानिवृत्ति परमानन्दाविर्भावसाधनप्रत्यगात्मतत्त्वब्रह्मप्रवणतामापाद्य परं ब्रह्मात्मतत्त्वं बोधयितुमशक्नुवन्नादौ कर्माण्येव पुरुषार्थसाधनतयोपदिशति, पुनस्तत्रैव निष्ठां सम्पाद्य तन्निष्ठस्य नित्यनैमित्तिककर्मानुष्ठानप्रभावतः शनैः शुध्यमानान्तःकरणस्य पुनरीश्वरार्पणबुद्ध्यैव निष्कामकर्मानुष्ठानादतितरां शुद्धान्तःकरणस्य नित्यानित्यवस्तुविवेकवत इहामुत्रार्थभोगरागशून्यस्य शमदमादिसाधनवतो मोक्षमात्राकाङ्क्षिणोऽधिकारसम्पत्तिमालक्ष्य प्रत्यगात्मतत्त्वं ब्रह्माध्यारोपापवादन्यायेनावगमय्य स्वयञ्च तेनैवावगमेन सह तस्मिन्नेवात्मतत्त्वे ब्रह्मणि विलीयमानो ब्रह्मात्ममात्राद्वयं सत्यज्ञानानन्तानन्दैकरसमवतिष्ठत इति पूर्वापरभावेन कर्मज्ञानकाण्डयोर्हेतुहेतुमद्भावः सम्बन्धः सिद्धः । तदनेन व्याख्येयोत्तरकाण्डस्य विषयप्रयोजनाधिकारिणो दर्शिताः । विषयस्य चात्मतत्त्वस्य वेदान्तप्रमाणसिद्धतया व्याख्येयग्रन्थप्रतिपाद्यताऽर्थात् सिद्धेति सिद्धानुबन्धचतुष्टयमिमं ग्रन्थं पदशो यथामति व्याख्यास्यामः । पूर्वत्र चयनादिकर्माम्नातं तच्चाग्निष्टोमातिरिक्तानां सर्वेषां यज्ञक्रतूनां साधारणं तावता सर्वाण्येव कर्माण्युपलक्षणत्वेन गृहीतानि, तथा च सर्वेषां कर्मणां परमात्मज्ञानजन्मोपकारकत्वेन परमपुरुषार्थहेतुत्वं दर्शयितुं श्रुतिः प्रवर्तते ॥

ब्रह्मयज्ञो वा एष यत्पूर्वेषां चयनम्। तस्माद्यजमानश्चित्वैतानग्नीनात्मानमभिध्यायेत्। स पूर्णः खलु

"ब्रह्मयज्ञो ० चयनं" इति। यदिदं पूर्वेषां कर्मप्रकरणोक्तानां कर्मणां चयनं चयनादि सर्वं कर्म एष ब्रह्मणः परमात्मनो यज्ञो यजनं पूजनं वै प्रसिद्धं, 'यज्ञो वै विष्णुर्यज्ञेनैव यज्ञं समतनोति' इति श्रुत्यन्तरात्। अत्र चयनग्रहणमस्यां शाखायां प्रथमकाण्डे चयनस्याम्नानात्। पूर्वं च विहितानि सर्वाणि कर्माणि परमेश्वरार्पणबुद्ध्या फलासक्तिं परित्यज्यानुष्ठेयानीति तात्पर्यार्थः। तथा च भगवानाह (गी० अ०५।श्लो०१०)

ब्रह्मण्याधाय कर्माणि सङ्गं त्यक्त्वा करोति यः।
लिप्यते न स पापेन पद्मपत्रमिवाम्भसा॥ इति।

यस्माद्ब्रह्मपूजनार्थमेव सर्वं कर्म "तस्मात् ० ध्यायेत्" इति। यजमानः कर्मण्यधिकृत एतान् पूर्वोक्तानग्नींश्चित्वा अग्निचयनान्तं सर्वं कर्म यथाधिकारं निर्वर्त्य तत्प्रभावलब्धान्तःकरणशुद्धिः सन्नात्मानं प्रत्यञ्चं वक्ष्यमाणलक्षणमभि अभितः सर्वात्मब्रह्मभावेन ध्यायेत् निरन्तरं चिन्तयेदित्यर्थः। अत्र क्त्वाप्रत्ययनिर्देशोऽनुष्ठानात्मध्यानयोर्नैरन्तर्यपरो न भवति किन्तु पूर्वकालत्वमात्रपरः, तथा चास्मिन् जन्मनि जन्मान्तरे वाऽऽवृत्तकर्मानुष्ठानकृतशुद्ध्यतिशयफलं विविदिषां प्राप्य कर्मभ्यो व्युत्थाय प्रत्यक्तत्त्वब्रह्मविचारपरो भवेदित्यभिप्रायः। एवं सति किं स्यादित्येतदाह "स पूर्णः ० यज्ञः" इति। स यज्ञः प्रागनुष्ठितः खलु निश्चितं वै

वा श्रद्धाऽविकलः सम्पद्यते यज्ञः। कः सोऽभिध्येयो-ऽयं यः प्राणाख्यः। तस्योपाख्यानं॥ १॥

बृहद्रथो वै नाम राजा विराज्ये पुत्रं निधापयि-

प्रसिद्धं श्रद्धा साचात् निरुपचरितं पूर्णः पूर्णफलः सम्पद्यते। यद्वा स यज्ञो यजमानः 'यज्ञो वै यजमानः' इति श्रुतेः, पूर्णो-ऽध्यात्मपरिच्छेदाभिमानहान्याऽनवच्छिन्नः परमात्मा सम्पद्यते, श्रद्धा खलु वै इत्युक्तार्थं। आत्मानमभिध्यायेदित्युक्तं ध्येयमात्मानं प्रश्नप्रतिवचनाभ्यां सङ्क्षेपतो निर्दिशति "कः स ० प्राणाख्यः" इति। स आत्माभिध्येयः पूर्वोक्तः कः किंस्वरूपः किम्प्रमाणकस्येति प्रश्नभागार्थः। यः प्राणाख्यः प्राणेन प्राणनेन प्राणनादिव्यापारेणाख्यायते प्रख्यायतेऽस्तीति निश्चीयते इति प्राणाख्योऽयं स ध्येय आत्मेति प्रतिवचनभागार्थः। तथा च श्रुतिः 'को ह्येवान्यात् कः प्राण्याद्यदेष आकाश आनन्दो न स्यात्' (तैत्ति० उ०) इति। 'यः प्राणेन प्राणिति स त आत्मा सर्वान्तरः' (बृहदा० अ० ५। ब्रा० ४) इत्याद्या च। यो देहादिसङ्घातसाक्ष्यात्मा सोऽभिध्येय इत्यर्थः। उक्तार्थसङ्क्षेपप्रपञ्चनं प्रतिजानीते "तस्योपाख्यानं" इति। तस्य प्राणाख्यस्यात्मन उप समीपे आख्यानं तत्स्वभावस्य स्पष्टकथनमारभ्यत इति वाक्यशेषः॥१॥

बृहद्रथो वा इत्याद्याख्यायिका सुखावबोधार्था तपोवैराग्ययोरात्मज्ञानाङ्गत्वख्यापनार्था च "बृहद्रथो ० निर्जगाम" इति। विविधं राज्यमस्मिन्निति विराज्यं तस्मिन विराज्ये

त्वेदमशाश्वतं मन्यमानः शरीरं वैराग्यमुपेतोऽरण्यं निर्जगाम। स तत्र परमं तप आस्थायादित्यमुदीक्षमाण ऊर्द्ध्वबाहुस्तिष्ठति। अन्ते सहस्राहस्यान्तिकमाजगामाग्निरिवाधूमकस्तेजसा निर्दहन्निवात्मवि-

---

सार्वभौमे आधिपत्ये इत्यर्थः। निधापयित्वा मन्त्रिभिर्निधानं स्थापनं कारयित्वेत्यर्थः। राज्यस्थेमे पुत्रमभिषिच्येति यावत्। स्वयं जीवति सति पुत्रस्य राज्यदाने निमित्तमाह, इदमिति। इदं शरीरमशाश्वतमनित्यं मन्यमान इति सम्बन्धः। वैराग्यं रागनिवृत्तिं उपेतः ऐहिकामुष्मिकभोगरागविनिर्मुक्त इत्यर्थः। अरण्यं ग्राम्यजनवर्जितं विविक्तमभयं देशं प्रति निर्जगाम प्रस्थित इत्यर्थः। "स तत्र ० तिष्ठति" इति। तत्रारण्ये स राजा बृहद्रथनामा परमं दुष्करं कायशोषलक्षणं तप आस्थायोर्द्ध्वबाहुरूर्द्ध्वीकृतबाहुद्वय आदित्यं सवितारमुदीक्षमाणः सवितर्यारोपितदृष्टिः सन् तिष्ठति अतिष्ठदित्यर्थः। तपसि स्थिरचित्तानामभीष्टसिद्धिरवश्यम्भाविनीत्यभिप्रेत्याह "अन्ते सहस्रस्यान्तिकं ० शाकायन्यः" इति। सहस्रस्य संवत्सराणामिति शेषः। एवं तपसि स्थितस्य राज्ञः संवत्सराणां सहस्रस्यान्ते भगवाञ्छाकायन्योऽन्तिकमाजगामेति सम्बन्धः। सहस्राहस्येति पाठे सहस्रदिवसात्मककालस्यान्त इति योज्यं। शाकायनस्यापत्यं शाकायन्यस्तन्नामा कश्चिदृषिः, तस्याभीष्टवरदानसामर्थ्यद्योतनाय विशेषणानि, अधूमकोऽग्निरिवेति, उपशान्तविक्षेप इत्यर्थः।

द्भगवाञ्छाकायन्यः । उत्तिष्ठोत्तिष्ठ वरं वृणीष्वेति राजानमब्रवीत् । स तस्मै नमस्कृत्वोवाच । भगवन्नाहमात्मवित् त्वं तत्त्ववित् शुश्रुमो वयं स त्वं नो ब्रूहीति । एतद्वृत्तं पुरस्ताद्दुःशक्यमेतत्प्रश्नमैक्ष्वाकान्यान्

तेजसा स्वप्रभया ब्रह्मवर्चसेनेति यावत् निर्दहन्निवान्यानभिभवन्निवेत्यनेनाज्ञानसंशयादिप्रतिबन्धरहितं तत्त्वज्ञानमस्यास्तीति द्योतितं । कुत एवम्प्रभावोऽयमित्यतो विशिनष्ट्यात्मविदिति । आत्मतत्त्ववित्त्वे लिङ्गमाह, भगवानिति ।

'उत्पत्तिं प्रलयञ्चैव भूतानामागतिं गतिं ।
वेत्ति विद्यामविद्याञ्च स वाच्यो भगवानिति ॥'

(विष्णुपु० अं० ६ । अ० ५) इति स्मृत्युक्तो भगवच्छब्दार्थः । सर्वज्ञ इत्यर्थः । आगत्य किं कृतवानिति तदाह "उत्तिष्ठ ० अब्रवीत्" इति । स्पष्टार्थः । ततो राजकृतमाह "स तस्मै ० उवाच" इति । तस्मै शाकायन्याय स राजा नमो नमनं नमस्कारं कृत्वा तं दण्डवत्प्रणम्योवाचोक्तवान् । किमुवाचेति तदाह "भगवन् ० ब्रूहीति" इति । इत्युवाचेति सम्बन्धः । हे भगवन् पूजावन् अहमात्मविन्न आत्मतत्त्वविन्न भवामीत्यर्थः । त्वं तत्त्वविदात्मतत्त्वस्य वेत्ता, इति शब्दोऽत्राध्याहार्यः । इति वयं शुश्रुम विसर्गान्तपाठः छान्दसः । अतः स त्वमात्मतत्त्वं नोऽस्मभ्यं ब्रूहि प्रतिपादयेत्यर्थः । एवं पृष्टवते शाकायन्यः किमाहेत्येतदाह "एतत ० शाकायन्यः" इति । यत त्वया पृष्टमात्मतत्त्वमेतद्वस्तु

कामान् वृणीष्वेति शाकायन्यः। ।शिरसास्य चरणा-
वभिमृशमानो राजेमां गाथां जगाद ॥ २ ॥

भगवन्नस्थिचर्मस्नायुमज्जमांसशुक्रशोणितश्लेष्माश्रु-

पुरस्तादतीते काले वृत्तं सिद्धं निर्णीतं पूर्वतनैर्ऋषिभिरिति योज्यं। इदानीं त्वेतत्प्रश्नं दुःशक्यं, लिङ्गव्यत्ययेन एष प्रश्नो दुःशक्यो दुःशक इत्यर्थः। यद्वा एतद्वृत्तमेतस्यात्मतत्त्वस्य वृत्तं याथात्म्यं एतत्प्रश्नं प्रश्नवचनस्य पुरस्तात् प्रथमं चित्तैकाग्र्यादिति योज्यं, दुःशक्यं दुःशकं वक्तुं श्रोतुञ्च, दुर्लभमेतदित्यर्थः। तथा च श्रुतिस्मृती, 'श्रवणायापि बहुभिर्यो न लभ्यः शृण्वन्तोऽपि बहवो यन्न विद्युः। आश्चर्यो वक्ता कुशलोऽस्य लब्धा आश्चर्यो ज्ञाता कुशलानुशिष्टः'(कठोप०) इति। 'आश्चर्यवत्पश्यति कश्चिदेनमाश्चर्यवद्वदति तथैव चान्यः। आश्चर्यवच्चैनमन्यः शृणोति श्रुत्वाप्येनं वेद न चैव कश्चित्' (गी०अ०२।श्लो०२९) इति। हे ऐक्ष्वाक इक्ष्वाकुकुलोद्भव अन्यान् कामान् स्वर्गभोगानप्सरःप्रभृतीनैहिकान् वा धनतरुणीप्रभृतीन् वृणीष्व प्रार्थयेथा इति शाकायन्यः उवाचेत्यनुषङ्गः। ततो राजा वृत्तान्तमाह "शिरसा ० जगाद" इति। इमां बुद्धिस्थां वक्ष्यमाणां गाथां यथास्थितार्थां कथां जगादोक्तवान् राजा, सुगममन्यत् ॥ २ ॥

यदुक्तमन्यान् कामान् वृणीष्वेति तत्र भोगायतनस्य स्वभावालोचनायां न कामः कामाय कल्पत इति द्योतयन् स्थूलशरीरं तावत् बीभत्सितं वर्णयति "भगवन् ० भोगैः" इति।

दूषिकाविण्मूत्रपित्तकफसङ्घाते दुर्गन्धे निःसारेऽस्मिञ्छरीरे किं कामोपभोगैः। कामक्रोधलोभमोहभयविषादेर्ष्येष्टवियोगानिष्टसम्प्रयोगक्षुत्पिपासाजरामृत्युरोगशोकाद्यैरभिहतेऽस्मिञ्छरीरे किं कामोपभोगैः ॥ ३ ॥

श्लेष्मा शिङ्घाणिको नासाद्वारकमलः, दूषिका नेत्रमलः, कफो हृत्कण्ठरोधी पिच्छिलो मल इति भेदः। अस्थ्यादिसङ्घाते घने दुःसहगन्धे कदलीस्तम्भवन्निःसारेऽन्तःसारवर्जितेऽस्मिन् स्थूले शरीरे वर्तमानस्येति शेषः, किं कामोपभोगैः कार्यं। आघातं नीयमानस्य वध्यस्येव भोजनाच्छादनालङ्कारादि न तोषमुपैष्यतीत्यभिप्रायः। न केवलमिदं शरीरं स्वतो बीभत्सितत्वात् कामानर्हमपि त्वतिबलवदरिनिवहैरभिभूयमानत्वादपीत्याह "काम० भोगैः" इति। कामोऽप्राप्ताभिलाषः। क्रोधः प्रसिद्धः। लोभः प्राप्तेष्वपि विषयेष्वलम्बुद्धिराहित्यं। मोहोऽनर्थेऽर्थबुद्धिः। भयं परित्रासः। विषादः शोकः। ईर्ष्या परप्रद्वेषः। इष्टवियोगः स्वानुकूलपुत्राद्यनुबन्धवैकल्यं। अनिष्टसम्प्रयोगः स्वप्रतिकूलानुबन्धसङ्कलनं। एताभ्यां दुःखं लक्ष्यते। एवमेतेऽन्तःकरणधर्माः। क्षुत्पिपासे प्राणधर्मौ। जरादयो देहधर्मा आगन्तुकाः। शोकः शोकनिमित्तो देहावसादः कार्श्यमिति यावत्। आदिशब्दाद्वृद्धिविपरिणामौ गृह्येते। अन्यदुक्तार्थं ॥ ३ ॥

सर्वं चेदं क्षयिष्णु पश्यामो यथेमे दंशमशकादय-स्तृणवनस्पतयोऽद्भूतप्रध्वंसिनः। अथ किमेतैर्वा परेऽन्ये महाधनुर्धराश्चक्रवर्तिनः केचित्। सुद्युम्नभूरिद्युम्नेन्द्र-द्युम्नकुवलयाश्वयौवनाश्ववध्र्यश्वाश्वपतिः शशबिन्दुर्हरि-

---

एवंविधोऽपि सङ्घातो यदि चिरस्थायी स्थिरः स्यात् तदा कथञ्चिदपि विषकीटवदभिलष्येत नैवमस्तीत्याह "सर्वं चेदं ० प्रध्वंसिनः" इति। सर्वं चेदं यथा वर्णितं सङ्घातरूपं क्षयशीलं नश्वरं पश्यामो निर्धारयाम इति प्रतिज्ञा, तत्र हेतुरुद्भूत-प्रध्वंसित्वादिति सोऽन्यकादाचित्कत्वादित्यर्थः। यथेमे इत्या-दि प्रध्वंसिन इत्यन्तं निदर्शनमिति विभागः। तथा चायं प्रयोगः, विमतः सङ्घातोऽशाश्वतः उत्पन्नप्रध्वंसित्वाद्य एवं स एवं यथेमे दृश्यमाना दंशमशकादयो यथा वा तृणवनस्पतय उद्भूतप्रध्वंसिनोऽशाश्वतास्तथा चायं तस्मात् तथेति। वनस्पतयो-द्भूतेति सन्धिश्छान्दसः। वोकारो वाच लुप्तो द्रष्टव्यः। उक्त-दृष्टान्तेष्वप्रकृष्टकर्मजत्वमुपाधिमाशङ्क्य तस्याप्रयोजकतां दर्शयन् प्रकृष्टकर्मजेष्वप्यशाश्वततामाविष्करोति "अथ किमेतैः ० के-चित्" इति। अन्यचेत्यस्मिन्नर्थेऽथशब्दः, एतैरुदाहृतैः क्षुद्र-जन्तुस्थावरैः किं। वाशब्दोऽनादरे। परे उत्कृष्टा अन्ये उक्ते-भ्यो महाधनुर्धरा महाशूराश्चक्रवर्तिनः सार्वभौमाश्च केचित् अस्माल्लोकादमुं लोकं प्रयाता इत्युत्तरेणान्वयः। तानेव चक्रवर्तिनः कांश्चिद्गणयति "सुद्युम्नभूरिद्युम्न ० सेनादयः"

०

अन्द्रोऽम्बरीष*ननक्तुसर्यातिर्ययात्यनरण्योक्षसेनादयः। अथ †मरुत्तभरतप्रभृतयो राजानः। मिषतो बन्धुवर्गस्य महतीं श्रियं त्यक्त्वास्माल्लोकादमुं लोकं प्रयाता इति। अथ किमेतैर्वा परेऽन्ये गन्धर्वासुरयक्षराक्षसभूतगणपिशाचोरगग्रहादीनां निरोधं पश्यामः।

इति। अत्राश्वपतिः शशबिन्दुरित्यादिपदविच्छेदपाठश्छान्दसः प्रामादिको वा, एते सूर्यसोमवंशजा राजान उक्ताः। एतेष्वपि विशिष्टतरानन्यानुदाहरति "अथ मरुत्त ० राजानः" इति। †मरुत्तो नाम संवर्तकेन योगिना याजितो राजा, यस्य यागे समागता इन्द्रादयः सायुधा एव स्तम्भिताः, पुनश्च चमसाध्वर्यवे नियुक्ताः सः। भरतो दौष्यन्तिर्येनाश्वमेधानां चिशती कृता सः। प्रभृतिरित्यादिपदपर्यायेण प्रियव्रतादयो गृह्यन्ते। ते किं तदाह "मिषतो बन्धुवर्गस्य ० प्रयाता इति" इति। बन्धुवर्गस्य भोग्यजातस्य मिषतः पश्यतो जीवत एव सतोऽचुलस्येति यावत्। महतीमपरिमितां, श्रियं विभूतिं, त्यक्त्वा अनिच्छन्तोऽपि तां परित्यज्यास्मात्प्रतिपन्नाल्लोकादिहादमुं लोकं परोक्षं प्रयाताः नष्टा बभूवुरिति निश्चितमित्यर्थः। एवं मनुष्यशरीराणामुत्कृष्टानामप्यनित्यतामुदाहृत्यामनुष्येष्वप्युत्कर्षनिकर्षतारतम्येन स्थितेष्वनित्यतामाव-

---

* नघुष इति इतरे पाठपुस्तके पठितं।

† मरुत इति लिखितं किन्तु मरुत्त इति शतपथब्राह्मणे महाभारतीयशान्तिपर्वणि च पश्यतं।

अथ किमेतैर्वाऽन्यानां शोषणं महार्णवानां शिखरिणां प्रपतनं ध्रुवस्य प्रचलनं व्रश्चनं वातरज्जूनां निमज्जनं पृथिव्याः स्थानादपसरणं सुराणामित्येतद्विधेऽस्मिन्संसारे किं कामोपभोगैः। यैरेवाश्रितस्या-

---

दयन्नादौ तेषु निकृष्टाननुक्रमते "अथ किं ० पश्यामः" इति। अथापि च एतैः पूर्वोक्तैः किं वा, इतोऽप्यन्ये परे चिरस्थायितयोत्कृष्टाः सन्ति, तेषां गन्धर्वादीनां निरोधं नाशं पश्याम इति योजना। पिशाचा उन्मादापस्मारादयः। ग्रहा बालग्रहा मातृकादयः। अन्ये प्रसिद्धाः। "अथ किं ० कामोपभोगैः" इति। अथाप्येतैरुक्तैः किं वा, इतोऽपि स्थिरत्वेन प्रतिपन्नानामन्यानामन्येषामित्येतत् स्थिरतां न पश्याम इति योजना। यतः शोषणं महार्णवानां प्रलयकाले, अर्णानामिति पाठेऽर्णांस्यर्हन्तीत्यर्णा नद्यः, तासां शोषणं महार्णवानाञ्च शोषणमिति योजनीयं। शिखरिणां महामेरुप्रभृतीनां गिरीणां प्रपतनमुच्छेदः, ध्रुवस्य सर्वज्योतिश्चक्रावलम्बनस्य प्रचलनं स्वमण्डलात्प्रच्यवनं, वातरज्जूनां वातमयानां रज्जूनां शिशुमारचक्रबन्धनानां व्रश्चनं छेदनं, पृथिव्या अपि सप्तद्वीपवत्या निमज्जनमुदकान्तर्लयः। एवं स्थाननाशे तत्स्थानां सुराणां ब्रह्मादीनां तस्मात् तस्मात्स्थानादपसरणमपसर्पणं स्थानभ्रष्टतया क्षीणभोगत्वं। इतीत्थमेतद्विधे एतादृक्प्रकारे सर्वथा नश्वरेऽस्मिन् ब्रह्मादिस्तम्बपर्यन्ते संसारे किं कामोप-

c 2

सकृदिहावर्तनं दृश्यता इत्युद्धर्तुमर्हसि। अन्धोदपानस्थो भेक इवाहमस्मिन्संसारे भगवंस्त्वं नो गतिस्त्वं नो गतिः ॥ ४ ॥

इति मैत्र्युपनिषदि प्रथमः प्रपाठकः।

भोगैरिति व्याख्यातं। भोगस्थानानां भोग्यदेहेन्द्रियविषयाणां तद्विशिष्टभोक्तॄणां चानित्यत्वं प्रसाध्य भोगानामपि तत्प्रसाधयति "यैरेवाश्रितस्यासकृत् ० दृश्यते" इति। यैराशितस्य भोजितस्य ब्रह्मलोकपर्यन्तेषु स्थानेषु तर्पितस्य पुंस इह मनुष्यलोकेऽसकृन्मुहुर्मुहुरावर्तनमावृत्तिर्दृश्यते, तैरनित्यैः कामोपभोगैः किं ममेत्यर्थः। तदनेन प्रबन्धेनानात्मविषयो वरः प्रत्याख्यातोऽनेन चात्मज्ञानयोग्यता दर्शिता। एवं गुरुवैराग्यं विवेकपूर्वकमुपवर्ण्य स्थितो गुरोरनुग्रहदृष्टिमालक्ष्य तत्पादोपसर्पणं विद्योपदेशग्रहणाङ्गं विदधद्गुरुं प्रार्थयते "इत्युद्धर्तुमर्हसि" इति। यतोऽहं निर्विण्णोऽस्मि अतो मामुद्धर्तुमर्हसि इत्युक्तवानित्यर्थः। कुत उद्धरणं तदाह "अन्धोदपानस्थो ० गतिः" इति। अन्धोदपानं निरुदकः कूपस्तत्र स्थितो भेको मण्डूक इवास्मिन् यथावर्णिते संसारे स्थितो दुःखम्मीत्यस्मादुद्धर्तुमर्हसीत्यर्थः। कोऽप्यन्यस्त्वामुद्धरिष्यतीति मा शङ्किष्ठा इत्याह "भगवंस्त्वं नो गतिस्त्वं नो गतिः" इति। अभ्यास आदरार्थः, अध्यायसमाप्तिद्योतनार्थो वा ॥ ४ ॥

इति मैत्र्युपनिषद्दीपिकायां प्रथमः प्रपाठकः॥

अथ भगवाञ्छाकायन्यः सुप्रीतस्त्वब्रवीद्राजानं। महाराज बृहद्रथेक्ष्वाकुवंशध्वज शीघ्रमात्मज्ञः कृतकृत्यस्त्वं मरुन्नाम्नेति विश्रुतोऽसीति। अयं वाव खल्वा-

---

एवं वरान्तरैः प्रलोभ्यमानोऽप्यप्रचलिततया सुपरीक्षितो जिज्ञासुरुपसन्नः शिष्यो न गुरुणोपेक्षणीय इति गुरोः प्रवृत्तिं दर्शयति श्रुतिः "अथ भगवान् ० राजानं" इति। किमब्रवीदिति तदाह "महाराज बृहद्रथ ० विश्रुतोऽसीति" इति। महाराजेत्यादिशिष्यप्रशंसा वक्ष्यमाणार्थग्रहणयोग्यतां तस्य सूचयितुं। प्रशस्यमानो हि गुरोः प्रसन्नतां बुद्धा तदुक्तार्थं श्रद्धानतया तमवधारयति। वंशध्वजत्वं तत्ख्यातिकरत्वं। त्वं शीघ्रमात्मज्ञः संवत्सरवासशुश्रूषादिविलम्बं विना मत्त आत्मज्ञानं प्राप्नोषि यतोऽतः कृतकृत्यस्त्वमिति। इतिशब्दोऽग्रेतन इह ज्ञेयः। इतिहेतोर्मरुन्नाम्ना मरुतो वायोर्यन्नाम पृषदश्व इति तेन नाम्ना विश्रुतोऽसीति योजना। पृषन्तो महान्तोऽश्वा यस्य रथे भवन्ति स पृषदश्वो वायुः, महाश्वयुक्तरथो हि महान् भवतीति महारथ उच्यते वायुः, अयमपि तत्पर्यायत्वाद्बृहद्रथ इति ख्यातिमापन्न इत्यर्थः। अथवा जगत्प्राण इति यद्वायोर्नाम तेन नाम्नेदानीं विश्रुतोऽसीति योजना। मत्प्रसादात् त्वं जगदात्मा संवृत्तोऽसीत्यभिप्रायः। यदर्थमयमुपसन्नो राजा गुरुं तमात्मानमुपदिशति "अयं वाव खल्वात्मा ते" इति। ते तव अहं ममेति सङ्गा-

त्मा ते। यः कतमो भगवा इति। तं होवाचेति॥ १॥

अथ य एषोच्छ्वासाविष्टम्भनेनोर्ध्वमुत्क्रान्तो व्यय-
मानोऽव्ययमानस्तमः प्रणुदत्येष आत्मा। इत्याह

तमनुभवतोऽयं वावायमेवानुभविताऽऽत्मा खलु नात्र संशयः कार्य इत्यर्थः। कोऽसावनुभवितेति पृच्छति "यः कतमो भगवा इति" इति। यस्त्वयोक्त आत्मा स कतमो भगवा हे भगवः देहेन्द्रियमनोबुद्धिप्राणानां मध्ये किमन्यतमः किं वा तद्विलक्षणोऽन्य इति प्रश्नार्थः। तत्र सङ्घातविलक्षण एवात्मेति गुरुरुत्तरं प्रतिजज्ञे इत्याह श्रुतिः "तं होवाचेति" इति। इतिशब्द ऐतिह्यार्थेऽनुवाकसमाप्त्यर्थे वा॥ १॥

पूर्वमयं वावात्मेति जागरितेऽनुभविता आत्मेति प्रदर्शितं, तेन च स्थूलशरीरादन्यत्वमुक्तं। इदानीं सूक्ष्मस्य प्राणान्तःकरणसङ्घातस्य द्रष्टृत्वशङ्कापाकरणेन ततो विविक्तमात्मानमुपदिशति "अथ य ० आत्मा" इति। अथ जाग्रद्भोगहेतुकर्मोपरमानन्तरं स्वप्नभोगोद्भवकाले य एष विद्वत्प्रत्यक्ष उच्छ्वासस्य उच्छ्वासनिश्वासव्यापारवतः प्राणस्याविष्टम्भेनानिरोधेनोर्ध्वमुपरि, स्थूलाश्रयं सूक्ष्ममूर्ध्वमुपरीति चोच्यते, तत्प्रत्युत्क्रान्तः स्थूलशरीराभिमानं परित्यज्य सूक्ष्मशरीरमभिमन्यमान इत्यर्थः। व्ययमानो विविधमयमानो नानावासनावासितान्तःकरणविकाराननभवंस्तत्तदात्मना विप्रसृत इत्य-

भगवान् मैत्रिः। इत्येवं ह्याह। अथ य एष सम्प्र-
सादोऽस्माच्छरीरात्समुत्थाय परं ज्योतिरुपसम्पद्य

वभासमानोऽपि परमार्थतोऽव्ययमानो निश्चल एव संस्तमो मोहलक्षणं प्रणुदति प्रेरयति, पश्चात् क्रमेण मोहमाविशति जाग्रद्दृष्टं नानुसन्धत्त इत्यर्थः। एष आत्मा यः स्वप्ने करणानामुपरमाद्बाह्यान् विषयाननुभवन् वासनामयांश्चानुभवन् प्राणेन स्थूलस्य देहं परिपालयन्नास्ते एष आत्मेत्यर्थः। तथा च श्रुत्यन्तरं 'प्राणेन रक्षन्नवरं कुलायं बहिः कुलायादमृतश्चरित्वा। स ईयतेऽमृतो यत्र कामꣳ हिरण्मयः पुरुष एकहंसः' (बृहदा० अ०६। ब्रा०३) इति। उक्तेऽस्मिन्नात्मनि प्रत्ययदार्ढ्याय वृद्धसम्मतिमाह "इत्याह भगवान् मैत्रिः" इति। मैत्रिर्मित्राया अपत्यमृषिर्मैत्रिर्मैत्रेयः। उक्तमर्थं श्रुतिः स्वमुखेनाह "इत्येवं ह्याह" इति। शाकायन्य इत्याह भगवान्मैत्रिरित्येवं हि राजानं प्रत्याहेत्यर्थः। येनाहं ममेत्यनभिमन्यमानमिदं स्थूलं शरीरं निर्व्यापारं पतति तदनुचयेन प्रकाशितं प्राणान्तःकरणरूपं लिङ्गं विषयविषय्याकारेण व्याप्रियते स आत्मा तवेत्युक्तं, इदानीमेतस्यापि सूक्ष्मस्य यत्र तमोमात्रेण कारणात्मनि लयो लीनप्रपञ्चस्य यत्स्वभावोऽवतिष्ठते स मुख्य आत्मा साक्षादेव तमात्मेति गृहाणेत्याह "अथ य० ब्रह्मेति" इति। अथ स्वप्नदर्शनकर्मक्षये सति पुनर्जागरनिमित्तकर्मानुद्भवे य एष

स्वेन रूपेणाभिनिष्पद्यता इत्येष आत्मेति होवाचैत-दमृतमभयमेतद्ब्रह्मेति ॥ २ ॥

स्वप्नविषयसाक्षी सम्प्रसादः सम्यक् प्रसीदत्यत्रेति सम्प्रसादः सुषुप्तिः, तदवस्थः आत्मेह सम्प्रसाद उच्यते, स्थूलसूक्ष्मोपाधि-द्वयविलापनेन तत्सम्पर्कजनितकालुष्यविलयात् सम्प्रसन्नः सुषुप्तो पुरुषो भवति। स सम्प्रसादोऽस्मात्पूर्वंदृष्टहीनाच्छरीराद्देहद्व-यात् समुत्थाय सम्यगुत्थाय तद्विस्मृत्य तदभिमानं परित्य-ज्येति यावत्। परं प्रविलीनप्रपञ्चकारणं ज्योतिः प्रकाशमात्र-स्वभावमुपसम्पद्य तदेकात्मभावेन सम्पद्य स्वेनासाधारणेन रूपेणाभिनिष्पद्यते बीजावस्थामप्यभिभूय स्वस्वरूपमुपगतो भवति, एवं क्रमेण येन स्वरूपेणाभिनिष्पद्यते, एष आत्मेति होवाच शाकायन्य इति श्रुतेर्वचनमिदं। एवंविधात्मस्वरूप-ज्ञाने सति ज्ञातव्यं नावशिष्यते कर्तव्यं वा प्राप्तव्यं वा कि-मपीत्याह एतदमृतमभयमेतद्ब्रह्मेति होवाचेति सम्बन्धः। अमृतमविनश्वरमत एवाभयमप्रकम्प्यमेतदेव ब्रह्म परिपूर्णम-द्वयानन्दरूपमित्यर्थः। अतस्त्वं कृतकृत्योऽसीत्यभिप्रायः। अस्यानुवाकस्यापरा व्याख्या। पूर्वानुवाके अयं वाव खल्वात्मा त इति सामान्यतोऽनिर्धारितविशेष आत्मोपदिष्टस्तद्विशेषबुभुत्सया यः कतम इति पृष्टे तं विशेषतो वक्तुं प्रतिजज्ञे। तत्रात्मनो नि-र्विशेषस्वभावत्वाद्विशेषतो निर्वक्तुमशक्यत्वादुपाध्याकारजनित-

विशेषप्रविलापनेन निर्विशेषमात्मानं दर्शयितुमारभते "अथ य एषोच्छ्वासाविष्टम्भनेन" इत्यादिना। अथ यदि विशेषमात्मनोऽवगन्तुमिच्छसीत्यर्थः, तर्हि शृणु। यस्तुभ्यं मयोक्त एष एव उच्छ्वासाविष्टम्भनेन, ऊर्द्ध्वश्वासो यो मरणकाले भवति स उच्छ्वासस्तस्यासमन्तात् विष्टम्भन विरोधः, तेन तन्निरोधं कृत्वा देहान्तःसञ्चारिणं प्राणमाश्रित्येत्यर्थः। ऊर्द्ध्वं हृदयात् कण्ठं कण्ठाच्च शिरःपर्यन्तमुत्क्रान्तो विप्रसृतः उपलक्षणमेतत्, अपश्वासमाविष्टभ्य हृदयादधोऽप्यपक्रान्त आपादतलमस्तकमयःपिण्डमिव मन्तपन्नग्निश्चेतनतामापादयन् व्याप्य व्यवस्थित इत्यर्थः। तत्रैवं स्थितस्तत्तदिन्द्रियद्वारकबुद्धिवृत्तिभिर्व्यज्यमानो विविधं शब्दादिविषयाकारेणायमानः प्रवर्त्तमानस्तत्तद्विषयाकारबुद्धिवृत्त्यध्यासेन द्रष्टा श्रोता मन्तेत्याद्यनेकरूपतयात्मव्यवहारमनुभवन्निति यावत्। तथापि स्वरूपतस्त्वव्ययमानोऽप्रचलितस्वभावः कूटस्थ इति यावत्। तमो त्रिषयानभिव्यक्तिलक्षणं प्रणुदति अपसारयति विषयेषु स्वचैतन्यकर्मापादयंस्तेषामज्ञातताभपनयतीत्यर्थः। एवं यो व्यवहरन्नेतद्देहमवष्टभ्यास्ते एष आत्मेत्यादि व्याख्यातं। तथाच मन्त्रवर्णः 'सर्वाणि रूपाणि विचित्य धीरो नामानि कृत्वाभिवदन् यदास्ते' इति। एवं सोपाधिमात्मानमुपाधिद्वारेणोपलक्ष्य तमेव पुनरुपाधिविलापनेन निरुपाधिकं शुद्धमात्मानमुपस्थाप्य तस्य ब्रह्मरूपत्वमुपदेष्टुं प्रवर्तते "अथ य एष सम्प्रसादः" इत्यादिना। व्याख्यानं समानं॥ २॥

अथ खल्वियं ब्रह्मविद्या सर्वोपनिषद्विद्या वा राजन्नस्माकं भगवता मैत्रिणाऽऽख्याताहं ते कथयिष्यामीति। अथापहतपाप्मानस्तिग्मतेजस ऊर्द्ध्वरेतसो वालखिल्या इति श्रूयन्ते। अथ क्रतुं प्रजा-

---

एवं सङ्क्षेपत आत्मतत्त्वमुपदिशन् शाकायन्यः पुनर्विस्तरेण तस्यात्मनः स्वभावमुपदेष्टुकामः स्वाचार्यद्वारा स्वस्यैतद्विद्याप्राप्तिं दर्शयति। सङ्क्षेपविस्तराभ्यां हि निरूप्यमाणोऽर्थः सुखावबोधो दृढनिश्चयश्चापद्यत इत्यत आह "अथ खलु ० कथयिष्यामीति" इति। अथशब्द उत्तरारम्भार्थः। हे राजन् बृहद्रथ यदिदमात्मतत्त्वज्ञानं मया तुभ्यमुक्तमियं खलु ब्रह्मविद्या सर्वशाखोपनिषत्प्रतिपाद्या वा विद्या, वाशब्दश्चार्थे, सा चेयमेव नान्याऽस्माकं भगवता मैत्रिणा गुरुणाऽऽख्याता कथिता तामेवाहं कथयिष्यामि, तेन मह्यं येन प्रकारेणोक्तं तेनैव प्रकारेण महदाख्यानेन निरूपयिष्यामीत्यर्थः। अयमाशयः सङ्घातविलक्षणस्तस्माच्चात्मैव ब्रह्मेति यदिदमेतच्छाखाप्रवक्तुर्मैत्रेराचार्यस्य मतं तत्सर्वशाखासम्मतं सर्वब्रह्मवित्सम्मतञ्च न पुनस्तार्किकसमयवत्परस्परविगीतं, अतो दृढविश्वासः कर्त्तव्य इति। किं तत् महतां पूर्ववृत्तमाख्यानं मैत्रिणोक्तमित्यभिमुखीभवन्तं शिष्यं प्रत्याख्यायिकामाह "अथापहत ० श्रूयन्ते" इति। अथेदानीमिदं शृणु किं अप-

पतिमब्रूवन् । भगवन् शकटमिवाचेतनमिदं शरीरं कस्यैष खल्वीदृशो महिमाऽतीन्द्रियभूतस्य येनैतद्विधमेतच्चेतनवत् प्रतिष्ठापितं प्रचोदयिता वा अस्य यद् भगवन् वेत्सि तदस्माकं ब्रूहीति तान् होवाचेति ॥ ३ ॥

हतपाप्मानस्तपोनिर्धूतकल्मषाः तिग्मतेजसस्तीव्रतेजसोऽतूर्ध्वमन्त-प्रभावाः तेजसा इत्येवंविध एतच्छाखायामङ्कितपाठश्छान्दसः सर्वत्र । ऊर्ध्वरेतसोऽस्खलितब्रह्मचर्याः जितेन्द्रिया इति यावत् । वालखिल्या वालखिल्यसंज्ञा इत्येवंविधा ऋषयः श्रूयन्ते श्रुतिस्मृतिपुराणेष्वित्यर्थः । किं तत इत्यपेक्षायामाह "अथ क्रतुं ० अब्रूवन्" इति । अथ कदाचित् ते क्रतुनामानं प्रजापतिं गत्वाऽब्रुवन्नुक्तवन्त इत्यर्थः । किमब्रुवन्निति तदाह "भगवन् ० होवाचेति" इति । भगवन् प्रजापते इदं शरीरं सावयवत्वाद्रूपादिमत्त्वाच्च शकटमिवाऽन इवाचेतनं जडं,एवमपि चेतनावदिव शकटविलक्षणमनुभूयतेऽतः पृच्छामो येनैतद्विधमेतच्छरीरं चेतनवत्प्रतिष्ठापितं स एष महिमा माहात्म्यं कस्य खल्वतीन्द्रियभूतस्यादृश्यस्याप्यात्मनः सत ईदृश एतादृशः । को वास्य चेतयितेति प्रश्नार्थः । किञ्च प्रचोदयिता वास्य शरीरस्य शाकटिक इव शकटस्य प्रेरयिता वा कोऽस्ति । यदच चेतयितृत्वेन प्रेरयितृत्वेनानुगतं वेत्सि हे भगवन् तदस्माकं ब्रूही-

योह खलु वावोपरिस्थः श्रूयते गुणेष्विवोर्ध्वरेतसः स वा एष शुद्धः पूतः शून्यः शान्तोऽप्राणो निरात्मा-

---

ति अब्रुवन्निति पूर्वेणान्वयः। "तान् होवाच" इति श्रुतिवचनं। तान् प्रति प्रजापतिर्ह उवाचोक्तवानुत्तरमित्यर्थः॥ २॥

"यो ह० वैषोऽप्यस्येति" इति। ह स्फुटं। खलुशब्दो वाक्यालङ्कारार्थः। वावशब्दोऽवधारणे। य एवोपरिस्थः सर्वस्य प्रपञ्चस्योपरि निष्प्रपञ्चे स्वरूपेऽवस्थितः। यद्वा वावशब्दो भिन्नक्रमः, यो ह खलु उपरिस्थित एव प्रपञ्चान्तरनुगम्यमानोऽपि न तस्मिन् स्थितः किन्त्वसङ्गतया प्रपञ्चातीते स्वस्वरूपे स्थित एव सन् स्वचैतन्याभासेन प्रपञ्चमवभासयंस्तत्र स्थित इव भवति न वस्तुतस्तत्रास्ति, तस्य स्वात्मन्यध्यस्तस्य मिथ्यात्वादित्यभिप्रायः। तथा च श्रूयते 'वृक्ष इव स्तब्धो दिवि तिष्ठत्येकस्तेनेदं पूर्णं पुरुषेण सर्वं' इति, श्रुत्यन्तर इत्यर्थः। प्रपञ्चानुगतस्यापि तद्धर्मास्पृष्टत्वेन तत उपरिस्थत्वे दृष्टान्तमाह "गुणेष्विवोर्ध्वरेतसः" इति। यथोर्ध्वरेतसो योगिनो गुणेषु विषयेषु वर्त्तमाना अपि तत्रासङ्गितया तेभ्य ऊर्ध्वा एव तथायमपीत्यर्थः। अथवा यो ह खलु उपरिस्थोऽध्यक्षतया स्थित एव गुणेषु गुणकार्येषु देहादिष्विव श्रूयत इति योजना। तथा च श्रुतिः 'यः सर्वेषु भूतेषु तिष्ठन् सर्वेभ्यो भूतेभ्योऽन्तरो यं सर्वाणि भूतानि न विदुर्यस्य सर्वाणि भूतानि शरीरं यः सर्वाणि भूतान्यन्तरो यमयत्येष त आत्मान्तर्याम्यमृतः'(बृहदा० अ० ५। ब्रा० ७) इति।

नन्तोऽक्षय्यः स्थिरः शाश्वतोऽजः स्वतन्त्रः स्वे महिम्नि तिष्ठत्यनेनेदं शरीरं चेतनवत् प्रतिष्ठापितं प्रचोद-

---

ऊर्द्ध्वरेतश्च इति सम्बोधनं। यत एवमसङ्गस्वभावोऽत एव स एष वै शुद्धो रागादिकालुष्यरहित एव। पवयति पुनातीति वा पूतः कर्त्तरि निष्ठा न कर्मणि, आत्मान्यस्य सर्वस्यापि जडतयाऽशुचेरात्मपावयितृत्वानुपपत्तेः। शून्यो निष्प्रपञ्चः। शान्तो निर्विकारः कूटस्थ इत्यर्थः। अप्राणः प्राणहीनः प्राणनादिधर्मरहित इत्यर्थः। निरात्माऽनात्मेति मन उच्यते मनोरहितः सङ्कल्पाध्यवसायादिधर्मरहित इत्यर्थः। अन्तो विनाशस्तद्रहितोऽनन्तः। अक्षय्यः क्षेतुमशक्योऽपक्षयरहित इत्यर्थः। स्थिरो वृद्धिरहितः। शाश्वतः शश्वद्भवः सर्वदैकरूपो विपरिणामशून्य इत्यर्थः। अजो जन्मरहितः। स्वतन्त्रो जन्मानन्तरभाव्यस्तित्वविकाररहितः। एवंविध आत्मा क तिष्ठतीत्यपेक्षायामाह "स्वे महिम्नि तिष्ठति" इति। स्वस्वरूपे स्थितो नास्याधारोऽस्तीत्यर्थः। तथा च श्रुत्यन्तरं 'स भगवः कस्मिन् प्रतिष्ठित इति। स्वे महिम्नि यदि वा न महिम्नि' (छा० अ० ७। खं०२४) इति। अन्यो ह्यन्यस्मिन् प्रतिष्ठितो भवति, नास्यान्योऽस्ति यत्रायं प्रतिष्ठितः स्यात्, तस्मात् स्वमहिम्न्येवावस्थितो नान्याधीनतयेत्यर्थः। य एष एवंलक्षण आत्मा अनेनेदं शरीरं चेतनवच्चेतनमिव प्रतिष्ठापितं व्यवहारकालेऽबाधिततया स्थापितं, अस्य शरीरादिसंघातस्य प्रचोदयिता प्रेरकश्च यो वास्ति सोऽप्येष एव इति होवाचेति

यिता वैषोऽप्यस्येति। ते होचुर्भगवन् कथमनेनेदृश्येनानिष्ठेनैतद्विधमिदं चेतनवत् प्रतिष्ठापितं प्रचोदयिता वैषोऽस्य कथमिति तान् होवाच ॥ ४ ॥

स वा एष सूक्ष्मोऽग्राह्योऽदृश्यः पुरुषसंज्ञोऽबुद्धि-

सम्बन्धः। अचेतने देहादौ चेतयितृत्वनियन्तृत्वाभ्यां ताटस्थ्येनास्तीति प्रतिपन्नस्य जिज्ञासितस्य स्वरूपमेतत् स वा एष इत्यादि तिष्ठतीत्यन्तेनाभिहितं। एतच्चोपदेशमात्रेणोक्तं युक्तितो व्यवस्थापयितुं पुनः प्रश्नमुत्थापयति "ते होचुः ० होवाच" इति। ईदृशेनोक्तलक्षणेन स्वे महिम्नि स्थितेनेत्यर्थः। अत एवानिष्ठेन, निष्ठातात्पर्यं समानेन भाव्यमित्येवमाकारा प्रणतिः सा यस्य नास्ति सोऽनिष्ठस्तेन। देहादावहम्ममताहेतुशून्येनेत्यर्थः। अनिष्टेनेति पाठेऽयमर्थः, इष्टमिच्छा भावे निष्ठा, नास्तीष्टं यस्य सोऽनिष्टः इच्छारहितस्तेनेति। अणिष्ठेनेति पाठे तु सूक्ष्मतरेण दुर्लक्ष्येणेत्यर्थः। व्याख्यातार्थमन्यत् ॥ ४ ॥

सत्यमेवंविधस्यात्मनः परमार्थतश्चेतयितृत्वं प्रेरयितृत्वं वा न सम्भवति तथापि शुक्त्यादौ रजतादिवत् स्वात्मन्यध्यस्तस्यान्यत्राभावादधिष्ठानपारतन्त्र्यात् तद्धर्मकमिवाचेतनमपि चेतनमिवानधिष्ठितमप्यधिष्ठितमिवावभासते शरीरादि न वस्तुत इत्यभिसन्धायोक्तं। स्वरूपमनूद्य तस्याविद्याकृतकार्योपाधिप्रवेशनिमित्तमिदं धर्मद्वयमित्युत्तरमाह प्रजापतिः "स वा एष ०

पूर्वमिहैवावर्ततेऽंशेनेति सुप्तस्येवाबुद्धिपूर्वं विबोधा

एवं" इति। स वै पूर्वोक्त एष विद्वत्प्रत्यक्ष आत्मा सूक्ष्मोऽविषयः अतोऽग्राह्यः कर्मेन्द्रियागोचरोऽदृश्यो ज्ञानेन्द्रियागोचरो नापि मनोगोचरः, 'अप्राप्य मनसा सह' इति श्रुतेः। एतेनानुमानादिगोचरत्वमपि निरस्तं उक्तलक्षणात्मस्वरूपव्याप्तलिङ्गादिसम्बन्धानिरूपणादतो निरतिशयमस्य सौक्ष्म्यं सिद्धमित्यर्थः। यदि सर्वप्रमाणागोचरः कथमस्य सद्भावस्तत्राह "पुरुषसंज्ञः" इति। पुरि शेते इति वा पूर्णमनेन सर्वमिति वा पूर्वमेवास्ते इति वा पुरुषः, अतः पुरुषसंज्ञया प्रसिद्धः स्वतःसिद्धसद्भाव इत्यर्थः। तथा च श्रुतयः 'स वा अयं पुरुषः सर्वासु पूर्षु पुरिशयो नैतेन किञ्चनानावृतं नैतेन किञ्चनासंवृतं' इति। 'वृक्ष इव स्तब्धो दिवि तिष्ठत्येकस्तेनेदं पूर्णं पुरुषेण सर्वं' इति। 'पूर्वमेवाहमिहासमिति तत् पुरुषस्य पुरुषत्वं' इति च। स एवंविध आत्माऽसङ्गस्वभावोऽप्यबुद्धिपूर्वमसङ्कल्पितमेवेहैव देहादिसङ्घात एव आवर्त्तते आसमन्तादापादतलमस्तकमहमित्यभिमन्यमानो वर्त्ततेऽंशेन एकदेशेन संचाराविविक्तस्तदनुगतः स्वचैतन्याभासोऽंश इत्युच्यते न पुनर्निरवयवस्य विभोरात्मनः स्वाभाविकोऽंश एकदेशलक्षणः सम्भवति अतस्तेनांशेनैवेहावर्त्तते, इतिशब्दः प्रकारवचनः, ईदृशा वर्तत इत्यर्थः। स्वमायावेशवशाच्चित्सदानन्दानन्तब्रह्मरूपतां स्वाभाविकीं विस्मृत्याहं मनुष्य इत्याद्यतद्रूपमात्मानमकस्मात्

एवमिति। अथ यो ह खलु वावैतस्य सोऽंशोऽयं

मन्यत इत्यस्मिन्नर्थे दृष्टान्तमाह "सुप्तस्येव" इति। इवशब्दो यथाशब्दार्थः। यथा सुप्तस्य सुषुप्तिमुपगतस्य 'सता सोम्य तदा सम्पन्नो भवति स्वमपीतो भवति तस्मादेनं स्वपितीत्याचक्षते स्वं ह्यपीतो भवति' इति श्रुत्यन्तरे ब्रह्मसम्पत्तिर्हि सुषुप्तावात्मनोऽधिगता, तथा सुप्तस्य यथाऽबुद्धिपूर्वकमकस्माद्विबोधो विषयविशेषदर्शनावस्थापत्तिरेवमिहावर्त्तनमस्येति। इति स्थितिरित्यर्थः। उक्तं निमित्तविशेषमनूद्य प्रश्नस्योत्तरमाह "अथ यो ह खलु० वैषोऽप्यस्य" इति। अथ एवं स्थिते सति यो ह खलु वाव य एव एतस्यात्मनो यथा व्याख्यातोंऽशः सोऽयं विस्याख्य इति सम्बन्धः। कोऽसौ यश्चेतामात्रः चेतनामात्रश्चित्स्वभाव इति यावत्। प्रतिपुरुषः प्रतिबिम्ब आदर्श इव मुखमप्पात्र इव सूर्यादिरन्तःकरणादौ प्रतिफलितः, अत एव क्षेत्रज्ञः क्षेत्रं शरीरं तदहमस्मीति जानातीति क्षेत्रज्ञः। तथाचोक्तं भगवता (गीता० अ० १३)

'इदं शरीरं कौन्तेय क्षेत्रमित्यभिधीयते।

एतद्यो वेत्ति तं प्राहुः क्षेत्रज्ञ इति तद्विदः' इति।

तस्य क्षेत्रज्ञत्वे लिङ्गमाह सङ्कल्पेति। सामान्यत इदमिति विषयस्वरूपमात्रकल्पनं सङ्कल्पः। अध्यवसायस्तत्र निश्चयरूपा वृत्तिः। अभिमानोऽहं ममेदमिति स्वस्वामिभावोल्लेखः। तथा च सङ्कल्पाध्यवसायाभिमानैर्देहविषयैरस्मिन क्षेत्रज्ञोऽन्य इति

यश्चैतामात्रः प्रतिपुरुषः क्षेत्रज्ञः सङ्कल्पाध्यवसायाभिमानलिङ्गः प्रजापतिर्विश्वाख्यश्चेतनेनेदं शरीरं चेतनवत् प्रतिष्ठापितं प्रचोदयिता वैषोऽप्यस्येति। ते होचुर्भगवन् यद्यनेनेदृशेनानिष्टेनैतद्विधमिदं चेतनवत् प्रतिष्ठापितं प्रचोदयिता वैषोऽस्य कथमिति तान् होवाचेति ॥ ५ ॥

प्रजापतिर्वा एकोऽग्रेऽतिष्ठत् स नारमतैकः सो

गम्यत इत्यर्थः। एवम्भूतो यः समष्टिदेहं विराडाख्यमभिमन्यते स प्रजापतिर्ब्रह्मा वैश्वानर इति चाख्यायते वेदान्तेषु। यः पुनः स एव व्यष्टिशरीरमण्डजादिचतुर्विधमभिमन्यते स विश्व इत्याख्यायते। तेनैवंविधेन चेतनेन स्वानुप्रवेशमात्रेणेदं शरीरं चेतनायुक्तमिव प्रतिष्ठापितं प्रचोदयिता वाप्यन्तर्यामिरूपेणैष एवास्येति सर्वमुक्तमित्यर्थः। नन्वसङ्गस्यात्मनः कूटस्थस्य कथं शरीरसम्बन्धनिबन्धनं चेतनत्वं कथं वास्य शरीरे चेतयितृत्वेन प्रेरयितृत्वेन चावस्थितिरिति विस्मयमापन्ना इव पुनः पृच्छन्ति "ते होचुर्भगवन् ० होवाचेति" इति। व्याख्यातार्थोऽयं ग्रन्थः ॥ ५ ॥

नात्र विस्मयः कार्यो यतः स्वयमेव स्वमायाशक्तिमधिष्ठाय निर्माय चराचरं तत्रानुप्रविष्ट इति सर्वोपनिषत्सूद्घुष्यमाणत्वादित्यभिप्रेत्य सर्वशाखाप्रत्ययन्यायेन देहसृष्टिप्रकारं तावदाह "प्रजापतिर्वा ० असृजत" इति। प्रजापतिर्हिरण्यगर्भः,

E

त्मानमभिध्यात्वा बह्वीः प्रजा असृजत। ता अश्मेवा-

वैशब्दस्तस्य शाखान्तरोक्तविशेषस्मारकः। तथा हि 'सदेव सोम्येदमग्र आसीत्' 'तद्धेदं तर्ह्यव्याकृतमासीत्' 'आत्मा वा इदमेक एवाग्र आसीत्' इत्यादिश्रुतिषु जगतः प्रागवस्थां सदात्मादिशब्दनिर्दिष्टपरमात्माभेदेनाम्नाय ततो नामरूपाभ्यां भूतसूक्ष्मक्रमेण जगद्व्याकरणं श्रूयते 'तस्माद्वा एतस्मादात्मन आकाशः सम्भूतः' 'तत्तेजोऽसृजत' 'तन्नामरूपाभ्यामेव व्याक्रियत' इत्यादि। तथा चाकाशादिक्रमेण तन्मात्राणि भूतसूक्ष्माणि सृष्ट्वा तेभ्यस्तु तदवस्थेभ्यः प्राणान्तःकरणकर्मज्ञानेन्द्रियप्रकारं लिङ्गमुत्पाद्य तदनुप्रविश्य हिरण्यगर्भसञ्ज्ञां प्राप्य जीवरूपतामापन्नोऽनन्तरं स्वोपाधिभूतभूतसूक्ष्माण्यपञ्चीकृतानि पञ्चीकृतानि सम्पाद्य तेभ्यो ब्रह्माण्डान्तं समष्टिव्यष्टिरूपं जगत् सृष्ट्वा तेष्वनुप्रविश्य पश्यञ्छृण्वन् मन्वानो विहरन्नचेतनं चेतयमानः सुकृतदुष्कृतकर्माचरन् तत्फले सुखदुःखे भुञ्जानः प्रेर्यप्रेरकभावमापद्यमानः क्षेत्रज्ञः संसारी विज्ञानात्मा पुरुष इति च तत्र तत्र व्यपदिश्यते। एवं शाखान्तरोक्तविशेषं वैशब्देन स्मारयित्वा शरीरसृष्टिं प्राजापत्यां प्राह, प्रजापतिर्वै मच्छब्दवाच्यादज्ञानशबलात् प्रथममुत्पन्नः, एकोऽसहायः, अग्रे चराचरसृष्टेः पूर्वमतिष्ठत् आसीत्, तथा च श्रुत्यन्तरं 'आत्मैवेदमग्र आसीत् पुरुषविधः' इति। स एकोऽसहायत्वान्नारमत रमणं प्रीतिविशेषं न प्राप। सो त्मानं स प्रजापतिरात्मानं स्वमेवाभिध्यात्वाऽहं बहु स्यां प्रजायेयेत्या-

प्रबुद्धा अप्राणाः स्थाणुरिव तिष्ठमाना अपश्यत्। स नारमत सोऽमन्यतैतासां प्रतिबोधनायाभ्यन्तरं वि-

भिमुख्येनालोच्य बह्वीर्नानाप्रजाः देवतिर्यङ्मनुष्यलक्षणा असृजत सृष्टवान् सङ्कल्पमात्रेणैवानेकरूपोऽभवदित्यर्थः। एवं सृष्टिमुक्त्वा सृष्टेषु कार्येष्वनुप्रवेशप्रसङ्गमाह "ता अश्मेव ॰ अपश्यत्" इति। एवं सृष्टाः ताः प्रजा अपश्यत् दृष्टवान्, कीदृशाः अश्मेव पाषाणवदचेतनाः, अप्रबुद्धाः बुद्धिरहिताः अन्तःकरणशून्या इति यावत्। अप्राणाः प्राणवर्जिताः, अत एव स्थाणुरिव काष्ठमिव तिष्ठमाना अवतिष्ठमाना इति। एतेन सङ्घातचेतनतावादशङ्का परिहृता। ततः किं कृतवानिति तदाह "स नारमत ॰ विविशामि" इति। स प्रजापतिरेवंविधाः स्वसृष्टाः प्रजा दृष्ट्वा पुनरपि नारमत नाप्रीयत, तदा सोऽरमणनिवृत्त्यर्थममन्यत विचारितवान्। किं, एतासां प्रतिबोधनाय प्रबुद्धतामापादयितुं चेतनतामापादयितुमभ्यन्तरमभितोऽन्तरं सर्वं देहमापादतलमस्तकं विविशामि विशेषेण विशामि प्रवेक्ष्यामीत्यमन्यतेत्यर्थः। अत्र ह्यात्माऽग्निरिवायःपिण्डादिमारूढो विशेषतः परिस्फुरति नान्यत्रेति देहेषु प्रवेश उच्यते न पुनस्तत्रैव गृहं कृत्वा ततोऽन्यः संस्तत्र प्रविष्टः किन्तु स्वात्मानमेव प्रसिद्धमायाविवद्बहुधा व्यूह्य तत्तद्देहाद्यभेदेन विशेषतो द्रष्टृश्रोतृमन्तृविज्ञात्रादिभावेन

विशामि। स वायुरिवात्मानं कृत्वाभ्यन्तरं प्राविशत्। स एको नाशकत् स पञ्चधात्मानं विभज्योच्यते। यः प्राणोऽपानः समान उदानो व्यान इति। अथायं य ऊर्द्ध्वमुत्क्रामत्येष वाव स प्राणोऽथ योऽयमवाङ् सङ्क्रा-

---

विभाव्यत इति भावः। प्रवेशप्रकारमाह "स वायुः ० प्राविशत्" इति। स प्रजापतिरीश्वरः आत्मानं स्वरूपं वायुरिव कृत्वा वायुः प्राणः प्राणवायुमुपाधिं कुर्वंस्तद्भावमापन्नो वायुरिवेत्युच्यते इत्यमभ्यन्तरं प्राविशदित्यर्थः। तथा च श्रुत्यन्तरे 'तं प्रपदाभ्यां प्रापद्यत ब्रह्मेमं पुरुषं' इति प्राणरूपं ब्रह्मोपक्रम्याम्नायते। एवमपि भस्त्रेव वायुना पूर्णा न व्यचेष्टत. यदा शरीरं जातं तदा किं कृतवानीश्वरस्तदाह "स एकः ० उच्यते" इति। एकरूपः सन् नाशकत्, देहं विचालयितुं नाशक्नोत्, स पुनरात्मानं पञ्चधा विभज्य क्रमाभ्यां क्रियाभेदं कुर्वन् देहादिकं चालयन्नास्ते इति प्राणादिशब्दैः स एवोच्यत इत्यर्थः। के ते प्राणादयो विभागाः किंलक्षणाः किंकर्माणस्तेत्यपेक्षायामाह "यः प्राणः ० व्यान इति" इति। इत्येते पञ्च निर्दिष्टाः। अथैषां लक्षणं क्रियाश्च दर्शयति "अथायं ० उदानः"। अथैषां मध्ये योऽयं वायुरूर्द्ध्वमुत्क्रामति नाभेरूर्द्ध्वं शिरःपर्यन्तमुच्चैः क्रामति सञ्चरति मुखनासिकयोरुपलभ्यमान एष वाव सः स एष एव प्राणः प्राणसञ्ज्ञो वायुभेद

मत्येष वाव सोऽपानोऽथ येन वा एता अनुगृहीता इत्येष वाव स व्यानोऽथ योऽयं स्थविष्ठो धातुरन्नस्यापाने प्रापयत्यणिष्ठो वाङ्गेऽङ्गे समानयत्येष वाव स समानसंज्ञा

इत्यर्थः। एवंविधक्रियावत्त्वमेवास्य लक्षणमुक्तं वेदितव्यं। एवमुत्तरत्रापि योजना। अथ योऽयं वायुविशेषोऽवाङ्नाभेरधः पायुपर्यन्तं सङ्क्रामति सञ्चरत्येष वाव सोऽपान इति पूर्ववद्योजना। उद्देशक्रमं परित्यज्य मध्ये व्यानं लक्षयति तस्य प्राणापानसन्धित्वेन तयोरन्तरा नियतत्वात्। तथा च श्रुत्यन्तरं 'अथ यः प्राणापानयोः सन्धिः स व्यानः' इति। चरमतोऽस्योद्देशस्तु सर्वशरीरचेष्टादिहेतुत्वेन सर्वप्राणव्यापकत्वादिति द्रष्टव्यं। अथ येन वायुविशेषेण एता एतौ प्राणापानौ अनुगृहीता अनुगृहीतौ इत्येवं वर्तमान एष वाव स व्यानसञ्ज्ञः। 'अन्नमशितं त्रेधा विधीयते तस्य यः स्थविष्ठो धातुस्तत्पुरीषं भवति यो मध्यमस्तन्मांसं योऽणिष्ठस्तन्मनः' इत्यादिश्रुत्यन्तरप्रसिद्धिमादायाशितस्य जाठराग्निपक्वस्य स्थूलसूक्ष्मविभागविनियोजनकर्ता समान इति व्युत्पादयति। अथ योऽयं प्रसिद्धो वायुविशेषोऽन्नस्य भुक्तस्य स्थविष्ठः स्थूलतमो धातुरसारभागः पुरीषाख्यो योऽस्ति तमपाने प्रापयति अपानवायुसञ्चारस्थानं गमयति, तथाऽन्नस्य यो वास्यणिष्ठोऽणुतरो मध्यमश्चेति भागद्वयमेकीकृत्योच्यते, तच्च देहमनःस्थितिहेतुमङ्गे

उत्तरं व्यानस्य रूपं चैतेषामन्तरा प्रसूतिरेवोदान-
स्याथ योऽयं पीताशितमुद्गिरति निगिरतीति वैष वाव

ऽङ्गे प्रत्यङ्गं शरीरस्य समानयति सम्यग् आसमन्तान्नयति प्रापयत्येष वाव स समानसञ्ज्ञा सञ्ज्ञ इत्यर्थः। समानव्यानयोर्मध्ये उदानस्योद्देशे कारणं सूचयन्नुदानस्याभिव्यक्तिस्थानमाह उत्तरमिति। एतेषां प्राणापानसमानानामुत्तरमुपरि एतेषां सम्यग्व्यापारानन्तरं व्यानस्य रूपञ्च व्यानव्यापारञ्चान्तरा मध्ये, प्रसूतिः प्रसवोऽभिव्यक्तिरेवोदानस्य अन्तरेवेत्येवकारोऽभिन्नक्रमः। उक्त एव चान्वयः। अयमर्थः प्राणापानाभ्यामुच्छ्वासनिश्वासाभ्यां धम्यमानो हि जाठरोऽग्निरन्नं भुक्तं पचति तत् पाकनिर्वृत्तञ्च समानो विभज्य समं नयति। एवमशितपीतयोः समं नीतयोः सतोः क्षुदुत्पद्यते पिपासा च, तदोदान उद्भूतवृत्तिरास्यगतं यत्किञ्चिन्निगिरति पित्तोद्रेकवशाद्वोद्गिरति हृदयादिगतं कफादिकं, ततो देहे बलपुष्ट्याद्याधानं व्यानवायोः कृतं भवति। एवमुक्तप्रकारेण पूर्वेषां चतुर्णां वायुव्यापाराणां यथावदनिवृत्तौ व्यानस्य सञ्चारसौष्ठवाभावाद्देहे बलपुष्ट्यादयो न जायन्ते इत्येतदनुभवसिद्धं शास्त्रसिद्धञ्च, अतो युक्तोऽयं क्रमनिर्देश इति। अथ योऽयं पीताशितं पीतञ्चाशितञ्च पीताशितं तदुद्गिरति ऊर्द्ध्वं निःसारयति, निगिरति वा नीचैर्गिरति तिरोदधातीति वा एष

स उदानः। अथोपांशुरन्तर्याममभिभवत्यन्तर्याम उपांशुञ्चैतयोरन्तरा देवौष्ण्यं प्रासुवत् यदौष्ण्यं स पुरुषोऽथ यः पुरुषः सोऽग्निर्वैश्वानरः। अन्यत्राप्युक्त-

---

वाव स उदान इति पूर्ववत्। एवमात्मनः प्राणोपाधिकस्य शरीरप्रवेशमुक्त्वा तद्व्यापारेण व्याप्रियमाणः शरीरं नियमयतीत्युक्तमिदानीं जाठराग्न्युपाधिकस्य शरीरे चेतयितृत्वं दर्शयितुं तदाभिव्यक्तं तावदाह "अथोपांशुः ० वैश्वानरः" इति। अथैतदुच्यते इति, अथशब्दोऽर्थान्तरोपक्रमार्थः। अस्ति कर्मकाण्डे उपांशुग्रहोऽन्तर्यामग्रहश्चेति द्वौ ग्रहौ परस्परोपकार्योपकारकभावेन संसृष्टावित्याम्नातं। यतः श्रूयते 'प्राणापानौ वा उपांश्वन्तर्यामौ व्यान उपांशुसवनो यदेते पात्रे एतं ग्रावाणमाहतीयसवनान्न जहीतः' इति। तथान्यत्रापि 'अग्निर्देवता गायत्री छन्द उपांशोः पात्रमसि, सोमो देवता त्रिष्टुप्छन्दोऽन्तर्यामस्य पात्रमसि' इति मन्त्रयोरनयोरग्नीषोमदेवत्यताऽधिगम्यते, तौ च प्राणापानात्मकत्वेनाध्यात्मशास्त्रे प्रसिद्धौ, अत इहोपांश्वन्तर्यामशब्दाभ्यां प्राणापानौ गृह्येते। तथा चायमर्थः। यथोपांशुग्रहोऽन्तर्याममभिलक्ष्य भवति अन्तर्यामग्रहश्चोपांशुं तयोश्चान्तरा सोमः सूयते तथात्रापि शरीरे प्राणोऽपानमभिभवति अपानश्च प्राणमित्यन्योन्याभिकाङ्क्षया प्रवर्तमानयोरुपांश्वन्तर्यामोपमितयोश्चैतयोः प्राणापानयोरन्त-

मयमग्निर्वैश्वानरो योऽयमन्तःपुरुषे येनेदमन्नं पच्यते यदिदमद्यते तस्यैष घोषो भवति यमेतत्कर्णावपिधाय शृणोति स यदोत्क्रमिष्यन् भवति नैनं घोषं शृणोति।

राऽन्तराले देवो द्योतनस्वभावश्चैतन्यात्मा औष्ण्यं उष्णस्वभावमात्मानं प्रासुवत् प्रसुतवान् उष्णरूपेणाभिव्यक्त इत्यर्थः। देवौष्ण्यमिति सन्धिश्छान्दसः। यद्वा एतयोरन्तरं मध्यं मूलाधारदेशस्तस्मात् प्राणापानाभ्यां पार्श्वगताभ्यां धम्यमानादेव न स्थानान्तरादिति यावत्। औष्ण्यं प्रासुवदिति पूर्ववत्। यदिदमौष्ण्यं स पुरुषो जीवो देहस्याग्निरूपेण धारयिता, ऊष्मरूपात्मावस्थाने हि जीवतीति प्रसिद्धिः, तदपगमे च मरणप्रसिद्धिः। तथा च श्रुत्यन्तरं 'उष्णो जीविष्यन् शीतो मरिष्यन्' इति। अथैवं सति यः पुरुष आत्मा सोऽग्निरग्रं नयतीत्यग्रणीरग्निरुच्यते। अयं हि सर्वधातुजातं पचन्नग्रं नयति अतोऽग्निः। वैश्वानर इति चायमुच्यते विश्वं सर्वं नरशब्दोपलक्षितं देहादिकं नयत्युत्तमभयवतीति विश्वानरो विश्वानर एव वैश्वानर इति। एतदेव पुरुषाग्न्योरेकत्वमिहोक्तं सिद्धवत्कृत्य शाखान्तरे जाठरस्याग्नेरुपासनमुक्तं तदिह प्रसङ्गादुपदिशति "अन्यत्राप्युक्तं ० शृणोति" इति। अन्यच्च बृहदारण्यकेऽपीत्यर्थः। अयमग्निर्वैश्वानरः पुरुषाख्यो योऽयं प्रसिद्धोऽन्तःपुरुषे पुरुषः शरीरं शरीरमध्ये। तत्सद्भावे कार्यलिङ्गकं प्रमाणमाह, येन पुरुषान्तःस्थेनेदं वक्ष्यमाणमन्नं पच्यते पानस्याप्युपलक्षण-

स वा एष पञ्चधात्मानं विभज्य निहितो गुहायां।

मेतत्। किं तदन्नं तदाह यदिदमद्यतेऽविशेषेण सर्वैः प्राणिभिर्यदिदमोदनाद्यद्यते यद्वा पीयते तदन्नं पानञ्चेदं येन पच्यते परिपाकं नीयतेऽयमग्निर्वैश्वानर इत्यन्वयः। तत्सद्भावेऽनुमानमुक्त्वा प्रत्यक्षमप्याह तस्येति, तस्याग्नेरेष प्रसिद्धो घोषः शब्दो भवति। कोऽसौ यं घोषं, एतदिति क्रियाविशेषणं एवं श्रवणं यथा स्यात् तथेत्येतत्, कर्णावपिधायाच्छाद्य शृणोति सर्वो लोकः, एवमेष घोषोपलम्भो जाठराग्नौ प्रत्यक्षमित्यर्थः, 'तस्यैषा श्रुतिर्यत्रैतत् कर्णावपिगृह्य निनदमिव नदथुरिवाग्नेरिव ज्वलत उपशृणोति' (छान्दो० अ० ३। ख० १३) इति छान्दोग्ये तस्याग्नेरेवैतच्छ्रवणमिति भाष्यकारैर्व्याख्यातत्वात्। जाठराग्निवैश्वानरात्मनो घोषरूपेण श्रवणनिर्देशप्रसङ्गेनेदमपरमुच्यते पुरुषाणां पारलौकिकहितसाधनप्रवृत्तौ सावधानत्वाय, स पुरुषो घोषश्रवणवान् यदा यस्मिन् काले उत्क्रमिष्यन् मरिष्यन् भवति तदा एनं घोषं न शृणोति, तदश्रवणे आसन्नमरणतां ज्ञात्वा यत् करणीयं मन्येत तत् कुर्यादित्यभिप्रायः। एवं प्रासङ्गिकं परिसमाप्य प्रकृतमेवानुवर्त्तयितुमुक्तार्थमनुवदति "स वा ० गुहायां" इति। स वै एष यो वैश्वानरः पुरुष इति चोक्तः प्राणाद्यात्मना पञ्चधात्मानं विभज्य गुहायां, गूहति संवृणोति ज्ञानानन्दाद्यतिशयमिति गुहा बुद्धिः, तस्यां निहितः स्वयमेव स्वात्मना निषक्त इत्यर्थः। विशेषव्यवहारायान्तःकरणोपाधि

F

मनोमयः प्राणशरीरो भारूपः सत्यसङ्कल्प आकाशात्मेति। स वा एषोऽस्माद्धृदन्तरादकृतार्थोऽमन्यतार्थानश्नानीति। अतः खानीमानि भित्त्वो-

---

प्राप्त इति तात्पर्यार्थः। तदेवमौष्ण्येन स्वरूपेण प्राणान्तः-करणभावमापन्नो विज्ञानात्मा यां यामवस्थामनुभवति तां क्रमेण वक्तुमारभमाणो बुद्धितत्स्थाभासाविवेकात् प्राप्तान् व्यपदेशभेदांस्तावदाह "मनोमयः ० आकाशात्मेति" इति। मनोमयो मनःप्रायो मनोवृत्तिभेदेष्वशेषेषु विशेषत उपलभ्यमानत्वात्। प्राणः शरीरमस्येति प्राणशरीरः प्राणभेदैरेव व्याप्रियमाणत्वात्, अन्यथा चिन्मात्रस्य कूटस्थस्य स्वतो विशेषमानव्यापारयोरनुपपत्तेः। भाः चित्प्रकाशो रूपं स्वरूपमस्येति भारूपः। सत्याः सङ्कल्पा अवश्यम्भाविनः पूर्वकृतज्ञानकर्मसंस्कारभाविताः सङ्कल्पा अस्येति सत्यसङ्कल्पः। आकाशवदसङ्गोऽग्राह्य आत्मा स्वरूपमस्येत्याकाशात्मा। एवमुपाधिधर्मैः स्वधर्मैश्चाविविक्त आत्मा जीवभावमुपगत इत्यर्थः। तच्चोक्तं श्वेताश्वतरोपनिषदि 'बुद्धेर्गुणेनात्मगुणेन चैव आराग्रमात्रोऽप्यवरोऽपि दृष्टः' इति। य एवमविद्याकृतोपाधिमात्मत्वेनोपगतो विस्मृतपरमानन्दनिजस्वभावः सोऽकृतकृत्यमात्मानं मेने इति तद्वृत्तान्तमाह "स वा ० अश्नानीति" इति। स वा एष पूर्वोक्तोऽकृतार्थोऽकृतप्रयोजनः सन्नस्मादेतच्छरीरगताद्धृदन्तरात्

दितः पञ्चभी रश्मिभिर्विषयानत्ति। इति बुद्धीन्द्रियाणि यानीमान्येतान्यस्य रश्मयः कर्मेन्द्रियाण्यस्य हया रथः शरीरं मनो नियन्ता प्रकृतिमयोऽस्य प्रतोदोऽनेनं खल्वीरितः परिभ्रमतीदं शरीरं चक्रमिव

हृदयस्थानस्थादन्तःकरणाद्धेतुभूतात् अर्थान् विषयानश्नानि भुञ्जे अनश्नानि व्याप्नवानीति वाऽमन्यत सङ्कल्पितवानित्यर्थः। ततः किं वृत्तं तदाह "अतः ० विषयानत्ति" इति। यत एवगतः इमानि प्रसिद्धानि शीर्षण्यानि खानि छिद्राणि त्वचञ्च भित्त्वा विदार्योदित उद्गतो गवाक्षेभ्य इवालोकः प्राणान्तःकरणोपाधिः सन् वक्ष्यमाणैः पञ्चभी रश्मिभिर्विषयान् शब्दस्पर्शादीन् अत्ति भुङ्क्ते व्याप्नोतीत्यर्थः। इदानीमस्य लोकसिद्धं विषयानुभवप्रकारमनुवदन् शरीरादेः रथादिकल्पनां विदधानोऽस्य विषयमोक्षप्राप्तिमार्गयोः स्वातन्त्र्यं दर्शयति "इति बुद्धीन्द्रियाणि ० वेषोऽप्यस्येति" इति। इत्येवं विषयान् भुञ्जानस्य यानीमानि प्रसिद्धानि बुद्धीन्द्रियाणि श्रोत्रत्वक्चक्षुर्जिह्वाघ्राणाख्यानि तान्यस्य रथिनो हयरश्मयः प्रग्रहाः, कर्मेन्द्रियाणि वाक्पाणिपादपायूपस्थाख्यान्यस्य हयाः रथवाहाः, शरीरमिदं स्थूलमेव रथः, मनः सङ्कल्पाद्यात्मकं नियन्ता नितरां यन्ता सारथिरित्यर्थः, प्रकृतिः स्वभावः कर्मज्ञानवासना तन्मयस्तद्रूपोऽस्य प्रतोदः कशादिर्वाहननोदन-

मृत्यवेनेदं शरीरं चेतनवत् प्रतिष्ठापितं प्रचोदयिता वैषोऽप्यस्येति ॥ ६ ॥

स वा एष आत्मेहोशन्ति कवयः सितासितैः

साधनं। कथमयं प्रतोद इति तदुपपादयति अनेनेति, अनेन प्रकृतिमयेन खलु निश्चितमीरितः प्रेरितः परिभ्रमति। किमिदं शरीरं रथः। तत्र दृष्टान्तमाह चक्रमिवेति, मृत्यवः कुलालः तेनेरितं चक्रमिवेत्यर्थः। इदं शरीरमित्याद्युक्तार्थं ॥ ६ ॥

यदिदं स्वसृष्टदेहाद्यनुप्रवेशेनास्य संसारित्वमुक्तं तन्नायं स्वतः संसारधर्मवान् किन्तूपाधिवशात् तथा भाति, तत उपाधेर्विविच्य तत्स्वरूपमन्वेषणीयमात्मनः संसारित्वभ्रमनिवृत्तय इति दर्शयितुमुक्तं हेयस्वरूपानवगमे तद्धानासम्भवादित्यभिप्रेत्य अयमेवात्मा मुञ्जादिषीकावद्देहादिसङ्घाताद्विविच्यावधारणीय इत्याह "स वा ० इत्यवस्थिता इति" इति। यमित्यध्याहारः, यमुशन्ति कमनीयतया जानन्ति कवयो मेधाविनः परमप्रेमास्पदतया प्रत्यग्रूपेण जानन्ति स वै स एवैष आत्मा न तु संसार्येवेत्यर्थः। ननु संसारिताया अस्योक्तत्वात् कथं न संसारीति तत्राह सितासितैरिति। सितशब्देनोज्ज्वलत्वचा विना स्पृहणीयतोच्यते, असितशब्देन मलिनवाचिना प्रतिकूलवेदनीयतोच्यते, तथा च सितासितैः सुखदुःखैः कर्मफलैरनभिभूतोऽसंस्पृष्ट इवशब्दोऽवधारणार्थः। प्रतिशब्दो

कर्मफलैरनभिभूत इव प्रति शरीरेषु चरत्यव्यक्तत्वात् सौक्ष्म्याददृश्यत्वादग्राह्यत्वान्निर्ममत्वाच्चानवस्थोऽसति

व्यवहितक्रियया सम्बध्यते कर्मफलैरनभिभूत एव शरीरेषु प्रतिचरतीत्यन्वयः। प्रतिशरीरेषु सर्वेषु शरीरेष्विति वा। यद्वा प्रति प्रातिलोम्येनाविषयत्वेन शरीरेषु चरतीत्यर्थः। अतो नायं स्वरूपतः संसारी किन्त्वलक्तकादिसन्निहितो लोहितात्मनेव स्फटिकः सङ्घातोपाधिसन्निहितः संसार्यात्मना भासत इति भावः। उक्तेऽर्थे हेतुमाह, अव्यक्तत्वादित्यादिना। व्यक्तं विषयरूपं दृश्यं देहाद्यज्ञानपर्यन्तं तद्विपरीतत्वमव्यक्तत्वं तस्मात्। न हि संसार्य्यव्यक्तो भवति व्यक्तविकारानुबन्धित्वात् तस्य। अतोऽव्यक्तत्वान्न संसारीत्यर्थः। कुतोऽव्यक्तत्वं चिदात्मनोऽहमिति व्यक्ततयोपलभ्यमानत्वादित्यत आह सौक्ष्म्यादिति। अनाधेयातिशयत्वं सौक्ष्म्यमुच्यते, न हि चैतन्यस्वरूपेऽमूर्त्तेऽनवयवे कश्चिदतिशय आधीयते आकाश इव कारकैः। यत्र पुनः कारकव्यापारापन्नोऽतिशयस्तद्व्यक्तमिति प्रसिद्धं यथा घटादि निष्पाद्यं प्रकाश्यं चेति, तस्मादस्य तद्वैलक्षण्यात् सौक्ष्म्यादव्यक्तत्वमितिभावः। तदेवोक्तलक्षणं सौक्ष्म्यं साधयति अदृश्यत्वादग्राह्यत्वाच्चेति। ज्ञानकर्मेन्द्रियाविषयत्वादित्यर्थः। चतुर्विधक्रियाफलविलक्षणत्वादिति भावः। हेत्वन्तरमाह निर्ममत्वाच्चेति। चकारान्निरहङ्कारत्वमपि सम-

कर्ताऽकर्त्तैवावस्थः स वा एष शुद्धः स्थिरोऽचलश्चालेप्योऽव्यग्रो निस्पृहः प्रेक्षकवदवस्थितः स्वस्थश्च।

च्चोयते। यत्राहन्ता भवति तत्संस्पृष्टे ममता भवति, अस्य तु सुखाद्युपलब्ध्यायतने शरीरेऽनुगतस्यापि तत्राहङ्कारममत्वयोरभावान्न संसारितेत्यर्थः। नन्ववस्थात्रयसम्बन्धिनः कथमहङ्कारममकारयोरभावस्तत्राह अनवस्थ इति। अवस्थात्रयरहितोऽवस्थासाक्षित्वात्, न हि दृश्यधर्मो द्रष्टर्युपरज्यत इत्यर्थः। अथवा ननु शरीरेषु चरतः कथं तत्राहम्ममताऽभावः इति तत्राहाऽनवस्थ इति। न विद्यतेऽवस्थाऽवस्थानं यस्य सोऽनवस्थः। निरवयवस्यामूर्त्तादिलक्षणस्याव्यावृत्तस्याननुगतस्य न क्वाप्यवस्थितिरुपपद्यत इति भावः। ननु धर्माधर्माभ्यां शरीरादिकर्त्तुः कथमित्थमसंसारित्वं वर्ण्यत इत्यत आह अस्तीति। अव्याकृतशब्दितमज्ञानमसदित्युच्यते। अकर्त्तैवासत्यवस्थोऽवस्थितः कर्त्तेत्यन्वयः, वस्तुतोऽकर्त्तैव सन्नज्ञानावेशात् कर्त्तेवावभासत इत्यर्थः। एवमध्यारोपापवादाभ्यां विचार्य निर्णीतमात्मनः स्वरूपं व्यपदिशति स वा इत्यादिना। सवितरि दिवान्धपरिकल्पितान्धकारवदज्ञानस्यापि वस्तुत्वाभावादयमात्मा शुद्धो मिथ्याज्ञानाद्यशुद्धिसंसर्गरहितः सर्वस्यागमापायसाक्षित्वात् स्थिरः आगमापायशून्यः व्यापकत्वादचलः स्वतः क्रियाशून्यः चकारादनन्यप्रेर्योऽपीत्यर्थः। अतएवालेप्यो धर्माधर्मतत्फललेपानर्हः। न ह्यक्रियोऽकर्त्ता कर्मतत्फलभागभ-

ऋतभुक् गुणमयेन पटेनात्मानमन्तर्धायावस्थिता इत्यवस्थिता इति ॥ ७ ॥

इति मैत्र्युपनिषदि द्वितीयः प्रपाठकः ॥

वतीत्यर्थः। अव्यग्रोऽसम्भ्रमो यतो निस्पृहः परिपूर्णपरमानन्दरूपत्वात्, स्पृहणीयाभावात स्पृहाभावे सत्यव्यग्र इत्यर्थः। अतएव प्रेक्षकवदुदासीन इवावस्थितः। कुत्रावस्थित इति तदाह स्वस्थः स्वे स्वरूपेऽवस्थितो नान्याधार इत्यर्थः। 'स एवाधस्तात् स उपरिष्टात् स पश्चात् स पुरस्तात् स दक्षिणतः स उत्तरतः स एवेदं सर्वं' (छान्दो॰ अ॰ ७) इति श्रुत्यन्तरात्। चकारः सर्वविशेषणसमुच्चयार्थः। उपसंहरति ऋतभुगिति। एवंविध एवात्मा गुणमयेन पटेन त्रिगुणाविद्यामयेनावरणेनात्मानं नित्यशुद्धत्वादिरूपमन्तर्धाय ऋतभुगवस्थित इत्यन्वयः, कर्मफलभोक्ता संसारीव भासमानो वर्तत इत्यर्थः। इतिशब्दः प्रतिवचनसमाप्तिद्योतनार्थः। अभ्यासोऽध्यायसमाप्त्यर्थः ॥ ७ ॥

इति श्रीमैत्रीशाखोपनिषद्दीपिकायां द्वितीयः प्रपाठकः ॥

ते होचुर्भगवन् यद्येवमस्यात्मनो महिमानं सूचयसीत्यन्यो वा परः कोऽयमात्माख्यो योऽयं सितासितैः कर्मफलैरभिभूयमानः सदसद्योनिमापद्यता इत्यवा*च्योर्ध्वा वा गतिर्द्वन्द्वैरभिभूयमानः परिभ्रमति ॥ १ ॥

नित्यशुद्ध एवात्मा त्रिगुणोपाधिप्रविष्ट ऋतभुक् संसारीत्युक्तमुपश्रुत्यैतदसंभावयन्तो वालखिल्याः पप्रच्छुरित्याह। "ते होचु० परिभ्रमति" इति। ते वालखिल्याः ह किल ऊचुः, किं, हे भगवन् यद्येवमस्यात्मनो महिमानं त्वं सूचयसि नित्यशुद्ध इत्यादिकं तर्ह्येवंविधस्य ऋतभुक्त्वासम्भवादन्यो वास्मात् परो विलक्षणः वाशब्दः सम्भावनायां। तमेव प्रश्नपूर्वकं विशदयति, कोऽयमात्माख्य इति। जीवाख्य इत्यर्थः। योऽयं प्रसिद्धोऽहमस्मीति सितादिकर्मफलैरभिभूयमानः लिप्यमानः, सद्योनिर्ब्राह्मणादियोनिः असद्योनिः श्वशूकरादियोनिः तामापद्यते आत्मत्वेनाभिपद्यते इत्येवंप्रकारेणावांच्या अवाची ऊर्द्ध्वा वा तत्तज्जन्मकर्मानुरूपा गतिः फलप्राप्तिर्यतोऽतो द्वन्द्वैः शीतोष्णमानापमानसुखदुःखादिभिरभिभूयमानः परिभ्रमतीति प्रसिद्धं शास्त्रानुभवसारिणामित्यर्थः। अतएव कस्य विरुद्धधर्मसंसर्गविरोधादन्यो वा कस्मात् संसार्यात्मा न भवेदिति मन्यामह इत्यभिप्रायः॥ १ ॥

---

* अवाङ्स्योर्द्ध्वेति मूले लिखितं।

अस्ति खल्वन्योऽपरो भूतात्माख्यो योऽयं सितासितैः कर्मफलैरभिभूयमानः सदसद्योनिमापद्यत इत्यवाच्योर्ध्वा वा गतिर्द्वन्द्वैरभिभूयमानः परिभ्रमतीत्यस्यो-

यद्येकस्य विरुद्धधर्मसंसर्गविरोधादृतभुगन्यः स्यादिति मन्यध्वे तर्ह्यस्त्वन्य ऋतभुक् संसारी यो द्वन्द्वैरभिभूयते इति तावद् गृहीतेत्युत्तरमाह प्रजापतिः "अस्ति ० उपव्याख्यानं" इति। योऽयं सितासितैरित्यादि परिभ्रमतीत्यन्तेनोक्तः स नित्यशुद्धत्वादिलक्षणादात्मनोऽपरोऽन्योऽस्ति कोऽसौ भूतात्मा भूताभेदेनोपलभ्यमान इत्यर्थः। कोऽयं भूतात्मेति तत्राह तस्योपव्याख्यानं, तस्य भूतात्मनः स्पष्टव्याख्यानं प्रपञ्चनं, शृणुतेति शेषः। "पञ्चतन्मात्रा ० भूतात्मेत्युक्तं" इति। शब्दस्पर्शरूपरसगन्धाः सूक्ष्माः पञ्चतन्मात्राख्याः अव्याकृताख्यादविद्याशबलितादात्मनः सकाशात् क्रमेण जाता भूतशब्देनापञ्चीकृतपञ्चमहाभूतशब्देनोच्यन्ते वेदान्तेषु। अथानन्तरमेतान्येव परस्परानुप्रवेशेन पञ्चीकृतानि गुणगुणिभावेन परिणम्य स्थितानि पञ्चमहाभूतानि भूतशब्देनोच्यन्त इत्यर्थः। अथैवं सति तेषामुभयविधभूतानां यत् समुदयं यः समुदायः परिणामविशेषस्तच्छरीरमित्युक्तं वेदान्तेष्विति योज्यं। प्राणेन्द्रियान्तःकरणसहितसूक्ष्मभूतसमुदायो लिङ्गशरीरं, पञ्चीकृतपञ्चमहाभूतसमुदायः स्थूलं शरीरमित्युक्तमिति विभागः। एवं

6

पव्याख्यानं । पञ्चतन्मात्रा भूतशब्देनोच्यन्ते अथ पञ्चमहाभूतानि भूतशब्देनोच्यन्तेऽथ तेषां यत् समुदयं तत् शरीरमित्युक्तमथ यो ह खलु वाव शरीर इत्युक्तं स भूतात्मेत्युक्तं। अथामृतोऽस्यात्माऽर्बिन्दुरिव

भूतशब्दार्थं सकार्थमुक्त्वात्मशब्दार्थमाहाथेति। अथैवं सम्पन्ने शरीरद्वयात्मना भूतजाते तस्मिञ्छरीरे यो ह खलु वाव य एव ह स्फुटं खलु निश्चये वावाऽहं ममेति रथित्वेन व्यवहर्तेत्युक्तं पूर्वं स भूतात्मेत्युक्तं वेदान्तेष्वित्यर्थः। तथाच वेदान्ताः 'तस्माद्वा एतस्मादात्मन आकाशः सम्भूतः' इत्यादिना सृष्टिमुक्त्वा 'तत् सृष्ट्वा तदेवानुप्राविशत् तदनुप्रविश्य सच्च त्यच्चाभवत्' (तैत्ति० उ०) इत्यादिकाः। तथा 'तत्तेजोऽसृजत' इत्यादिना भूतसूक्ष्मसृष्टिं प्रक्रम्य 'सेयं देवतैक्षत हन्ताहमिमास्तिस्रो देवता अनेन जीवेनात्मनानुप्रविश्य नामरूपे व्याकरवाणि तासां त्रिवृतं त्रिवृतमेकैकां करवाणि' (छान्दो० उ० अ०६) इति, तथा 'आत्मा वा इदमेक एवाग्र आसीन्नान्यत् किञ्चन मिषत्स ईक्षत लोकान्नु सृजा इति स इमांल्लोकानसृजत' इत्युपक्रम्य शेषे 'स एतमेव सीमानं विदार्यैतया द्वारा प्रापद्यत' (ऐत०उ०) इति। एवं तत्र तत्र 'स एष इह प्रविष्ट आनखाग्रेभ्यः' इत्यादि श्रुतयः सन्ति शतशः, इहापि पुरस्तादेतदुक्तं 'प्रजापतिर्वा एकोऽग्रेऽतिष्ठत्' इत्यारभ्य 'स वायुरिवात्मानं खलाभ्यन्तरं प्राविशत' इति।

पुष्करा इति स वा एषोऽभिभूतः प्राकृतैर्गुणैरिति।
अथोऽभिभूतत्वात् सम्मूढत्वं प्रयातः सम्मूढत्वादात्मस्थं
प्रभुं भगवन्तं कारयितारं नापश्यद्गुणौघैरुह्यमानः

एतदेव पुनःस्पष्टीकरिष्यते। तथाच चिदात्मैव भूतसङ्घातमनुप्रविष्टो भूताभेदेन गृह्यमाण उपाधिप्रधानत्वाद्भूतात्मेति चिदात्मनो भेदेन व्यपदिश्यते चिदात्मा चोपाधिभ्यो विविच्य वेदान्तेष्वात्मा ब्रह्म चिन्मात्रं प्रज्ञानघन इत्यादिशब्दैर्भूतात्मनो भेदेन व्यपदिश्यते तदेवमस्यस्यैवात्मन औपाधिको भेद इति संसार्यसंसारिभेदव्यवहारोऽनाद्यविद्यानिबन्धन उपपद्यत इति प्रकरणार्थः। इदानीं चिदात्मन एव भूतात्मत्वं चिदात्मस्वभावानुपमर्देनेति व्युत्पादयति "अथान्यतोऽस्यात्मा ० गुणैरिति" इति। अथैवमप्यस्य भूतात्मनोऽप्यन्यतोऽविकारः कूटस्थ आत्मा स्वरूपं पुष्करे पद्मपत्रेऽद्बिन्दुरिव नीरबिन्दुरिव तत्संश्लेषरहितोऽपि स वै एष आत्मा प्राकृतैर्गुणैः प्रकृतिविकारैः स्वाभासमायाविकाररूपदेहद्वयलक्षणैरभिमानगृहीतैरभिभूतस्तिरस्कृतस्वभावावभास इत्यर्थः। यत एवं "अथोऽभि ० परिभ्रमति" इति। अथो अतः कारणात् सन्धिः छान्दसः, तदेवाह्याभिभूतत्वात् प्राकृतैर्गुणैरेकीभूतत्वात् सम्मूढत्वमत्यन्ताविवेकित्वं प्रयातः प्राप्तवान्, तच्चेदं लि-

a 2

कलुषीकृतश्चास्थिरश्चञ्चलो लुप्यमानः सस्पृहो व्यग्र-
श्चाभिमानित्वं प्रयाता इत्यहं सो ममेदमित्येवं मन्य-
मानो निबध्नात्यात्मनात्मानं जालेनेव खचरः कृत-

कृमुच्यते सम्मूढत्वादेव हेतोर्भगवन्तं नापश्यदिति सम्बन्धः न पश्यतीत्येतत्। स्वतःसिद्धालुप्तज्ञानैश्वर्यादिशक्तिसम्पन्नत-योपलक्षितश्चिदात्मा भगवान् तं न पश्यतीति सम्मूढत्वम-स्यावगम्यत इत्यर्थः। तस्य दूरस्थत्वाददर्शनं नास्य सम्मूढत्वा-दिति शङ्कां वारयत्यात्मस्थमिति स्वात्मनि सत्तास्फूर्त्तिरूपेण स्थितमित्यर्थः। कथमयं स्वात्मस्थ इत्यत आह प्रभुमिति, प्रक-र्षेण भवत्यस्मादिति प्रभुर्भूतात्मन उपादानमधिष्ठानञ्चेत्यर्थः। अतएव कारयितारं नियन्तारं, कारणाधीनं हि कार्यमिति न्यायात्, कारणत्वादेव नियन्तेत्यर्थः। तथाच श्रुत्यन्तरं 'एष ह्येव साधु कर्म कारयति तं यमेभ्यो लोकेभ्य उन्निनीषत एष उ एवासाधु कर्म कारयति तं यमधो निनीषते' (कौषी० अ० ३) इति। किञ्च गुणौघैः प्राकृतिकैर्देहेन्द्रियविषयलक्षणैरुह्यमान इतस्ततश्चाल्यमानः कलुषीकृतश्च नानावासनाकषायरञ्जितश्चे-त्यर्थः; अतएव वासनाभिः प्रेर्यमाणतयाऽस्थिरः कथञ्चिदुत्प-द्यमानेऽपि विवेकविज्ञाने स्थैर्यहीनः अतश्चञ्चलः शुभविषयैक-प्रवृत्तिनिष्ठारहित इत्यर्थः। किञ्च लुप्यमानश्चाञ्चल्यवशाद्वि-वेकज्ञानधर्मसञ्चयैर्लुप्यमानोऽत एव सस्पृहोऽप्राप्तेऽशक्यसम्पा-

स्यानुफलैरभिभूयमानः सदसद्योनिमापद्यता इत्य-वाच्योर्द्ध्वा वा गतिर्द्वन्द्वैरभिभूयमानः परिभ्रमति। कतम एष इति तान् होवाचेति॥ २॥

द्येऽपि स्पृहावान् अत एव व्यग्रो हीनः सुखभोगक्षणमलभमान-श्चेति यावत्। सर्वस्यापि विशेषणजातस्य मूलमिदमुच्यते। अभिमानित्वं प्रयात इति। इति शब्द इत्यमर्थे। कथमित्ये-तदाहाहमिति। अहं मनुष्यः कर्त्ता भोक्ता, ह उ इति छेदः, उशब्दोऽप्यर्थे, सोऽपि परोऽप्यस्ति मादृशो मम मित्रं शत्रुरुदा-सीनो वा, इदमिति देहबाह्यं परिकल्प्य तच्च ममेति शोभना-ध्यासपुरःसरमात्मीयतयाभिमन्यते अर्थादशोभनाध्यासान्न म-मेति च, एवं मन्यमानोऽभिमन्यमान आत्मना स्वेनैवात्मानं निबध्नाति। बन्धनमात्रे दृष्टान्तमाह जालेनेव खचर इति। पक्षीवेत्यर्थः। अथवा खचरः कोशकारो वृक्षकोटराकाशे चरणात्। स यथात्मनैव कोशं कृत्वा तेनात्मानं निबध्नाति तद्वदित्यर्थः। एवं कुर्वन् कृतस्य कर्मणः शुभाशुभलक्षणस्या-नु पश्चादवश्यम्भाविफलैः सुखदुःखैरभिभूयमानः परवशी-क्रियमाणः पुनः सदसद्योनिमापद्यता इत्यादि व्याख्यातं। पुनरप्यस्य विशेषजिज्ञासया पृच्छन्ति "कतम एष इति" इति। उत्तरमुत्थापयति "तान् होवाचेति" इति॥ २॥

अथान्यत्राप्युक्तं यः कर्त्ता सोऽयं वै भूतात्मा करणैः कारयितान्तःपुरुषः। अथ यथाग्निनाऽयस्पिण्डो वाभिभूतः कर्तृभिर्हन्यमानो नानात्वमुपैत्येवं वाव खल्वसौ भूतात्मान्तःपुरुषेणाभिभूतो गुणैर्हन्यमानो नानात्वमु ति। चतुर्जालं चतुर्दशविधं चतुरशीतिधा परि-

---

भूतात्मनश्चिदात्मनश्च वस्तुतो यद्यभेदस्तर्हि कथं भूतात्मनि संसरति तदभिन्नश्चिदात्मा न संसारी भवेदिति पृष्टो दृष्टान्तेन व्यवस्थामुपपादयिष्यन्नुक्तावात्मानौ परामृशति "अथान्यत्राप्युक्तं ० पुरुषः" इति। अथैवमेवान्यत्रापि शाखान्तरेऽप्युक्तं किं यः कर्त्तास्मिञ्छरीरे सोऽयं वै भूतात्मा यस्तु करणैः सन्निधिसत्तामात्रेण स्वप्रेरितैः करणैः कारयिता सोऽन्तःपुरुषश्चिदात्मेति, एतदन्यत्राप्युक्तमित्यर्थः। अन्तःपुरुषव्याप्तस्य भूतात्मनो नानात्वापत्तिं सदृष्टान्तामाहान्तरपुरुषस्य स्वतो भेदशङ्काव्यावृत्तये "अथ यथा० उपैति" इति। अथेदमुच्यते यथाग्निना प्रसिद्धेनाभिभूतो व्याप्तोऽयस्पिण्डो वा काष्ठादिपिण्डः सन्तप्तः कर्त्तृभिर्लोहकारादिभिर्हन्यमानस्ताड्यमानो नानात्वं विष्फुलिङ्गभावेनोपैति नानादिक्ष्वनेकधा विप्रसृतो भवतीत्यर्थः। एवं वाव एवमेवोक्तदृष्टान्तवत् खलु असौ भूतात्माऽन्तःपुरुषेणाभिभूतो व्याप्तो गुणैर्द्देहेन्द्रियान्तःकरणैर्गुणात्मकमायाकार्यैर्हन्यमानोऽवच्छिद्यमानो

णतं भूतगणमेतद्वै नानात्वस्य रूपं। तानि ह वा एतानि गुणानि पुरुषेणेरितानि चक्रमिव मृत्यवेनेति। अथ यथाऽयस्पिण्डे हन्यमाने नाग्निराभभू-

---

नानात्वमुपैति तत्तद्भूतसङ्घातभेदेन भिद्यत इत्यर्थः। नानाभावमेव वर्णयति "चतुर्जालं ० रूपं" इति। चत्वारि जालानि परिच्छेदकानि यस्मिंस्तत्तथा। जराय्वुजाण्डजस्वेदजोद्भिज्ज-रूपैश्चतुर्भिर्जालैरवच्छिन्नमित्यर्थः। चतुर्दशविधं भूरादि-चतुर्दशभोगस्थानप्रकारमित्यर्थः। पुनर्जरायुजादीनामवान्तरजातिभेदेन चतुरशीतिधा तावत्त्वं तावतोऽप्यधिकं वा भेदेन परिणतमुपचितमित्यर्थः। किं तत् भूतगणं भूतानां गणोऽस्मिंस्तद्भूतगणं पञ्चमहाभूतसंहननं यदेवंविधमेतद्वै नानात्वस्य भेदस्य रूपं स्वरूपमित्यर्थः। उक्तस्य चराचरलक्षणस्य स्वतश्चेतनत्वशङ्कां व्यावर्त्तयंश्चिदात्मनोऽस्माद्भेदं सूचयति "तानि ह वा ० मृत्यवेनेति" इति। तानि जरायुजादिभेदेन चतुर्विधानि भूरादिभेदेन चतुर्दशविधानि च ह वै एतानि चतुरशीत्यादिप्रकाराणि गुण्यन्ते पुनः पुनरावर्तन्त इति गुणानि पुरुषेणान्तःस्थेनेरितानि मृत्यवेन कुलालेनेरितं चक्रमिव भ्रमन्तीति शेषः। इदानीं भूतात्मानुगतस्यापि चिदात्मनो भूतात्मगतावस्थादोषसंस्पर्शाभावं दृष्टान्तेनोपपादयन् संसारित्वासंसारित्वव्यवस्थामाह "अथ यथाऽयस्पिण्डे ० संश्लिष्टत्वादिति" इति। अभिभूयति अभिभूयते न

यत्येवं नाभिभूयत्यसौ पुरुषोऽभिभूयत्ययं भूतात्मोपसंश्लिष्टत्वादिति ॥ ३ ॥

अथान्यत्राप्युक्तं शरीरमिदं मैथुनादेवोद्भूतं संवृद्ध्युपेतं निरयेऽथ मूत्रद्वारेण निष्क्रान्तमस्थिभिश्चितं मांसेनानुलिप्तं चर्मणावनद्धं विण्मूत्रपित्तकफमज्जा-

---

हन्यत इत्यर्थः । न ह्यौष्ण्यप्रकाशस्वभावस्याग्नेः स्वतोऽवस्थाभेदो वक्रवर्तुलस्थूलसूक्ष्मत्वादिलक्षणोऽयस्पिण्डाद्युपाधिपरामर्शमन्तरेण निरूपणपथमवतरति । एवमेवासौ पुरुष आन्तरश्चिदात्मा नाभिभूयति नाभिभूयते भूतात्मगतावस्थाभिर्भेदविपर्यासलक्षणैर्न संस्पृश्यते, अत्राप्युपाधिपरामर्शमन्तरेण भेदविपर्यासयोरनिरूपणात्, अयं तु भूतात्माऽयःपिण्डाभेदेनाकारवत्तया गृह्यमाणाग्न्याभासवद्भूतसङ्घातोपसंश्लिष्टत्वात् तदात्माभिमानितयानुगतत्वादभिभूयत्यभिभूयते तदवस्थाभिरवस्थावान् भवतीत्यर्थः ॥ ३ ॥

यस्मादेवं देहाभिमाननिबन्धनमात्मनः संसारित्वं तस्माद्देहस्वभावालोचनया देहाभिमानत्यागः कार्योऽसंसारित्वायेति विवचन् देहस्य बीभत्सागोचरतामाह "अथान्यत्राप्युक्तं • इव वसुना" इति । प्रथमं मैथुनादेवोद्भूतं शुक्रशोणितबिन्दुरूपं क्रमेण निरये निरयतुल्ये मातुरुदरे संवृद्ध्युपेतमङ्गप्रत्यङ्गकेशनखलोमप्रकारैः परिव्यूढं, अथ नवमे दशमे

मेदोवसाभिरन्यैश्चामयैर्बहुभिः परिपूर्णं कोश इव वसुना ॥ ४ ॥

अथान्यत्राप्युक्तं सम्मोहो भयं विषादो निद्रा तन्द्री

वा ततोऽप्यधिके वा मासे सति मूत्रद्वारेण योनिरन्ध्रेण निष्क्रान्तमेवंविधमिदं शरीरं प्रसिद्धमित्यर्थः। अवनद्धं पिहितं अन्यैश्चामयैरुदरशूलापस्मारादिभिर्बहुभिरसङ्ख्यातैः,कोशो भाण्डागारं, वसु धनं, प्रसिद्धार्थमन्यत्। निरयरूपेऽस्मिन् शरीरे विवेकिनाभिमानो न कार्य इत्यभिप्रायः ॥ ४।

एवं स्थूलशरीरे वैराग्याय तत्स्वभावमुक्त्वा सूक्ष्मेऽपि शरीरे वैराग्याय तत्स्वभावमुपन्यस्यति "अथान्यत्राप्युक्तं सम्मोहो ॰ तामसानि" इति। सम्मोहो विपर्ययः। तन्द्री आलस्यं। प्रमादोऽवश्यकर्तव्येष्ववधानशून्यता। जरा देहधर्मोऽप्यन्तःकरणेन जीर्णोऽहमित्यभिमानात् तद्धर्मान्तरनुक्रान्ता। कार्पण्यं कृपणत्वं सत्यां सम्पत्तौ कदर्यता।

"आत्मानं धर्मकृत्यञ्च पुत्रदारांश्च पीडयन्।
देवतातिथिभृत्यांश्च स कदर्य इति स्मृतः" ॥ इति

स्मृतौ कदर्यलक्षणमुक्तं, स एवेह कृपणः, तस्य भावः कार्पण्यमित्यर्थः। नास्तिक्यं आमुष्मिके श्रेयसि निरये वा नास्तीति बुद्धिर्वेदाद्यनादरश्च। अज्ञानमपेक्षितार्थास्फूर्त्तिः। परद्धिंसहि-

प्रमादो जरा शोकः क्षुत् पिपासा कार्पण्यं क्रोधो ना-
स्तिक्यमज्ञानं मात्सर्यं नैःकारुण्यं मूढत्वं निर्व्रीडत्वं नि-
राकृतित्वमुद्धतत्वमसमत्वमिति तामसानि। अन्त-
स्तृष्णा स्नेहो रागो लोभो हिंसा रतिर्दृष्टिर्व्यावृतत्व-
मीर्ष्या ऽकाममस्थिरत्वं चलत्वं व्यग्रत्वं जिगीषाऽर्था-

ष्णुत्वं मात्सर्यं। नैःकारुण्यं नैष्ठुर्यं। मूढत्वमविवेकित्वं विवेकरा-हित्यमिति यावत्। अतो न मोहेन पौनरुक्त्यं। निर्व्रीडत्वं अ-कार्यकरणेऽनपत्रपत्वं। निराकृतित्वं अनवस्थितस्वभावत्वं। उद्धृ-तत्वं साहसेषु निःशङ्कत्वं। असमत्वं विषमबुद्धित्वं। एतानि तामसानि तमोगुणोद्रेककृतानीत्यर्थः। अन्यत् प्रसिद्धार्थं। राजसान्याह "अन्तस्तृष्णा ० आप्नोतीति" इति। अप्राप्येऽप्य-र्थेऽभिलाषोऽन्तस्तृष्णा। अतस्तृष्णेति पाठे अतः परं राजसान्यु-च्यन्त इति योज्यं। स्नेहः पुत्रदारादिषु ममत्वाभिनिवेशः। रागः तेष्वासक्तिरात्मत्वाभिमानः। लोभो लब्धेषु विषयेष्वलंबुद्ध्यभावः। हिंसा परपीडा। दृष्टिर्द्वेषः। व्यावृतत्वं व्यावृताभिप्रायत्वं गूढा-भिसन्धितेत्यर्थः। ईर्ष्या निरर्थकस्पर्द्धा। काम्यत इति कामः फलं तद्रहितं यथा स्यात् तथाऽस्थिरत्वं चाञ्चल्यं, निरर्थक-प्रवृत्तिमत्त्वमित्यर्थः। यद्वा आकाममाकामत्वं आ समन्तात् कामवत्त्वमसम्पूर्णकामत्वमित्यर्थः, अतएवास्थिरत्वमेकस्मिन्विषये स्थैर्यरहितत्वं। चलत्वं चलचित्तत्वमगाम्भीर्यमिति यावत्।

पार्जनं मित्रानुग्रहणं परिग्रहावलम्बोऽनिष्टेष्विन्द्रियार्थेषु द्विष्टिरिष्टेष्वभिषङ्गः शुक्तस्वरोऽन्नतमस्त्विति राजसान्येतैः परिपूर्ण एतैरभिभूता इत्ययं भूतात्मा तस्मान्नानारूपाण्याप्नोतीत्याप्नोतीति ॥ ५ ॥

इति मैत्र्युपनिषदि तृतीयः प्रपाठकः॥

व्यग्रत्वं व्यसनिता। धनविद्यादिभिः परान् जेतुमिच्छा जिगीषा। अर्थस्य पशुधनक्षेत्रादेरुपार्जनं येन केनचनोपायेन सम्पादनं। तदर्थं मित्राणामुपकारिणामनुग्रहणं दानमानसत्कारैरनुसरणं; परिग्रहावलम्बो गृहश्रमोत्साहः। उत्तरं वाक्यद्वयं स्पष्टार्थं। अभिष्वङ्गः प्रीत्यतिशयः। शुक्तस्वरोऽव्यक्तस्वरत्वदत्त्वमिति यावत्। अन्नतमो बह्वन्नः ख्यात्याद्युद्देशेनान्नदानपरत्वमित्यर्थः। तुशब्दः पूर्वोक्तात् तामसाद्व्यवच्छेदार्थः। इत्येवंविधानि राजसानीत्यर्थः। एतैरित्यादिः स्पष्टार्थः। यस्मादेवं तामसैराजसैश्च धर्मैरभिव्याप्तोऽयं भूतात्मा तस्मात् तद्वासनावासिततया पुनः पुनर्नानारूपाण्याप्नोतीति। अभ्यासः प्रपाठकसमाप्तिद्योतनार्थः ॥ ५ ॥

इति मैत्रीशाखोपनिषद्दीपिकायां तृतीयः प्रपाठकः।

H 2

ते ह खलु वावोर्ध्वरेतसोऽतिविस्मिता अभिसमेत्योचुर्भगवन्नमस्तेऽस्त्वनुशाधि त्वमस्माकं गतिरन्या न

पूर्वस्मिन् प्रपाठके एकस्यैव चिदात्मनो भूतात्मोपाध्यविवेकेन संसारित्वं तद्गतावस्थाभिरवस्थावत्त्वं नानात्वं चेत्येवमादिदोषसंसर्गो न स्वतः स्वतस्तु निर्धर्मको नित्यशुद्ध एवेति प्रतिपादितं । तदेतदवधार्य भूतात्मभावोपमर्देन शुद्धात्मस्वभावावाप्त्युपायं जिज्ञासवो वालखिल्याः पृच्छन्तीत्याख्यायिकामेवानुसरन्ती श्रुतिर्मोक्षसाधनं तत्त्वज्ञानमन्तरङ्गवहिरङ्गसाधनोपेतमुपदेष्टुं प्रवर्तते। ज्ञातव्ये हि विषये निर्धारिते तज्ज्ञानोपायजिज्ञासावसर इति सङ्गतिमभिप्रेत्य तदर्थं गुरूपसत्तिं विदधाति"ते ह खलु ० न विद्यता इति"इति। हशब्दः ऐतिह्यार्थः। खलुशब्दो वाक्यालङ्कारार्थः। वावशब्दोऽवधारणार्थः। ऊर्ध्वरेतसः पूर्वोक्ता वालखिल्या ऋषयः । ते ह विस्मिताः,अवधारणस्यात्रान्वयः, किमिदमद्भुतमिव नित्यशुद्धश्चिदात्माऽस्मत्प्रत्यगात्मा सन्नपि परोक्ष इव शुद्धोऽप्यशुद्ध इव,अक्रियोऽपि सक्रिय इवेति विस्मिता एव सन्तः प्रजापतिं, गुरुमित्यध्याहारः, अभिसमेत्याभिमुखेन सम्यग्विधिपूर्वकमेत्य ऊचुरुक्तवन्तः। हे भगवन् ते तुभ्यं नमो नमनमिदमस्तु त्वमनुशाधि शनैः शिक्षय अस्माकमस्मानित्यर्थः । अथवास्मानिति पदमध्याहर्तव्यं। अन्यान् प्रार्थयध्वमिति चेन्नैवं वाच्यमित्यभिप्रेत्योचरस्माकं त्वच्छिष्याणां

विद्यता इति। अस्य को विधिर्भूतात्मनो येनेदं हि-
त्वात्मन्नेव सायोज्यमुपैति तान् होवाचेति ॥ १ ॥

अथान्यत्राप्युक्तं महानदीषूर्मय इवानिवर्तक-
मस्य यत्पुराकृतं समुद्रवेलेव दुर्निवार्यमस्य मृत्यो-

गतिर्गन्तव्यं स्थानं अन्या त्वदन्या न विद्यतेऽतस्त्वामेव पृच्छाम इत्यर्थः। यदर्थमुपसन्नाः तमर्थं पृच्छन्तीत्याह"अस्य को विधिः ॰ होवाचेति" इति। अस्य प्रत्यक्षानुभवसिद्धस्य भूतात्मनो भूतसङ्घातमात्मत्वेनोपगतस्य को विधिर्विधानं कः प्रकारो येन विधिना उपायभूतेनेदं भूतात्मत्वं हित्वा विहाय आत्मन्नात्मनि चिदानन्दसत्स्वरूप एव पूर्णात्मनि सायोज्यं सायुज्यं सयुग्भावं भूतात्मत्वविलापनेनोपैति निरस्तोपाधितया स्वस्वरूपेऽवतिष्ठेत स को विधिस्तं विधिं नो ब्रूहीत्युक्तवन्त इत्यर्थः। तान् होवाचेत्युक्तार्थः ॥ १ ॥

एवं पृष्टः प्रजापतिः प्रथमं वैराग्यदार्ढ्याय भूतात्मनः स्वरूपमुपन्यस्यति यस्मिन्नासक्तः संश्चिदात्मा स्वं रूपं परमं पदं न जानाति तदिदं विचिन्त्यतां तावदिति। "अथान्यत्रा ॰ परं पदं" इति। अस्य भूतात्मनो यत् पुरा कृतं तदनिवर्तकमित्यन्वयः। नास्ति निवर्तकमस्येत्यनिवर्तकं। पुराकृतं पुण्यापुण्यरूपं कर्म महानदीषूर्मय इव पुनः पुनरविच्छेदेन जायमानं यतो भोगेन क्षीयमाणमपि पुनः पुनः

रागमनं सदसत्फलमयैः पाशैः पङ्गुरिव बद्धं बन्धनस्थस्येवास्वातन्त्र्यं यमविषयस्थस्येव बहुभयावस्थं मदिरोन्मत्त इव मोहमदिरोन्मत्तं पाप्मना गृहीत

पुंसां क्रियमाणत्वान्नोद्वर्तेत, अतो ब्रह्मात्मज्ञानादन्यतो निवर्तकमस्य नास्तीत्यर्थः। तथा च श्रुती "स ह्येदमन्नं पुनः पुनर्जनयते स ह्येदमन्नं धिया धिया जनयते कर्मभिर्यद्धैतन्न कुर्यात् क्षीयेत ह" इति "भिद्यते हृदयग्रन्थिः नान्यः पन्था विद्यतेऽयनाय" इति च। सत्कर्म वाऽऽत्मज्ञानं वा सम्पाद्योत्तरे वयसि कर्मक्षयं करिष्यामीत्याशा न कार्येत्याह समुद्रेति। अस्य भूतात्मनो मृत्योरागमनं मरणप्राप्तिः समुद्रस्योत्सर्पतो वेलेव वेलाधावनमिव, अनिच्छतोऽपि दुर्निवार्यमस्य मृत्योरागमनमित्यर्थः। यावज्जीवति तावत्यपि काले नेच्छया पुरुषार्थसाधनक्षममित्याह सदसदिति। तत्तत्कर्मोपदर्शितानेकसुखदुःखभोगवासनामयैः पाशैर्बद्धं निगडितं सत् पङ्गुरिव गमने सत्साधनप्रवृत्तावक्षममित्यर्थः। तत्र हेतुमाह, यतो बन्धनस्थस्य बध्यतेऽस्मिन्निति बन्धनं बन्धनागारं तत्स्थस्येवास्वातन्त्र्यमस्य भवत्यतः पंगुरिवाकिञ्चित्करं भूतात्मस्वरूपमित्यर्थः। अतोऽत्र विश्वासो न कार्य इत्यर्थः। इतोऽपि न विश्वासः कार्यः, यतो यमस्य दण्डयितुर्विषये गोचरेऽवस्थितस्य यथा बहुविधं भयं तथा

इव भ्राम्यमाणं महोरगदष्ट इव विषयदष्टं महा-न्धकारमिव रागान्धमिन्द्रजालमिव मायामयं स्वप्न इव मिथ्यादर्शनं कदलीगर्भ इवासारं नट इव क्षण-वेषं चित्रभित्तिरिव मिथ्यामनोरममित्यथोक्तं। शब्द-

---

बहुभयाविष्टा अवस्था यस्य तत्तथोक्तं सर्वस्मादपि शङ्कितभ-यमित्यर्थः। भूतसङ्घातमभिमन्यमानस्य विवेकोद्गमोऽपि दुर्लभ इत्याह मदिरेति। मोहोऽविवेकः स्तब्धता, पाप्मना पाप-ग्रहेण गृहीत इव भ्राम्यमाणं सदैवावशमित्यर्थः। यद्वा ग्रहगृहीत इव पाप्मना पापेन भ्राम्यमाणमिति योजना। विषयदष्टं वासनारूपेण विषयैराविष्टमित्यर्थः। महानन्धकारो यस्मिंस्तत् महान्धकारं निशीथं तद्वद्रागो विषयासक्तिः सो-ऽन्धकार इव हिताहितप्राप्तिपरिहारोपायावरणं तेनान्ध-मावृतमित्यर्थः। इदानीमस्मिन् सत्त्वबुद्धिरपि न कार्येत्याह इन्द्रजालमिवेति। मायाविनिर्मितहस्त्यादिवद् दृष्टनष्टस्वरूपत्वा-न्मायामयमित्यर्थः। तत्त्वज्ञानबाध्यत्वादपि नास्मिन् सत्त्वम-वधेयमित्याह स्वप्न इवेति। मिथ्यादर्शनं बाध्यदर्शनमित्यर्थः। विमतं बाध्यज्ञानप्रतिभासं कादाचित्कत्वात् स्वप्नदृष्टवदित्यनु-मानमुक्तं भवति। कदलीगर्भस्तदन्तःशलाका तद्वदिदमसारं अल्पोपघातमप्यसहमानमित्यर्थः। प्रतिक्षणपरिणामादप्य-

स्पर्शादयो ह्यर्था मर्त्येऽनर्था इवास्थिताः। येषां सक्तस्तु भूतात्मा न स्मरेत परं पदं॥ २॥

विश्वास्यमित्याह नट इवेति। यद्वा नानाजात्यभिव्यञ्जकक्रमभाव्यनेकाकारपरिग्रहान्नट इव दुर्लक्ष्यमित्यर्थः। अस्मिन् सौकुमार्यसौन्दर्यादिबुद्धिरपि न कार्येत्याह चित्रेति। मांसशोणितादिभिर्बीभत्सितत्वान्न मनोरममित्यर्थः। तदुक्तं मनुना (अ० ६।श्लो० ७६।७७)।

"अस्थिस्थूणं स्नायुबद्धं मांसशोणितलेपनं।
चर्मावनद्धं दुर्गन्धि पूर्णं मूत्रपुरीषयोः॥
जराशोकसमाविष्टं रोगायतनमातुरं।
रजस्वलमनित्यं भूतावासमिमं त्यजेत्" ॥ इति।

इत्यथ एवमुक्तेऽर्थे, उक्तं श्लोकरूपं वचनमिति शेषः। शब्दस्पर्शादयो हि विषया अनर्था अपि मर्त्ये मरणधर्मिणि भूतात्मन्यर्था इव स्पृहणीया इवास्थिताः अङ्गीकृताः न त्वेते स्पृहणीया इति योजना। कुत इत्यत आह, भूतात्मा येषां सक्तो येष्वासक्तस्तु परमं पदं वैष्णवं धाम न स्मरेत नानुसन्दधीतेत्यर्थः। एवंविधं भूतात्मनः स्वरूपं ब्रह्मादिस्तम्बपर्यन्तं समालोच्य तस्मिन्नभिमानस्त्याज्यः श्रेयोऽर्थिनेत्यभिप्रायः॥ २॥

अयं वाव खल्वस्य प्रतिविधिर्भूतात्मनो यद्वेदविद्याधिगमः स्वधर्मस्यानुचरणं स्वाश्रमेष्वेवानुक्रमणं

तदेवं वैराग्याय भूतात्मनः स्वरूपमुपवर्ण्येदानीमस्य त्यागोपायं पृष्टमुपदिशति "अयं ० निवर्तता इति" इति। अस्य भूतात्मनोऽयं वाव अयमेव खलु प्रतिविधिः प्रतिविधानं प्रतिक्रिया भूतात्मत्वप्रहाणोपायः। कोऽयं। यद् योऽयं वेदविद्याधिगमः, वेदद्वारा विद्याया आत्मतत्त्वविषयाया अधिगमः सम्यक्प्राप्तिरित्यर्थः। कथं विद्याधिगमो वेदादित्यपेक्षायां विविदिषन्ति यज्ञेनेत्यादिश्रुत्यन्तरविनियोगानुरोधेन स्ववर्णाश्रमविहितधर्मानुष्ठानप्रभावकृतस्वान्तशुद्धिं विना न ज्ञानाधिगम इत्यभिप्रायेणादौ वहिरङ्गानि कर्माणि विदधाति स्वधर्मस्येत्यादिना। स्वो धर्मः स्वधर्मः आवश्यकं कर्म तस्यानुचरणमनुक्रमेणानुष्ठानं, एतदेव स्पष्टयति स्वाश्रमेष्वेवेति। यस्य वर्णस्य यावन्त आश्रमा विहितास्तेष्वाश्रमेष्वेव विहितानां कर्मणां तेन तेन वर्णेनानुक्रमणमनुष्ठानमिति यदेतद्धि प्रसिद्धं स्वधर्मस्य व्रतं निष्ठा, अपराणि काम्यादीनि कर्माणि स्तम्बशाखेव तृणशलाकेव दृढानीत्यर्थः। एतदुक्तं भवति येन यच्छक्यं कर्तुं तन्न तस्य हितसाधनं किन्तु यस्य वर्णस्य यस्मिन्नाश्रमे यो धर्मो विहितः स तस्य हितसाधनं तेन सोऽनुष्ठेयः, काम्यादि तु मुमुक्षुणा हेयमिति। अनेनोक्तप्राकारस्वधर्मानुष्ठानेन

स्वधर्मस्य वा एतद्व्रतं स्तम्बशाखेवापराण्यनेनोर्द्ध्वभाग्भवत्यन्यथाऽवाङित्येष स्वधर्मोऽभिहितो यो वेदेषु न स्वधर्मातिक्रमेणाश्रमी भवत्याश्रमेष्वेवानवस्थस्तपस्वी

ऊर्द्ध्वभाक्, संसारमण्डलादुपरि यदसंसारि ब्रह्म तदूर्द्ध्वमुच्यते। 'ऊर्द्ध्वमूलो अवाङ्शाख एषोऽश्वत्थः सनातनः। तदेव शुक्रं तद्ब्रह्म तदेवामृतमुच्यते। तस्मिँल्लोकाः श्रिताः सर्वे तदु नात्येति कश्चन' (कठो०६) इति श्रुत्यन्तरात्। तदूर्द्ध्वं ब्रह्म भजत इत्यूर्द्ध्वभाक् ब्रह्मज्ञानवान् भवतीत्यर्थः। अन्यथा स्वधर्मातिक्रमणे काम्यकर्मनिष्ठायां वाऽवाङित्यधो नरकादिस्थानमर्वाचीनानेकानित्यपुरुषार्थं वा भजेतेत्यर्थः, संसारमण्डलान्न व्यावर्तत इत्यभिप्रायः। उपसंहरति एष स्वधर्मो यो वेदेष्वभिहितो वर्णाश्रमनिबन्धनो न काम्यादि स्वधर्म इत्यर्थः। यद्यपि काम्याद्यपि कर्म कामिनः स्वाभिलषितसाधनत्वात् स्वो धर्मो भवति तथापि न तत् स्वरूपाविर्भावहेतुरिति न मुख्यं तस्य स्वधर्मत्वं। स्ववर्णाश्रममात्राधिकारकस्तु धर्मश्चित्तशुद्ध्यादिपरम्परया स्वस्वरूपाविर्भावहेतुरिति मुख्य इति भावः। उक्तमेवार्थं व्यतिरेकमुखेन द्रढयति, न स्वधर्मातिक्रमेणाश्रमी भवति। केवलं तत्तदाश्रमलिङ्गधारणमात्रादाश्रमी भवति, तस्य स्वरूपतोऽपुरुषार्थत्वात् पुरुषार्थाहेतुत्वाच्चेति भावः। ननु किमि-

वेत्युच्यत इत्येतदयुक्तं नातपस्कस्यात्मज्ञानेऽधिगमः कर्मसिद्धिर्वेत्येवं ह्याह तपसा प्राप्यते सत्त्वं सत्त्वात् स-

---

त्येवमाश्रमधर्मेष्वतियत्नः क्रियते तपसैव ब्रह्मविद्योदयसम्भवात् तपसा विन्दते महदिति वचनादिति चेत्, सत्यं, तदप्याश्रमधर्माविरोध्येव साधनं न तद्विरुद्धमपीत्याशयेनाह आश्रमेष्वेवेति । आश्रमेष्वनवस्थ एवानाश्रमस्थ एव तपस्वी वा धार्मिको वेत्याद्युच्यते यत् तदेतदयुक्तमिति योजना । ननु तर्हि तत्र तत्रात्मज्ञानसाधनेषु 'तपसा ब्रह्म विजिज्ञासस्व' इत्यादि तपोविधानमनर्थकं, स्वधर्मानुष्ठानादेवात्मज्ञानसिद्धेरित्याशङ्कायामाह नातपस्कस्येति । अतपस्कस्य वैधकायशोषणरहितस्यात्मज्ञाने नाधिगमो नाधिगमनं आत्मज्ञानं न प्राप्नोतीत्यर्थः । न केवलमेतावत् किन्तु कर्मसिद्धिर्वा कर्मफललाभो वा तस्य न स्यादित्यर्थः । अस्मिन्नर्थे सम्मतिमिव श्लोकमुदाहरति, एवं ह्याहेति । तपसा स्वधर्माचरणेन तदविरोधिवैष्णवादिनिष्कामव्रतविशेषाचरणलक्षणेन च सत्त्वं सत्त्वगुणप्रधानं चित्तं प्राप्यते, विशुद्धसत्त्वता लभ्यत इत्यर्थः । तस्मात् सत्त्वान्मनः सम्प्राप्यते, मनुतेऽनेनेति मनो विवेकविज्ञानं, तस्मान्मनसो मननादात्मा पूर्णं तत्त्वं परं ब्रह्म हि निश्चितं प्राप्यते । आत्मतत्त्वसाक्षात्कार एवात्मप्राप्तिर्नान्या तस्याप्तिर्नित्याऽऽप्तस्वरूपत्वात्, अत आत्मसाक्षात्कारो भवतीत्यर्थः । कोऽयमात्मेत्यत आह

ण्याप्यते मनः । मनसः प्राप्यते ह्यात्मा यमात्मा न निवर्तता इति ॥ ३ ॥

अस्ति ब्रह्मेति ब्रह्मविद्याविदब्रवीद् ब्रह्मद्वार-

यमात्मा प्राप्य साक्षात्कृत्य न निवर्तते पुनः संसारमण्डले भूतात्मभावाय नावर्तते मुच्यत इत्यर्थः ॥ ३ ॥

इदानीमुक्तं साधनजातं राशित्रयमिव सम्पाद्योपायोपेयभावेनात्मसाक्षात्कारे समुच्चयेन विधत्ते "अस्ति ० ब्रह्म" इति । यो ब्रह्मविद्याविद्ब्रह्मविषयां विद्यां श्रवणमननलक्षणां वेत्ति सोऽस्ति ब्रह्माऽखण्डसच्चिदानन्दात्मकं ब्रह्मास्तीत्यब्रवीत्, प्रमाणयुक्तिजन्यं ब्रह्मज्ञानं ब्रह्मप्राप्तिसाधनमित्युक्तवानित्यर्थः । तथाच श्रुत्यन्तरं 'अस्तीति ब्रुवतोऽन्यत्र कथं तदुपलभ्यते अस्तीत्येवोपलब्धव्यः' (कठो०६) इति । यस्तपसा पूर्वोक्तलक्षणेनापहतपाप्मा विशुद्धसत्त्वः, सत्त्वे तदिदं तपो यथाव्याख्यातरूपं ब्रह्मद्वारमेव ब्रह्मप्राप्तिद्वारमारादुपकारकं भवतीत्याहेति मध्यग्रन्थयोजना । यः पुनः सुयुक्तः सुतरामध्यात्मयोगनिरतः ओमित्यजस्रं चिन्तयति स एतच्चिन्तनालम्बनमोङ्काररूपं ब्रह्मणो महिमा माहात्म्यं आविर्भूतं ब्रह्मैवेतदित्याहेति योजना । सर्वमर्थजातं वाचकशब्दसम्भिन्नत्वात् तस्मिन्नवगम्यमानं ततो न पृथगस्ति, वाचकशब्दभेदाश्च 'तद्यथा शङ्कुना सर्वाणि पर्णानि संतृण्णान्येवमोङ्कारेण सर्वा वाक् संतृण्णा ओङ्कार एवेदं सर्वं' (छान्दो०अ०२)

मिदमित्येवैतदाह यस्तपसापहतपाप्मा ॐ ब्रह्मणो महिमेत्येवैतदाह यः सुयुक्तोऽजस्रं चिन्तयति तस्मा-द्विद्यया तपसा चिन्तया चोपलभ्यते ब्रह्म। स

इति श्रुतेरोङ्कारान्नातिरिच्यन्ते। स चोङ्कारोऽपि स्फुरणावगु-ण्ठितत्वान्न ततोऽन्योऽस्ति, स्फुरणं च सर्वस्य नामरूपात्मकस्य ब्रह्मैव 'आत्मैवास्य ज्योतिः' इति श्रुतेरात्मा च ब्रह्म 'अयमात्मा ब्रह्म' इति श्रुतेः। तथाच प्रणवेन ब्रह्मात्मानुसन्धानं ब्रह्मणः साक्षात् साक्षात्कारहेतुरिति प्रणवार्थानुसन्धाननिष्ठोऽब्रवी-दित्युक्तं भवति। एवं त्रिधा विभक्तं साधनमिदानीं समु-च्चित्य विधत्ते तस्मादिति। अत्र त्रयाणामेषामेकस्मिन् पुरुषे यौगपद्यासम्भवादवश्यम्भाविनि क्रमेऽग्निहोत्रयवागूपाकवदर्थ-क्रमो द्रष्टव्यः। तथाच प्रथमं तपस्ततो ब्रह्मविद्या श्रवणादिल-क्षणा, ततः प्रणवैकनिष्ठतेति क्रमेण साधनत्रयवान् ब्रह्मो-पलभेतेत्यर्थः। इदानीमुक्तसाधनत्रयातिशयवतः परमफलक-थनपूर्वकं साधनत्रयविधेः प्राशस्त्याय ब्रह्मविदं स्तौति "स ब्रह्मणः ० ब्रह्मोपास्ते" इति। स एवं ध्यायन् विद्वान् ब्रह्मणो ऽपरस्य हिरण्यगर्भाख्यस्य शब्दब्रह्मणो वा परः परस्तात्परं ब्रह्म एता गन्ता भवति परं ब्रह्मैव भवतीत्यर्थः। इदं मुख्यफलकथनं। 'ब्रह्म वेद ब्रह्मैव भवति' इत्यादि च श्रुत्यन्तरं। तत् किं हिर-

ब्रह्मणः पर एता भवत्यधिदैवत्वं देवेभ्यश्चेत्यक्षय्यमपरिमितमनामयं सुखमश्नुते य एवंविद्वाननेन चि-

---

णगर्भोऽन्योऽस्ति यस्मात्परमयमेतीत्याशङ्क्य नहि नहि सोऽप्ययमेवेत्याहाधिदैवत्वमिति। देवेभ्यश्च देवेभ्योऽप्यधि उपरि यद्दैवत्वं सर्वदेवाधिपतित्वं तदप्ययमेता भवतीति योजना। अश्नुत इति वक्ष्यमाणेन वान्वयः। इतिशब्दः प्रदर्शनार्थः। देवाश्चायमेव भवतीत्येवंविधमस्य माहात्म्यमित्यर्थः। किञ्चाक्षय्यमविनाशि, अपरिमितमिति विशेषणमविनाशित्वसाधनं, यत् परिमितं देशतः कालतः स्वरूपतो वा परिच्छिन्नं तद्विनाशि दृष्टं यथा घटादि, इदन्तु तद्विपरीतत्वादक्षय्यमित्यर्थः। सांसारिकसुखवदस्य सातिशयत्वपारतन्त्र्यदुःखसम्भेदशङ्काव्यावृत्तये विशेषणमनामयमिति, एवम्भूतं यत्सुखं तदश्नुते प्राप्नोति भुङ्क्ते इति वा। क इत्यपेक्षायामाह य एवं विद्वाननेन चिक्रेण ब्रह्मोपास्ते स इत्यर्थः। पुनरपि फलान्तरमिव ब्रह्मसाक्षात्कारनान्तरीयकामुपाधिनिवृत्तिमुपन्यस्यति "अथ यैः ० सायोज्यमुपैति" इति। अथास्यामवस्थायामयं परिपूर्णः पूर्णात्मा सन्नात्मन्येवात्मभूते ब्रह्मण्येव सायोज्यं सायुज्यमुपैतीति सम्बन्धः। सायुज्योपगमनप्रकारमाहावशिष्टैः पदैः। यैर्भूतपरिणामैर्देहेन्द्रियादिलक्षणैरयं विद्वान् पूर्वं परिभूत आत्मसात्कृतो रथितस्य रथं प्रापितो रथित्वं च प्रापित इति या-

केण ब्रह्मोपास्ते। अथ यैः परिपूर्णोऽभिभूतोऽयं रथितश्च तैर्वैव मुक्तस्त्वात्मन्नेव सायोज्यमुपैति ॥ ४ ॥

ते होचुर्भगवन्नभिवाद्यसीत्यभिवाद्यसीति। निहितमस्माभिरेतद्यथावदुक्तं मनसीत्यथोत्तरं प्रश्नम-

---

वत् तैर्वैव तैर्भूतपरिणामैः, वा एवेति छेदः, वाशब्दोऽप्यर्थे, तैरपि मुक्त एवेत्यन्वयः। तुशब्दः पुनर्बन्धशङ्काव्यावृत्त्यर्थः। आत्मन्नेवेत्यादि व्याख्यातं ॥ ४ ॥

एवमात्मानात्मनोस्तत्त्वमात्मतत्त्वब्रह्मज्ञानं च ससाधनमुपश्रुत्य किं कृतवन्तो वालखिल्या इत्यपेक्षायां तद्वृत्तमनुवदन्ती श्रुतिर्लब्धविद्यैः शिष्यैर्गुरौ कर्तव्यमुपदिशति "ते होचुः ० अभिवाद्यसीति" इति। पुनर्वचनमादरार्थं। अभिवादी अभिवदनशीलः आभिमुख्येन श्रोतॄणामनुभवपर्यन्तं तत्त्ववदनस्वभावोऽसि कृपयैव सर्वोपदेष्टासि नास्मद्गुणापेक्षयेत्यर्थः। एवं गुरुमभिपूज्य किं कृतवन्त इत्यपेक्षायां गुरूपदिष्टसर्वार्थावधारणोक्त्या तं प्रसादयन्तः पुनः किञ्चिन्मनोगतं पृच्छन्ति ध्येयस्वरूपविप्रतिपत्तिनिरासेन मनःसमाधानार्थमित्याह "निहितं ० ब्रूहीति" इति। हे भगवन् यदुक्तं भवता एतदस्माभिर्मनसि स्वचित्ते यथावदानुपूर्व्येण निहितं धृतं, अत्रास्माकं नास्ति संशय इत्यर्थः। अथ इदानीमुत्तरमितः

नुब्रूहीति। अग्निर्वायुरादित्यः कालो यः प्राणोऽन्नं ब्रह्मा रुद्रो विष्णुरित्येकेऽन्यमभिध्यायन्त्येकेऽन्यं श्रेयः कतमो यः सोऽस्माकं ब्रूहीति तान् होवाचेति ॥ ५ ॥

ब्रह्मणो वावैता अग्र्यास्तनवः परस्यामृतस्या-

परमस्माभिः करिष्यमाणं प्रश्नमनुब्रूहि अनुस्मृत्योत्तरं ब्रूहि कथयेत्यूचुरिति पूर्वेणान्वयः। कः प्रश्नः स पृच्छ्यतामित्युक्ता आहुः "अग्निः ० होवाचेति" इति। एके ध्यायिनोऽन्यमभिध्यायन्ति अन्यमन्यमिति वीप्सा द्रष्टव्या, एकेऽग्न्यादीनामेकैकमभिध्यायन्तीत्यर्थः। एके ऽन्यं परं ब्रह्म परमात्मेत्युच्यमानमर्थं ध्यायन्तीत्यर्थः। अत्र कतमः पक्षः श्रेयः श्रेष्ठः श्रेयस्कर इति वा। यः पक्षस्तवाभिमतः श्रेयस्त्वेन स एवास्माकं श्रेयान्। तमस्माकं त्वं ब्रूहीत्यपृच्छन्निति योजना। यद्वा स त्वं विजानन् यः श्रेष्ठः पक्षस्तमस्माकं ब्रूहीति योजना। तान् होवाचेति श्रुतिवचनमुक्तार्थं ॥ ५ ॥

श्रेयोऽर्थिभिरग्न्यादयो वा प्रत्येकं पृथक् ध्येयाः परिपूर्णं ब्रह्म वा ध्येयमिति पृष्टः प्रजापतिः सर्वत्र ब्रह्मैव पररूपेण स्वरूपेण चोपास्यं श्रेयोऽर्थिभिर्नाग्न्यादिस्वरूपमेवोपास्यं तदुपासनाया अल्पफलत्वादित्यभिप्रेत्याग्न्यादीनामपि न ब्रह्मणोऽर्थान्तरत्वमस्तीति प्रतिपादयन्नुपासनाव्यवस्थामुपदिशतीत्याह "ब्रह्मणः ० ह्याह" इति। एता अग्न्यादिलक्षणा ब्रह्मणो वाव ब्रह्मण एवाग्र्याः

शरीरस्य तस्यैव लोके प्रतिमोदतीह यो यस्या-

श्रेष्ठास्तनवो मूर्तयः, ब्रह्मैवाग्न्यादिरूपेण विभाव्यते, अतस्तेषु ब्रह्मबुद्ध्योपासनं युक्तमिति भावः । किंलक्षणस्य ब्रह्मण इत्युच्यते परस्य । सर्वकारणस्य सर्वाधिष्ठानभूतस्येति यावत् । अतएवामृतस्य नित्यस्य, अशरीरस्याविर्भावतिरोभावधर्मवर्जितस्य ब्रह्मण एतास्तनव इति पूर्वेण सम्बन्धः । एवं चेद्ब्रह्मैतास्तनवस्तदेव ब्रह्मोपास्यतामलं तद्दृष्ट्यान्योपासनयेत्यत आह तस्यैवेति । योऽसौ देवो वाऽन्यो वा यस्य पुंसोऽनुषक्तोऽनुरागविषयीकृतस्तस्यैवेह लोके प्रतिमोदति प्रतिमोदते प्रतिमोदनं करोति सर्व इत्येवं लोकप्रसिद्धं ह्याहेत्यक्षरयोजना । यो यस्यानुरागयोग्योऽनुरज्यमानो वा तमेव लोकाः प्रीणयन्त्यनुसरन्तीति च प्रसिद्धं लोके । तथा च परस्य ब्रह्मणोऽगोचरत्वान्निराकारत्वात् तस्मिन् साक्षान्मनोनिरोधं कर्तुमशक्नुवतां प्रथममग्न्यादिदेवतास्वेव यथारुचि ब्रह्मदृष्ट्योपानं श्रुतिषूपदिश्यत इत्यभिप्रायः । यद्वा तस्यैव ब्रह्मण इह लोके प्रतिमा मूर्तिरुदति उदेत्यग्न्यादिरूपेण । तथाच योऽग्न्यादिर्यस्योपासकस्यानुषक्तः स तदेव ब्रह्म प्रतिमारूपमुपास्नोतीत्येवं ह्याहेति योजना । अग्न्यादीनां देवानां ब्रह्मायतनत्वमुक्तं साधयति "ब्रह्म खल्विदं ॰ सर्वं" इति । इदं सर्वं ब्रह्म वाव ब्रह्मैव खल्वित्यन्वयः । तथाच श्रुत्यन्तरं 'सर्वं खल्विदं ब्रह्म तज्जलानिति शान्त उपासीत' (छा-

नुषक्त इत्येवं ह्याह। ब्रह्म खल्विदं वाव सर्वं। या वास्या अग्र्यास्तनवस्ता अभिध्यायेदर्चयेन्नि-

---

न्दो॰अ॰१) इति। अस्यार्थः। सर्वमिदमध्यात्ममधिदैवमधिभूतं वाऽशेषं जगद्ब्रह्मैव खलु नात्र संशयः कार्यः। कुत इत्यपेक्षायां हेतुमाह तज्जलानितीति। तस्माज्जायत इति तज्जं, तस्मिन् लीयत इति तल्लं, तेनानिति चेष्टत इति तदनं। अमलोपश्छान्दसः। इतिशब्दो हेत्वर्थः। तस्माद्ब्रह्मणो जातत्वात् तस्मिन्नेव लीयमानत्वात् तदाश्रयजीवनत्वाच्च तदेवेदं ब्रह्म यथा मृत्सुवर्णाद्युत्पत्तिस्थितिलया घटकुण्डलादयो मृत्सुवर्णाद्यात्मकास्तथेमे तस्मात् तथेति। यद्यप्येवं सर्वमेव ब्रह्मणः शरीरं तथापि यत् स्वस्मादुत्कृष्टत्वेनाभिमतं तदुपास्यं। देवा हि मनुष्याणामुत्कृष्टत्वेनाभिमता अन्नादयश्च जीवनहेतुत्वात् तथाभिमानयोग्या इत्यतस्ते ब्रह्मणोऽग्र्यास्तनव इति ब्रह्मदृष्ट्योपास्या इत्याह "या वास्या॰ पुरुषस्य" इति। याः काश्चिद्वास्या वासयोग्या आश्रयार्हाः ब्रह्मणोऽग्र्यास्तनवोऽग्र्याः श्रेष्ठा अभिध्यायेत्। यद्वा अस्य ब्रह्मणो या वा याः काश्चिदग्र्यास्तनव इति योजना। अस्मिन् पक्षे दैर्घ्यविसन्धी छान्दसौ। ता ब्रह्मबुद्ध्याऽभिध्यायेत्, अर्चयेत् पुष्पोपहारादिना पूजयेत् प्रतिमासु वा हृदये वा, निह्नुयाच्च तत्तदुपास्यदेवतात्माभिमानेनाध्यात्मपरिच्छेदाभिमानं स्वाभाविकं देवताया आत्मभावापादनेन हित्वा

ह्युपाचातस्ताभिः सहैवोपर्युपरि लोकेषु चरत्यथ

पृथगग्न्यादिदेवतात्वं च निह्नुयात् परित्यजेत्। चशब्दो ध्याना-र्चननिह्नवानां समुच्चयार्थः। तथाच श्रुत्यन्तरं 'तं यथा यथो-पासते तदेव भवति' इति। 'देवो भूत्वा देवानप्येति' इति च। यत एवं देवतात्मभावनया ब्रह्मतनुभूता देवता उपास्ते, अत-स्ताभिर्ब्रह्मतनुरूपदेवताभिः सहैव तदैकात्म्यं प्राप्येति यावत्। उपर्युपरि लोकेषु जनतपःसत्यलोकेषु चरति उपासना-तारतम्याल्लोकफलविकल्पः। तत्र तत्रोपासनाफलानि तत्तद्दे-वतात्मना भुङ्क्ते इत्यर्थः। यद्ययं देवतात्ममात्रदृष्टिस्तदा भो-गान्ते पुनरिहावर्त्तते, अप्रतीकालम्बनान्नयतीति बादरायण इति न्यायात्। अथ यदि ब्रह्मण्यहङ्ग्रहोपासकस्तदा कृत्स्न-क्षये कृत्स्नस्य सर्वदेवतात्मनः सत्यलोकस्थस्य हिरण्यगर्भस्य क्षये अवसाने सम्पूर्णब्रह्मरूपः सन् पुरुषस्य पूर्णस्य परब्रह्मण एकत्वं सायुज्यमेति गच्छति क्रममुक्तिमुपैतीत्यर्थः। अभ्यासः प्रपाठकसमाप्त्यर्थः। अत्रेयं व्यवस्था। कार्यकारणोपाधिद्वय-विलापनेन प्रत्यगेकरसतया ब्रह्म ध्यायत इहैव साक्षान्मुक्तिः, प्रारब्धफलशेषभोगाय देहस्थितावपि स मुक्त एव। यः पुनः कार्यकारणब्रह्मोपासकः स ब्रह्मण्यहङ्ग्रहाद्ब्रह्मलोकेऽर्चिरादि-मार्गेण गत्वा तत्रोपासनफलभोगावसाने तत्रोत्पन्नसम्यक्तत्त्व-ज्ञानान्मुक्तिमुपैष्यतीत्यस्य क्रममुक्तिः। ये पुनः प्रतीकोपासका

त्वन्नक्षय एकत्वमेति पुरुषस्य पुरुषस्य ॥ ६॥

इति मैत्र्युपनिषदि चतुर्थः प्रपाठकः।

अन्नं ब्रह्म प्राणो ब्रह्म आदित्यो ब्रह्म मनो ब्रह्मेत्येवंदृष्टय-स्तेषां, न प्रतीकेन हि स इति न्यायेन, ब्रह्मक्रतोरभावात् ते यथोपासनं ब्रह्मलोकादर्वाक्तनेषु लोकेषु फलमनुभूय पुनरा-वर्तन्ते, ब्रह्मलोकं गता अपि केचित् पञ्चाग्निदर्शनादिनिष्ठा इति ॥ ६॥

इति मैत्रीशाखोपनिषद्दीपिकायां चतुर्थः प्रपाठकः।

अथ यथेयं कौत्सायनी स्तुतिः।
त्वं ब्रह्मा त्वञ्च वै विष्णुस्त्वं रुद्रस्त्वं प्रजापतिः।
त्वमग्निर्वरुणो वायुस्त्वमिन्द्रस्त्वं निशाकरः ॥
त्वमन्नस्त्वं यमस्त्वं पृथिवी त्वं विश्वं *त्वमथाच्युतः।
स्वार्थे स्वाभाविकेऽर्थे च बहुधा संस्थितिस्त्वयि ॥

तदेवं ससाधनां ब्रह्मविद्यामुपदिश्येदानीमुक्तवक्ष्यमाणसर्वोपासनाङ्गभूतान्नमस्कारमन्त्रानाह "अथ यथेयं ० स्तुतिः" इति। कुत्सायनेन दृष्टा कौत्सायनी इयं वक्ष्यमाणा स्तुतिः। स्तुतिरूपो मन्त्रगण आरभ्यते। अथशब्द आरम्भार्थः। यथोपलब्धा तथारभ्यत इत्यर्थः। "त्वं ब्रह्मा ० निधनाय च" इति। ब्रह्मा हिरण्यगर्भः प्रजापतिर्विराट्। अद्यते उपजीव्यते सर्वैरिति वा अत्ति सर्वं स्वात्मन्युपसंहरतीति वा अन्नं, अन्नवदाचरतीत्यन्नः। तथाच श्रुत्यन्तरं 'अद्यतेऽत्ति च भूतानि तस्मादन्नं तदुच्यते' (तैत्ति० उ०) इति। विश्वं चराचरं। अथ च सर्वात्मकत्वेऽपि त्वमच्युतोऽप्रच्युतनिजस्वभावः कूटस्थ एवेत्यर्थः। स्वार्थः पुरुषार्थो धर्मादिचतुष्टयरूपः स्वाभाविकः प्राकृतिकः स्वस्वप्रकृत्यनुसार्यर्थस्तयोरुभयोर्निमित्तं लोकस्य त्वयि ब्रह्मणीश्वरे बहुधा संस्थितिर्नानामार्गेण त्वन्निष्ठता भवतीत्यर्थः। अथवा स्वार्थे स्वाभाविकेऽर्थे च लोकस्य या संस्थितिः प्रवृत्त्यादिनिष्ठा सा त्वय्यायतेत्यर्थः। विश्वस्येष्टे इति विश्वेश्वरस्तस्य संबुद्धिः। तर्हि विश्वमन्य-

* स्वर्मिति पाठान्तरं।

विश्वेश्वर नमस्तुभ्यं विश्वात्मा विश्वकर्मकृत्।
विश्वभुग्विश्वमायुस्त्वं विश्वक्रीडारतिप्रभुः॥
नमः शान्तात्मने तुभ्यं नमो गुह्यतमाय च।
अचिन्त्यायाप्रमेयाय अनादिनिधनाय च॥ १॥

दिति शङ्कायामाह विश्वात्मेति। त्वमेव विश्वमित्यर्थः। यतो विश्वकर्मकृत् क्रियते तत्कर्म विश्वाख्यं कर्म कार्यं करोतीति विश्वकर्मकृत्। विश्वोपादानत्वाद्विश्वात्मेत्यर्थः। यद्वा विश्वेश्वरत्वे हेतुर्विश्वात्मेति। विश्वस्यात्मा स्वरूपं तत्रापि हेतुर्विश्वकर्मकृदिति। अतः कारणत्वात् स्वकार्यं विश्वं व्याप्य तन्नियमयन्नवस्थितो विश्वेश्वर इत्यर्थः। भोक्तारो जीवा अन्ये भविष्यन्तीति शङ्कां वारयति विश्वभुगिति। यो विश्वस्य भोक्ता प्रसिद्धः सोऽपि त्वमेवेत्यर्थः। किञ्च त्वमेव विश्वमायुः सर्वस्य सर्वमायुर्जीवनं प्राणरूपेण वा सर्वायुः। तथाच श्रुत्यन्तरं 'यावद्ध्यस्मिंच्छरीरे प्राणो वसति तावदायुः' (कौषी०अ०३) इति। किं बहुना त्वमेव विश्वक्रीडारत्योः प्रभुः बाह्योपकरणा प्रीतिः क्रीडा, तन्निरपेक्षा आन्तरप्रीतीरतिः। तयोस्त्वमेव स्वतन्त्रः समर्थ इत्यर्थः। शान्तात्मने कूटस्थस्वरूपाय गुह्यतमाय वाचामगोचराय अचिन्त्यायान्तरिन्द्रियाविषयाय अप्रमेयाय बाह्येन्द्रियाविषयाय अनादिनिधनाय नित्यसद्रूपायेत्यर्थः। चकारात् स्वयम्प्रकाशाय चेत्यर्थः। इतिशब्दोमन्त्रसमाप्त्यर्थः॥ १॥

तमो वा इदमग्र आसीदेकं तत् परे स्यात् तत्तत्परेणेरितं विषमत्वं प्रयात्येतद्रूपं वै रजस्तद्रजः खल्वीरितं विषमत्वं प्रयात्येतद्वै सत्त्वस्य रूपं तत्सत्त्वमेवे-

---

मन्त्राणामारम्भे त्वं ब्रह्मा त्वं च वै विष्णुरित्यादिना ब्रह्मादिदेवतात्मत्वं प्रत्यग्ब्रह्मण उक्तं तत्र ब्रह्मादीनां तत्त्वान्तरत्वात् कथमित्थं श्रुतिरिति शङ्कानिरासायोत्तरा श्रुतिः प्रवृत्ते। तत्रैक एव यथोक्तश्चिदात्मा स्वमायागुणैस्तदवस्थाभेदैश्चानेकोऽनेकविशेषोऽनेकविधक्रियाप्रवर्तको न तत्त्वभेदः क्वाप्यस्तीति दर्शयन्ती श्रुतिर्ब्रह्मादित्रिमूर्तिभावेनास्यात्मन उपासनं विधातुं प्रथमं मूर्तित्रयव्यपदेशनिमित्तमाह "तमो वा ० तनवः" इति। इदं ब्रह्मविष्णुरुद्रादिकमग्रे सृष्ट्युपक्रमात्प्राक् तमो वै तम एव तमोगुणप्रधानमायामात्रमेवासीदेकमेकीभूतमनभिव्यक्तनामरूपमखण्डतमोमात्रमासीदित्यर्थः। एतेनासत्कारणवादोऽसत्कार्यवादश्च व्युदस्तः इदं तम इति सामानाधिकरण्योक्तेरग्र आसीदिति सत्त्वोक्तेश्च। तत् किं साङ्ख्याभिमतं प्रधानं नेत्याह तत्परे स्यादिति। तत् तमः परे कार्यकारणत्वातीते तत्कल्पनाधिष्ठाने चिदात्मनि स्याद्भवतीति यावत्, अचेतनस्य तस्य स्वातन्त्र्यानुपपत्तेरित्यर्थः। एवं जगतः प्रागवस्थां चेतनपराधीनामुक्त्वा तत्प्रवृत्तेरपि तदधीनतामाह तत्परेणेति। तत् कारणं प्रविलीनकार्यावस्थं तमः

रितं रसः सम्प्रास्रवत् सोऽंशोऽयं यश्चेतामात्रः प्रति-
पुरुषः क्षेत्रज्ञः सङ्कल्पाध्यवसायाभिमानलिङ्गः प्रजा-
पतिर्विश्वेत्यस्य प्रागुक्ता एतास्तनवः। अथ यो ह

परेण चिदात्मनाधिष्ठानभूतेनेरितं प्रेरितं तच्चैतन्याभासव्याप्त्योपचितं बीजमिव सलिलादिव्याप्त्येत्यर्थः। विषमत्वं पूर्वावस्थाप्रच्युतिरूपमुच्छूनमिव बीजं साम्यावस्थात्यागेन तद्विलक्षणत्वं प्रयाति कार्योन्मुखं भवतीत्यर्थः। यद्यपि मायाव्याकृताविद्यादिशब्दवाच्यस्य कारणस्य नित्यैव चैतन्यव्याप्तिर्नित्यमेव तत्राध्यस्तत्वात्, तथापि सुषुप्तस्य स्वप्नादिवत्युद्भववद्बुद्धिपूर्वकैव कादाचित्की विद्या कर्मपूर्वप्रज्ञानुसारिणी चिदाभासव्याप्तिर्भवतीति न सृष्ट्यादिसान्तत्यशङ्कावकाश इति गमयितव्यं। यदिदं परेरितस्य तमसो विषमत्वगमनमेतद्रूपं वै प्रसिद्धं रजो रजोगुणाख्यं कारणमित्यर्थः, तत्खलु रजः पूर्ववत् परेणेरितं सत्, विषमत्वं प्रयाति। यदिदं रजसो विषमत्वगमनमेतद्वै सत्त्वस्य सत्त्वगुणप्रधानकारणस्य रूपं प्रकारभेद इत्यर्थः। एवं गुणवैषम्यं सनिमित्तं कारणव्यापारमुक्त्वा तस्य कार्याकारपरिणामप्रकारमाहतत्सत्त्वमेवेति। तत्परेणात्मना पूर्ववदीरितं सत्त्वमेव न तमोरजसी तयोर्वक्ष्यमाणार्थाभिव्यञ्जकत्वासामर्थ्यात् रसः सारश्चिदानन्दप्रकाशः 'रसो वै सः रसं ह्येवायं लब्ध्वानन्दी भवति' (तैत्ति० उ०) इति श्रुत्यन्तरात्। स सम्प्रास्रवत् सम्यक् प्राकट्येनास्रवत्। सत्त्वमेव चिदात्मनो विशेषाकाराभि-

खलु वावास्य तामसोऽंशोऽसौ स ब्रह्मचारिणो योऽयं रुद्रोऽथ यो ह खलु वावास्य राजसोऽंशोऽसौ स ब्रह्मचारिणो योऽयं ब्रह्माथ यो ह खलु वावास्य सात्त्विको-

---

व्यक्तियोग्याकारतया प्रहृतं सच्चिदात्माकारमेव विप्रहृतमित्यर्थः। अयमेव हि तत्र तत्र बुद्धिरिति च महानिति चाहमवभास इति च द्रष्टेति चाख्यायते, नान्य इत्यभिप्रेत्याह सोऽंश इति। सोऽयमंशोऽंश इवांशश्चिदात्मनो विशेषावस्था आकाशस्येव दारुसुषिराद्यवस्था। नहि निरवयवस्य परमार्थतोऽंशोऽस्ति। कोऽसौ यश्चेतामात्रः चेता चेतना साक्षिचैतन्यं तया मीयतेऽवभास्यत इति चेतामात्रः स्वप्रकाशसाक्षिमात्रेणानुभाव्य इत्यर्थः। यतः प्रतिपुरुषः प्रतिबिम्बो नानोदपात्रेष्विव सूर्यादिर्नानाविधार्थाकारबुद्धिवृत्तिषु विभाव्यमानत्वात् प्रतिपुरुष इत्यर्थः। लौकिकप्रतिबिम्बवदचैतन्यं वारयति क्षेत्रज्ञ इति। क्षेत्रं शरीरं धर्माधर्मबीजप्ररोहभूमित्वात् तदापादतलमस्तकमहमिति जानातीति क्षेत्रज्ञो जीव इत्यर्थः। तदुक्तं भगवता श्रीकृष्णेन।

"इदं शरीरं कौन्तेय क्षेत्रमित्यभिधीयते।

एतद्यो वेत्ति तं प्राहुः क्षेत्रज्ञ इति तद्विदः" ॥ इति।

तत्सद्भावं साधयति सङ्कल्पेति। सङ्कल्प इदं मया कर्तव्यमित्येवमाकारो मनसो विकारः, अध्यवसायः कर्तव्यविषयस्वरूपसाधनफलानां यथावदवधारणरूपा बुद्धिवृत्तिः, अभिमानोऽहमस्मिन् समर्थ इत्याद्यहङ्कारः। एतेषामचेतने

L

ंशोऽसौ स ब्रह्मचारिणो योऽयं विष्णुः स वा एष

मृतशरीरेऽदर्शनाज्जीवच्छरीरे च दर्शनादेतानि लिङ्गानि शरीरातिरिक्ततया सद्भावप्रमापकानि यस्य स सङ्कल्पाध्यवसायाभिमानलिङ्गः। एतैर्लिङ्गैर्देहादिविलक्षणोऽस्मीति सम्भाव्यमान इत्यर्थः। प्रजापतिः समष्टिवैराजपिण्डाभिमानी देवः, विश्वा व्यष्टिपिण्डाभिमानिनी देवता, इत्येवमाद्या एताः प्रागुक्ता अस्यैव क्षेत्रज्ञस्य सत्त्वपरिणामप्रतिबिम्बितस्य चिदात्मनस्तनवः, चिदात्मैव तत्तन्मूर्तिभेदेषु तत्तदात्मना विभाव्यमानोऽवतिष्ठते, नास्मात् तत्त्वान्तरभूतं किञ्चिदित्यर्थः। तथाच श्रुत्यन्तरं 'नान्योऽतोऽस्ति द्रष्टा नान्योऽतोऽस्ति श्रोता नान्योऽतोऽस्ति मन्ता नान्योऽतोऽस्ति विज्ञातैष त आत्मान्तर्याम्यमृतः' (बृहदा० अ० ५) इति। एतदुक्तं भवति किं कारणं ब्रह्मेति। ब्रह्मवादिनां ब्रह्मणः सहकारिभूतजगत्कारणविमर्शे 'ते ध्यानयोगानुगता अपश्यन् देवात्मशक्तिं स्वगुणैर्निगूढां' इति त्रिगुणात्मिका मायाख्या शक्तिरवधृता श्वेताश्वतराणां मन्त्रोपनिषदि। सा च ब्रह्मणः सर्वकारणत्वनिर्वोढ्री शक्तिस्तेनाधिष्ठीयमाना गुणत्रयविभागेन यदा विकृता भवति तदा तदधिष्ठाताऽपि तत्सत्तास्फूर्तिप्रदत्वेन तदनुगतो विकृत इव भवति। तत्र च यथाविकारव्यपदेशं सोऽपि व्यपदिश्यते, तत्रापि त्रिगुणात्मकेन कारणेनेश्वरान्तर्याम्यादिशब्दैर्व्यपदिश्यमानः सत्त्वादीनामेकैकप्राधान्येन ब्रह्मादिसंज्ञाभागभ-

एकस्त्रिधा भूतोऽष्टधैकादशधा द्वादशधाऽपरिमितधा

वति। तदा तत्राविर्भूतगुणविशेषवत्तया स उपास्यो व्यपदिश्यते गुणकार्यस्थूलसूक्ष्मशरीरोपाध्यविशेषेण तदभिमानेन वा व्यवह्रियमाणो जीवः क्षेत्रज्ञः संसारी देवो मनुष्यस्तिर्यङ् स्थावर इति च व्यपदेशभाग्भवति। अत्र सर्वत्र सत्त्वगुणपरिणामे एव चिदात्मनो विशेषाभिव्यक्तिर्नान्यत्र। सत्त्वस्य च रजस्तमःसम्पर्कविशेषाविशेषाभ्यां चिदात्माविर्भावविशेषतारतम्यात् ज्ञानक्रियाशक्त्यैश्वर्यतारतम्येन सर्वज्ञमूढामूढत्वादितारतम्यावभास इति। एतमेवाभिप्रायं विशदयति "अथ यो ह खलु ० अन्तर्बहिश्च" इति। अथ एवं प्रकारे व्यवस्थिते सति अस्यात्मनो यो ह खल्वित्थं वाव एव य एवेति सम्बन्धः तामसस्तमःप्रधानोऽंशस्तमउपाधिको विशेषः असौ सः, हे ब्रह्मचारिणः, कोऽसौ योऽयं रुद्रः प्रसिद्ध इत्यर्थः। एवमुत्तरयोरपि पर्याययोर्व्याख्या। स वा एष एकः स वै पूर्वमुपपादितः एष इदानीमुपाध्यधिष्ठातृत्वेनोक्त एक एव रुद्रब्रह्मविष्ण्वात्मना त्रिधाभूतः कारणोपाधिमधिष्ठाय त्रिधाभूत इत्यर्थः। अष्टधा पञ्चविधप्राणादित्यौ सनक्षत्रसन्द्रश्चेति त्रयः पञ्च भूतानि चेत्यष्टधेत्यर्थः। एकादशेन्द्रियभेदे एकादशधा, तत्रैव मनोबुद्ध्योर्भेदे सति द्वादशधा। तत्तदिन्द्रियवृत्तीनामनन्तत्वात् तद्भेदेनापरिमितधा, वाशब्दो विकल्पार्थः। अध्यात्मं वाधिभूतं वाधिदैवं वा यद्यत् किञ्चिदस्ति

L 2

वोद्भूत उद्भूतत्वाद्भूतं भूतेषु चरति प्रविष्टः स भूतानामधिपतिर्बभूवा इत्यसा आत्मान्तर्बहिश्चान्तर्बहिश्च ॥ ॥२॥

इति मैत्र्युपनिषदि पञ्चमः प्रपाठकः।

तत्सर्वमवभासयंस्तत्तदात्मना नानाविध उद्भूतोऽभिव्यक्त उद्भूतत्वादेव भूतं भूतसंज्ञ आत्मा भवतीत्यर्थः, 'महद्भूतमनन्तमपारं' (बृहदा०अ०४) इति श्रुतेः, 'एको विष्णुर्महद्भूतं' इति स्मृतेश्च। यतो भूतेषु प्रविष्टो भूतावभासकतया भूतनियन्तृतया चानुगतश्च चरति गच्छति भूतानि व्याप्नोत्यत उद्भूतत्वाद्भूतमिति योजना। अतएव भूतवशितया भूतानामधिपतिर्बभूवाधिष्ठाय पालयिताऽभवद्व्यवहारदृष्ट्येत्यर्थः। उपसंहारार्थ उत्तरो भागः। इत्येवमुक्तप्रकारेणासा असौ आत्मा यथाव्याख्यातोऽन्तःसाक्षिप्रमातृकर्त्रादिरूपेण बहिरीश्वरकालदेवतादिरूपेण विभाव्यते नान्य इत्यर्थः। अभ्यास आदरार्थः प्रपाठकसमाप्त्यर्थो वा ॥२॥

इति मैत्र्युपनिषद्दीपिकायां पञ्चमप्रपाठकः ॥ ० ॥

द्विधा वा एष आत्मानं बिभर्त्ययं यः प्राणो यश्चासा आदित्योऽथ द्वौ वा एता अस्य पन्थाना अन्त-

---

"योऽन्तर्बहिः सर्वजनेषु नित्यं चरत्यशान्तेषु सुशान्तरूपः ।
प्राणात्मनान्तर्बहिरंशुमालिरूपेण तस्मै सततं नमोऽस्तु ॥
नमो गुरुभ्यः सर्वेभ्यो येषां चरणसंस्मृतिः ।
सदोपनिषदे शुद्धे तत्त्वेऽर्पयति मे धियं" ॥

एवमियता ग्रन्थसन्दर्भेण चिदात्मैक एव प्रत्यग्ब्रह्मरूपेण विज्ञेयः स एव ब्रह्मादिरूपेणानेकविशेषावस्थो ध्येयश्चेति मुमुक्षुपेक्षितोऽर्थः सर्वो दर्शितो मुक्तिश्च चिदात्मसायुज्यप्राप्तिरभिहिता । इदानीमस्यैव चिदात्मनोऽनेकधोपास्यत्वायानेकमहिमानमाविष्कुर्वन्ती श्रुतिर्मन्दमध्यमाधिकारिविषयास्तदुपासनाः सालम्बना अनेकप्रकारा विधातुं प्रवृत्त उत्तरेण प्रपाठकेन तत्त्वज्ञाननिष्ठापेक्षितानि साधनान्यपि कानिचिद्विधातुं । अस्य च खिलत्वान्नातीवात्र सङ्गतयोऽपेक्ष्यन्ते तथापि यथामति सङ्गतिमूहमाना अक्षराणि व्याख्यास्यामः । तत्राऽध्यात्माधिभूतदेहब्रह्माण्डोपाधिभ्यां चिदात्मनः क्रियाशक्तिप्रधानलिङ्गानुगतचिदाभासाभेदेन प्राण आदित्यश्चेति द्विधा भेदं प्रकल्प्य तेनात्मनोपासनं विधातुमाह "द्विधा वा एष ० व्यावर्तते" इति । एष पूर्वप्रकृत आत्मा, वै प्रसिद्धः सर्वश्रुतिषु, द्विधा द्विप्रकारेण आत्मानं स्वं रूपं बि-

र्बहिश्चाऽहोरात्रेणैतौ व्यावर्तेते। असौ वा आदित्यो बहिरात्मान्तरात्मा प्राणोऽतो बहिरात्मक्या

भर्ति धत्ते पालयति वा। प्रकारभेदमेव विशदयति यः प्राणो देहे पञ्चधात्मानं विभज्य स्थितोऽस्तीयमेका विधा, यश्चासा असौ ब्रह्माण्डकरण्डमध्ये जगदवभासकतयावस्थितोऽस्ति आदित्यः सोऽयमपरा विधेत्यर्थः। अध्यात्मं प्राणात्मना आधिदैवमादित्यात्मना च ब्रह्मरूपः चिदात्मा ध्येय इत्युपासनोत्पत्तिविधिं सूचयन्नाह अथेति। अथेदमुच्यते अस्यात्मन एतौ द्वौ पन्थानौ विशेषाभिव्यक्तिमार्गौ कौ। अन्तर्देहाभ्यन्तरं बहिश्च देहादध्यात्मरूपाद्वाह्यो देशश्चेति द्वौ पन्थानावित्यर्थः। एतौ प्राणादित्यौ अहोरात्रेण अह्ना रात्र्या च व्यावर्तेते विपरिवर्तनं कुर्वाते इत्यर्थः। अन्तः किंरूपो बहिश्च किंरूपो व्यावर्तते कथञ्च तद्व्यावर्तनमित्येतद्विशदयति "असौ वा आदित्यो ० गतिरित्येवं ह्याह" इति। असौ प्रसिद्धो वै आदित्यः सूर्यो बहिरात्मा प्राणोऽन्तरात्मा यत एवमतो बहिरात्मन इयं बहिरात्मकी तत्प्रयुक्तेति यावत्, तया बहिरात्मक्या गत्या परिवर्तनेनान्तरात्मनः प्राणस्य गतिरनुमीयत इत्येवमेवंप्रकारं हि यत आह आगमज्ञोऽतोऽनयोर्न वास्तवो भेद इति शेषः। अयमाशयः, सूर्यो हि मेरुं प्रदक्षिणीकुर्वन्नहोरात्राभ्यां ब्रह्माण्डान्तः परिवर्तते प्राणोऽपि

गत्यान्तरात्मनोऽनुमीयते गतिरित्येवं ह्याहाथ यः कश्चिद्विद्वानपहतपाप्माऽक्षाध्यक्षोऽवदातमनास्तन्निष्ठा

श्वासरूपेण देहान्तः परिभ्रमति, तत्रैकाहोरात्रद्वयंगत्योः प्राणस्यैकविंशतिसहस्रसङ्ख्याः श्वासा भवन्तीत्यागमशास्त्रसिद्धं प्राणपरिवर्तनमनुमीयते, यद्वा शतसंवत्सरपरिमितं हि पुरुषायुः 'शतायुर्वै पुरुषः शतेन्द्रियः' इति श्रुतिसिद्धेः, तावत्कालं च प्राणः शरीरान्तः सञ्चरति, तत्रैकद्विव्यादिवर्षप्राणसञ्चरणपरिच्छेद आदित्यपरिवर्तनप्रचयाधीन इति तद्गत्या प्राणगतिरनुमीयत इति। इदानीमन्तरात्मगत्या बहिरात्मगत्यनुमानप्रकारमाह अथ य इति। अथशब्दः पर्यायान्तरारम्भार्थः। यः कश्चिद्विद्वान् प्राणादित्यात्मदर्शी अतएवापहतपाप्मा अध्यात्मपरिच्छेदाभिमानासङ्गरूपपाप्मना रहितोऽत एवाऽक्षाध्यक्ष इन्द्रियाध्यक्षेषु स्वतन्त्रो नेन्द्रियपरवश इत्यर्थः, अतएवावदातमनाः निर्मलचित्तः, तन्निष्ठा तन्निष्ठस्तस्मिन्नुपास्ये निष्ठा तात्पर्यं यस्य स तन्निष्ठः सन्नावृत्तचक्षुर्बाह्यविषयव्यावृत्तेन्द्रियः स उ इति छेदः स एव तेनेति विपरिणेयं। य एवंविधो विद्वान् तेनैवान्तरात्मकया गत्या प्राणगत्या बहिरात्मन आदित्यस्य गतिरनुमीयत इत्येवं ह्याहेति व्याख्यातं। एतदुक्तं भवति, अध्यात्माधिभूतयोः पिण्डब्रह्माण्डयोः स्वस्वमानेन शतं वर्षाण्यायुःप्रमाण-

आवृत्तचक्षुः सो अन्तरात्मक्या गत्या बहिरात्मनोऽनुमीयते गतिरित्येवं ह्याह। अथ य एषोऽन्तरादित्ये हिरण्मयः पुरुषो यः पश्यतीमां हिरण्यव-

---

मित्यस्य समत्वादध्यात्मगतप्राणात्मगत्या शतवर्षान्ते पिण्डपरित्यागलक्षणया बहिरात्मनोऽप्यादित्यस्य ब्रह्माण्डपिण्डपरित्यागरूपा गतिस्तन्मानेन शतवर्षान्ते भवेदित्यनुमीयते इति। अथवा या प्राणात्मनो गतिर्देहधारणलक्षणा प्राणापानव्यापारैः क्रियमाणा तया बाह्यात्मन आदित्यस्य ब्रह्माण्डविधारणरूपोदयास्तमयनिर्वर्त्याहोरात्रव्यापारैः क्रियमाणा गतिरनुमीयते एतच्च प्राकृतजनबुद्धिगोचरत्वाद्विद्वद्दृष्टिगम्यत्वमभिप्रेत्य विद्वान्मध्ये निर्दिष्ट इति द्रष्टव्यं। एतयोरन्यतरस्य गत्याऽन्यतरस्य गत्यनुमानोपदेशस्तयोरेकगतित्वचिन्तनार्थं इति। इदानीमनयोः स्थानभेदं गुणभेदञ्च सिद्धवदनूद्य व्यतिहारं तच्चिन्तनार्थं विधत्ते "अथ य एषोऽन्तरादित्ये ० एवाश्रितोऽन्नमत्ति" इति। गुणान्तरविधानारम्भार्थोऽथशब्दः। य एष प्रसिद्धोऽन्तरादित्ये आदित्याख्यस्य मण्डलस्य मध्ये हिरण्मयो हिरण्मय इव हिरण्मयो ज्योतिर्मयोऽन्तर्यामी पुरुषः पुरुषाकारादित्यदेवतान्तरनुप्रवेशेन लब्धपुरुषाकार इति यावत्। कोऽसौ हिरण्मयः पुरुषो य इमां पृथिवीं पश्यति इमामित्युपलक्षणं त्रैलोक्यमवभासयतीत्यर्थः। अस्य

स्यात् स एषोऽन्तरे हृत्पुष्कर एवाश्रितोऽन्नमत्ति॥
॥ १ ॥

अथ य एषोऽन्तरे हृत्पुष्कर एवाश्रितोऽन्नमत्ति स

पुरुषस्य हिरण्मयत्वे निमित्तं स्वयमेवाह हिरण्यवस्थादिति। हिरण्ये हिरण्मये तेजःसङ्घातात्मके मण्डलेऽवस्थादवस्थानात् तदभेदेनावस्थितत्वादित्यर्थः। वष्टि भागुरिरल्लोपमवाप्योरुपसर्गयोरित्यवोपसर्गेऽवर्णलोपः। पश्यत्यमो हिरण्यवस्थादितिपाठः प्रामादिकः। यदि सत्यस्तदा द्वितीयार्थे प्रथमा विपरिणेया, इमाँल्लोकान् पश्यतीत्यर्थः। इदानीमस्याध्यात्ममवस्थानमाह स एष इति। यो हिरण्मयाण्डस्थतया हिरण्मयः पुरुष उक्तः स एषोऽन्तरे देहाभ्यन्तरे यद्धृत्पुष्करं हृदयकमलं तस्मिन् हृत्पुष्करे एव आश्रितस्तत्रैव प्राकट्यमुपगतः प्राणात्मा सन्नन्नमदनीयमत्ति भुङ्क्ते विषयान् वा शब्दादीनुपभुङ्क्ते इत्यर्थः॥ १॥

एवमादित्यमण्डलान्तरभिव्यक्तं हिरण्मयत्वादिगुणकं पुरुषमनूद्य तस्य हृद्यन्तर्वर्तिप्राणात्मभावं विधायेदानीमुक्तप्राणात्मानमनूद्य तस्यादित्यात्मभावं विदधाति "अथ य एषोऽन्तरे ० अन्नमत्तीति" इति। अन्नमत्तीत्यन्तोऽनुवादभागो व्याख्यातः। स एष एवाऽग्निरमुत्र दिवि द्युलोके श्रितः आश्रितः स्थित इत्यर्थः। कोऽयमग्निरित्यत आह सौरः सूर्य-

एषोऽग्निर्दिवि श्रितः सौरः कालाख्योऽदृश्यः सर्वभूतान्यन्नमत्तीति। कः पुष्करः किम्मयो वेति। इदं वाव तत्पुष्करं योऽयमाकाशोऽस्येमाश्चतस्रो दिशश्चतस्र उपदिशो दलसंस्था आसं। अर्वाग्विचरत एतौ

तेजोरूपः, स एव प्राणिनां कलनात् कालाख्यः कालसञ्ज्ञितः, अदृश्यः प्रत्यक्षागोचर एव सन् सर्वभूतान्येवान्नं तान्यत्ति सर्वभूतानि संहरति, इतिशब्दो व्यतिहारोपदेशसमाप्त्यर्थः। यत्र पुष्करे स्थितोऽन्नमत्तीत्यध्यात्ममुक्तं, दिवि श्रितोऽन्नमत्तीति वाधिदैवं, तदुभयस्वरूपजिज्ञासया वालखिल्याः पृच्छन्ति "कः पुष्करः ० वेति" इति। स्पष्टार्थः। उत्तरमाह प्रजापतिः "इदं वाव ० आसं" इति। योऽयं प्रसिद्ध आकाश इदं वावेदमेव तत्पुष्करं, यदध्यात्महृत्पुष्करमुक्तं तदिदमेवाधिदैवं प्रसिद्धमाकाशं, नानयोः स्वरूपभेदोऽस्तीत्यर्थः। तथा चाकाशमेव हृदये ब्रह्माण्डान्तरे च पुष्करमिति स्वरूपप्रश्नस्योत्तरमुक्तं। किम्मय इति प्रश्नस्योत्तरं वदन् हृदयपुष्करस्याऽष्टदलमयत्वं प्रसिद्धमिति मत्वाधिदैवपुष्करदलान्याहास्येति। अस्याकाशपुष्करस्येमाः प्रसिद्धाः प्राच्याद्या आग्नेय्याद्याश्चतस्रश्चतस्रो दिशो दलसंस्था दलत्वेन स्थिता आसं आसन्नित्यर्थः। तथा च हृदयाकाशबाह्याकाशयोर्हृदयकमलगताष्टदलानामष्टदिशाञ्चाभेदो ध्येय इति ता-

प्राणादित्या एता उपासीतोमित्येतदक्षरेण व्याहृतिभिः सावित्र्या चेति ॥ २ ॥

द्वे वाव ब्रह्मणो रूपे मूर्तञ्चामूर्तञ्चाथ यन्मूर्तं तदसत्यं यदमूर्तं तत्सत्यं तद्ब्रह्म तज्ज्योतिर्यज्ज्योतिः स

त्पर्यार्थः। एवमध्यात्माधिदैवयोः प्राणादित्यपुरुषयोर्भेदेन प्रतीयमानस्थानगुणक्रियाणामभेददर्शनं विधाय पुनस्तावनूद्य सगायत्रिव्याहृतिप्रणवालम्बनं तयोरुपासनं विदधाति "अर्वाग्विचरत ० सावित्र्या चेति" इति। एतौ प्राणादित्यौ यथाव्याख्यातौ अर्वागदूरे सन्निहितौ विचरतः परिवर्तेते हृदये बाह्याकाशे चेत्यर्थः। एतौ उपासीत ध्यायेत्। कथं, ओमित्येतदक्षरेण एतेनाक्षरेणेत्येतत्, व्याहृतिभिर्भूर्भुवः स्वरित्येताभिस्तिसृभिः, सावित्र्या सवितृदेवत्ययर्चा गायत्र्याख्यया चेति। इतिशब्द ओङ्काराद्यालम्बनविध्युपसंहारार्थः॥ २ ॥

इदानीमुपासनालम्बनत्वेनोक्तस्योङ्कारस्य तत्त्वं प्रतिपादयिष्यंस्तत्स्तुतये तदुत्पत्तिप्रकारमाह "द्वे वाव ० युञ्जीतेति" इति। ब्रह्मणः परमात्मनो द्वे वाव द्वे एव रूपे रूप्यतेऽधिष्ठानतया ब्रह्माऽऽभ्यामिति रूपे निरूपके इत्यर्थः। के ते इत्यत आह, मूर्तञ्च मूर्तं मूर्च्छितावयवं कार्यं, अमूर्तं तद्विपरीतं च कारणं। अथानयोर्मध्ये यन्मूर्तं तदसत्यं 'वाचारम्भणं विकारो नामधेयं' इति श्रुतेर्यदमूर्तं तत्सत्यं 'मृत्तिके-

आदित्यः स वा एष ओमित्येतदात्माभवत् स त्रेधात्मानं व्यकुरुता ओमिति तिस्रो मात्रा एताभिः सर्वमिदमोतं प्रोतं चैवास्मीत्येवं ह्याहैतद्वा आ-

---

त्येव सत्यं' इति (छान्दो०।६ अ०) श्रुतेः यत्सत्यं परमार्थसत्यं सर्वाधिष्ठानं तद्ब्रह्म परिवृढं 'सदेव सोम्येदमग्र आसीत् तत्सत्यं स आत्मा' इति श्रुतेः। ब्रह्मशब्दार्थमाह, यद्ब्रह्म तत् ज्योतिः प्रकाशस्वभावं यत् तज्ज्योतिर्ब्रह्माख्यं स आदित्यः सूर्यः 'येन सूर्यस्तपति तेजसेद्धः' इति श्रुतेः। स आदित्यो वै एष ब्रह्मप्रकाशात्मक ओमित्येतदात्मा ओङ्कारस्वरूपोऽभवत् प्रणवात्मनोदित इत्यर्थः। ओङ्कारो ह्यनुज्ञाक्षरं प्रसिद्धं 'तद्वा एतदनुज्ञाक्षरं यद्धि किञ्चानुजानात्योमित्येव तदाह' इति (छान्दो०।१अ०) श्रुतेः। आदित्यस्यानुज्ञां कुर्वन्निव जगतामुदेति 'य एवासौ तपति तमुद्गीथमुपासीतोमिति ह्येष स्वरन्नेति' इति श्रुतेः। एवं प्रणवीभूतः स आदित्य आत्मानं प्रणवं त्रेधा त्रिप्रकारमकुरुत कृतवान् ओमिति अ उ म् इति तिस्रो मात्रा अवयवाः, एताभिः सर्वमिदमोतं प्रोतञ्चैव। यथा दीर्घतन्तुषु तिर्यक्तन्तवः प्रोतास्तिर्यक्तन्तुषु दीर्घतन्तव ओता वैपरीत्येन वा परस्परं संयोगविशेषेणैकीभूताः सन्तः पटशब्दवाच्या भवन्त्येवं प्रणवात्मके मय्येवाशेषस्योतप्रोततयावस्थानादहमेव प्रणवात्मोतश्च प्रोतश्चास्मि न मत्तोऽन्यत् किञ्चिदित्येवं ह्याह। स आदित्यो यतस्तस्मा-

दित्य ओमित्येवं ध्यायत आत्मानं युञ्जीतेति ॥ ३ ॥

अथान्यत्राप्युक्तमथ खलु य उद्गीथः स प्रणवो यः प्रणवः स उद्गीथ इत्यसौ वा आदित्य उद्गीथ एष प्रणवा इत्येवं ह्याहोद्गीथं प्रणवाख्यं प्रणेतारं

देतद्वै एष वै आदित्य ओमित्योङ्कार एवेत्येवं ध्यायत चिन्तयत हे वालखिल्याः। ध्यानशब्दार्थमाह आत्मानं प्राणप्रधानं प्रत्यञ्चमादित्ये आदित्यञ्चात्मनि युञ्जीत, व्यत्ययो बहुलमिति लकारवचनव्यत्ययेन योजयत, एकात्मतां भावयतेत्यर्थः। इतीत्यनुवाकसमाप्त्यर्थः ॥ ३ ॥

ॐकारेणात्माभिध्यानविधिं सहीकुर्वंस्तत्रैव विशेषान्तरं विधित्सन्नाह "अथान्यत्राप्युक्तं ० तस्य तत्" इति। अथैतदन्यत्र छान्दोग्येऽप्युक्तं प्रणवस्योपासनं, यद्यपि तत्राङ्गावबद्धमुपासनमिह तु स्वतन्त्रं तथापि स्तुत्यर्थमुदाहरणं न गुणोपसंहारार्थमिति द्रष्टव्यं। प्रणवोद्गीथयोरेकत्वकथनारम्भार्थोऽयशब्दः। खलुशब्दः कर्मप्रकरणोक्तोद्गीथस्मारणार्थः। य उद्गीथः सामगानामुद्गीथभक्त्यवयव ओङ्कारः स बह्वृचानां शस्त्राङ्गभूतः प्रणवः, यश्च बह्वृचानां प्रणवः स उद्गातृणामुद्गीथः। एवं शस्त्रस्तोत्राङ्गतया भिन्नस्थाननिवेशिनोरोङ्कारव्यक्त्योरभेददृष्टिं विधाय तस्योद्गीथात्मकस्य प्रणवस्यादित्यात्मना द्रष्टव्यतामाह, इत्यसौ वा आदित्य उद्गीथ उद्गीथा-

भारूपं विगतनिद्रं विजरं विमृत्युं त्रिपदं त्र्यक्षरं पुनः पञ्चधा ज्ञेयं निहितं गुहायामित्येवं ह्याहोर्द्ध्वमूलं त्रिपाद्ब्रह्म शाखा आकाशवाय्वग्न्युदकभूम्यादया एको-

वयव ओङ्कार इत्यर्थः। एष आदित्य एव प्रणवः शस्त्राङ्गभूत ओङ्कार इत्येवं हि आह छान्दोग्यश्रुतिरित्यर्थः। एवं स्तुत्या महीकृतमादित्यं पुनर्विशिनष्टि गुणान्तरविशिष्टतया ध्यानार्थं, उद्गीथमित्यादिना। छन्दोगानामुद्गीथभक्त्यवयवत्वेनोद्गीथं बह्वृचानां शस्त्रान्तर्गतप्रणवाख्यं प्रणेतारं प्रकर्षेण तत्तत्कर्मणां प्रवर्तयितारमत एव प्रणवाख्यमित्यर्थः, भाः प्रकाशो रूपं स्वरूपं यस्य स भारूपस्तं, विगता नित्यानित्यनिवृत्ता निद्राऽविद्या तमोरूपा यस्मात् तं विगतनिद्रं, विजरं जरारहितं सदैकरूपमिति यावत्, विमृत्युं विगतमृत्युमविनाशिनं, त्रीणि पदानि यस्य जाग्रत्स्वप्नसुषुप्ताख्यानि प्राणरूपस्य भूर्भुवःस्वरिति त्रैलोक्याख्यान्यादित्यरूपस्य स त्रिपदस्तं त्रिपदं, त्रीण्यक्षराणि यस्याकारोकारमकाराख्यानि प्रणवरूपस्य स त्र्यक्षरस्तं त्र्यक्षरं, पुनः पञ्चधा ज्ञेयं *चिन्तयता गुहायां देहकुहररूपायां निहितमाश्रितं देहान्तश्चरन्तं प्राणापानादिरूपेण पञ्चधा ज्ञेयमित्यर्थः। इत्येवं हि आह गुणविधायिनी श्रुतिरिति शेषः। एवं विशेषितमोमित्यनेनैतदुपासीतेति वक्ष्यमाणेनान्वयः। उक्तविशेषणस्या-

* चिंतं इत इति लिखितं।

ऽश्वत्थनामैतद्ब्रह्मैतस्यैतत्तेजो यदसा आदित्य ओ-मित्येतदक्षरस्य चैतत् तस्मादोमित्यनेनैतदुपासीता-जस्रमित्येकोऽस्य सम्बोधयितेत्येवं ह्याह। एतदेवा-

दित्यात्मनो भारूपत्वं विशेषतो ध्येयमित्यभिप्रेत्य वाच्यवाचकयोः परब्रह्मप्रणवयोः सारभूतोऽयं सवितेति तन्महिमानमाविष्करोति ऊर्द्ध्वमूलमिति। ऊर्द्ध्वं विकारातीतं परं ब्रह्म मूलमुपादानं। तदेव मूलं स्वरूपतो निर्दिशति त्रिपाद्ब्रह्मेति। त्रिपादस्यामृतं दिवीति मन्त्रभागप्रकाशितं विकारातीतं ब्रह्मास्य वाच्यप्रपञ्चस्याश्वत्थनाम्न ऊर्द्ध्वं मूलमित्यर्थः। अस्य शाखा आकाशादयो विकाराः, भूम्यादय इत्यादिपदेन चराचरग्रहः, शिष्टं प्रसिद्धार्थं। एवंलक्षण एको ब्रह्माण्डलक्षणः समष्टिपिण्डोऽश्वत्थनामा श्वःपर्यन्तं स्थास्यतीति विश्वासानर्हत्वादश्वत्थसञ्ज्ञ इत्यर्थः। यदेतदश्वत्थसञ्ज्ञितं जगदेतद्ब्रह्म ब्रह्मोपादानत्वान्न ततोऽन्यदित्यर्थः, तथा च काठकश्रुतिः 'ऊर्द्ध्वमूलो अवाक्शाख एषोऽश्वत्थः सनातनः। तदेव शुक्रं तद्ब्रह्म तदेवामृतमुच्यते' इति। एतस्य सर्ववाच्याश्रयतया सर्वात्मकस्य ब्रह्मण एतत् तेजः प्रकाशः सार इत्यर्थः। किमित्युच्यते यदसा आदित्यो योऽसावादित्यः प्रसिद्ध एतद्ब्रह्मणस्तेज इति योजना। सर्ववाच्याधिष्ठानब्रह्मसारत्वमुक्त्वा सर्ववाचकाधिष्ठानप्रणवसारताञ्चास्योपदिशति ओमित्येतदक्षरस्य चैतदिति एतत् तेजो यदसा आदित्य इति पूर्वेण योजना। ओङ्कारा-

क्षरं पुण्यमेतदेवाक्षरं परं। एतदेवाक्षरं ज्ञात्वा यो यदिच्छति तस्य तत् ॥ ४ ॥

अथान्यत्राप्युक्तं स्वनवत्येषास्य तनूर्या ओमिति स्त्रीपुन्नपुंसकेति लिङ्गवत्येषाऽथाग्निर्वायुरादित्या इति

दित्ययोरुक्तं महिमानमनूद्योपास्यत्वं सिद्धमुपसंहरति तस्मादिति। एतत् प्राणादित्यात्मकं तत्त्वमजस्रमुपासीतेति सम्बन्धः। इतिशब्द उपासनविध्यनुवादसमाप्त्यर्थः। प्रणवेनोपासनविधिस्तुतये प्रणवमाहात्म्यवादिवाक्यमुदाहरति एकोऽस्येति। अस्य प्रणवस्य एकः श्लोकरूपो मन्त्रः *सम्बोधयिता माहात्म्यप्रकाशको विद्यते इत्येवं ह्याह कठश्रुतिरित्यर्थः। तमेव श्लोकं किञ्चिदक्षरभेदेन पठति एतदिति। एतदेवाक्षरं प्रणवाख्यं पुण्यं पुण्यप्रदं पुण्यकर्मसु प्रयुज्यमानमित्यर्थः, एतदेवाक्षरं परं परब्रह्मप्रकाशकं मोक्षदमित्यर्थः। किं बहुना एतदेवाक्षरं ज्ञात्वा ममेष्टदमेतदेव नान्यदिति निश्चित्य तत्परः सन् यो यदिच्छति अभ्युदयं वा मोक्षं वा फलं तस्य तद्भवत्येवेत्यर्थः ॥ ४ ॥

पुनरप्युपास्यस्यात्मनो गुणान्तरविधानायोत्तरोऽनुवाकः "अथान्यत्राप्युक्तं ० अक्षरमिति" इति। अस्य प्राणादित्यात्मन एषा तनूस्तनुः स्वनवती शब्दवती। सा केत्यत आह या

---

* सम्बन्धयितेति टीकापाठः।

भास्वत्येषाथ ब्रह्मा रुद्रो विष्णुरित्यधिपतिवत्येषाथ गार्हपत्यो दक्षिणाग्निराहवनीया इति मुखवत्येषाथ ऋग्यजुः सामेति विज्ञानवत्येषा भूर्भुवः स्वरिति लोकवत्येषाथ भूतं भव्यं भविष्यदिति कालवत्येषाथ प्राणोऽग्निः सूर्या इति प्रतापवत्येषाथान्नमापश्चन्द्रमा इत्याप्यायनवत्येषाथ बुद्धिर्मनोऽहङ्कारा इति चेतनवत्येषाथ प्राणोऽपानो व्याना इति प्राणवत्येषेत्यत ओमित्युक्तेनैताः प्रस्तुता अर्चिता अर्पिता भवन्तीत्येवं

ओमितीति ओङ्काररूपा तनुरुदात्तानुदात्तस्वरितरूपत्रैस्वर्येणोच्चार्यमाणा स्वनवतीत्यर्थः। प्रणवावयवेष्वकारादिषु एकैकं त्रिकं त्रिकमवयवशो विभज्य प्रणवावयविनः स्वनवत्याद्यात्मतामापाद्य तादृक्प्रणवतनुत्वेन प्राणादित्यात्मनस्तत्तद्गुणविशिष्टं ध्येयमिति प्रकरणार्थः। येषां ये स्वभावसिद्धा धर्मास्तैस्तद्वत्येषेति सुबोधोऽक्षरार्थः, इति यतः अतः ओमित्युक्तेनाक्षरेण एताः प्रस्तुताः स्वनवत्याद्यास्तनवोऽर्चिताः पूजिताः स्तुताः अर्पिताः प्राणादित्यात्मनि विशेषणत्वेन समर्पिताः समारोपिता भवन्तीत्येवं हि आह एतदर्थं प्रश्नश्रुतिरित्यर्थः। तामेव पठति एतद्वा इति। पिप्पलाद आचार्यः सत्यकामं शिष्यं प्रत्याह हे सत्यकाम ओमित्येतदक्षरमिति यदस्ति एतद्वै एतदेव परञ्च ब्रह्म अपरञ्च ब्रह्मेति विद्धीति। परा-

N

ह्याहैतद्वै सत्यकाम परञ्चापरञ्च ब्रह्म यदोमित्येतदक्षरमिति ॥ ५ ॥

अथाव्याहृतं वा इदमासीत् स सत्यं प्रजापतिस्तपस्तप्त्वानुव्याहरद्भूर्भुवः स्वरित्येषैवास्य प्रजापतेः स्थविष्ठा तनूर्या लोकवतीति स्वरित्यस्याः शिरो नाभिर्भुवो भूः पादा आदित्यश्चक्षुः। चक्षुरायत्ता हि

परब्रह्मज्ञानोपासनयोरालम्बनमेतदेवाक्षरमित्यर्थः ॥ ५ ॥

एतौ प्राणादित्या एता उपासीतोमित्येतदक्षरेण व्याहृतिभिः सावित्र्या चेति यत् सूत्रमुपन्यस्तं तत्र प्रणवापेक्षितो विशेषः सर्व उक्तः, इदानीं व्याहृत्यपेक्षितो विशेषस्तदुत्पत्त्यादिप्रशंसनेनोपपादनीय इत्युत्तरोऽनुवाक आरभ्यते "अथाव्याहृतं ० चक्षुः" इति। अथेति व्याहृतिव्याख्यानारम्भार्थः। इदं त्रैलोक्यं पूर्वमव्याहृतमशब्दनिर्दिष्टं वै आसीत्, सत्यं स प्रजापतिरिति सम्बन्धः सच्च त्यच्चेति सत्यं पञ्चभूतपरिणामात्मकमव्याहृतमासीत्। तदा स प्रजापतिस्त्रैलोक्यशरीरो ब्रह्मा तपस्तप्त्वा प्रागाहितसंस्कारोद्बोधकमालोचनं कृत्वा भूर्भुवः स्वरित्येवमनुव्याहरदनुक्रमेणोच्चारितवान् पादनाभिशिरःप्रदेशानालभ्य भूर्भुवःस्वरिति क्रमेणोच्चारितवानित्यर्थः। एवं स्पष्टोच्चारणे हेतुमाह एषैव लोकत्रयात्मिकास्य प्रजापतेः स्थविष्ठा स्थूलतमा तनूः शरीरं या लोकवतीति पूर्वानुवाके-

पुरुषस्य महती मात्रा चक्षुषा ह्ययं मात्राश्चरति सत्यं वै चक्षुरक्षिण्यवस्थितो हि पुरुषः सर्वार्थेषु चरत्येतस्मात् भूर्भुवः स्वरित्युपासीतानेन हि प्रजापतिर्विश्वात्मा विश्वचक्षुरिवोपासितो भवतीत्येवं ह्याहैषा वै

ऽवोचमित्यध्याहारः। तत्र का व्याहृतिः किमङ्गवाचिकेत्येतद्विभजते स्वरित्यादिना। अस्यास्तन्वाः। एवं व्याहृत्युत्पत्तिं तदर्थञ्चोपदिश्य प्रकृतस्यादित्यात्मन उपास्यस्य तत्सम्बन्धं वक्तुं व्याहृतिशरीरप्रजापत्यवयवतां तस्योपदिशति आदित्यश्चक्षुरिति। सर्वाङ्गेषु चक्षुषः प्राधान्यमुपपादयन्नादित्यं महीकरोति "चक्षुरायत्ता ॰ उपासीत" इति। पुरुषस्य व्यवहर्तुः महती अपरिमिता मात्रा मीयते ज्ञायत इति मात्रा विषयः मितिर्वे वा मात्रा विषयसिद्धिः, हि निश्चितं चक्षुरायत्ता चक्षुरधीना। उक्तमर्थं लोकप्रसिद्ध्योपपादयति हि यस्मादयं पुरुषश्चक्षुषा मात्राः विषयाश्चरति दूरस्थानपि निम्नोन्नतसमविषमदेशानपि प्रतिपद्यते, अतश्चक्षुरायत्ता पुरुषस्य महती मात्रेत्यर्थः। प्रजापतेर्मुख्याङ्गत्वेनादित्यं महीकृत्येदानीं मात्रादेव प्रजापत्यात्मतां सम्पादयति सत्यमिति। वै प्रसिद्धं चक्षुः सत्यं चक्षुर्दृष्टस्य सत्यत्वप्रसिद्धेः प्रजापतिरपि सत्यं सत्यदात्मकत्त्रैलोक्यशरीरत्वात्, अतश्चक्षुरादित्यः सत्यमित्युक्ते सत्यात्मा प्रजापतिरादित्य इत्युक्तं भवतीति भावः। चक्षुषः सत्यत्वमुप-

N 2

प्रजापतेर्विश्वभृत्तनूरेतस्यामिदं सर्वमन्तर्हितमस्मिंश्च सर्वस्मिन्नेषान्तर्हितेति तस्मादेषोपासीत ॥ ६ ॥

तत्सवितुर्वरेण्यमित्यसौ वा आदित्यः सविता स वा एवं प्रवरणीय* आत्मकामेनेत्याहुर्ब्रह्मवादिनोऽथ

पादयति अचिणोति। चरत्यविसंवादितया हि प्रसिद्धमेतदित्यर्थः। उपसंहरत्येतस्मादिति। उक्ताद्धेतोरित्यर्थः। अनेन हि व्याहृत्यात्मतयादित्यात्मोपासनेन विश्वचक्षुः सूर्य इव विश्वात्मा प्रजापतिरुपासितो भवतीत्येवं ह्याह कश्चिच्छ्रुत्यन्तरमिति शेषः। किमाहेति तदाह एषेति। एषा वै पूर्वोक्ता सूर्यरूपा प्रजापतेर्ब्रह्मणो विश्वं बिभर्तीति विश्वभृत् तनूः शरीरं। कथमस्या विश्वभृत्त्वमिति तदाह एतस्यामिति। एतस्यां तनौ इदं सर्वं दृश्यमन्तर्हितं गूढं आदित्यप्रकाशाच्छादितमेव सर्वमित्यर्थः। तथास्मिंश्च सर्वस्मिन् दृश्ये विषये एषा तनूरन्तर्हिता तत्तदर्थप्रकाशकत्वेन तत्तदात्मतामापन्ना सती प्राकृतैर्जनैः परिपूर्णा न दृश्यत इत्यर्थः। यद्वा प्राणरूपेण सर्वस्मिन्नेषान्तर्हितेत्यर्थः। व्याहृतिगुणविधिमुपसंहरति तस्मादिति। एषा व्याहृत्यात्मिका तनूरुक्ता तस्मादेतां तथैवोपासीतेति योजना ॥ ६ ॥

इदानीं पूर्वं प्रतिज्ञातां सावित्रीशरीरताञ्चास्योपपादयितुमुत्तरानुवाक आरभ्यते "तत्सवितुः • ब्रह्मवादिनः"

---

* प्रचरणीय इति पाठान्तरं।

भर्गो देवस्य धीमहीति सविता वै देवस्ततो योऽस्य भर्गाख्यस्तं चिन्तयामीत्याहुर्ब्रह्मवादिनोऽथ धियो यो नः प्रचोदयादिति बुद्धयो वै धियस्ता योऽस्माकं प्रचो-

---

इति। आदौ मन्त्रप्रतीकान्यादाय व्याचष्टे तत्सवितुर्वरेण्य-मिति प्रथमः पादस्तस्यार्थोऽसौ वा इत्यादिनोच्यते। तत्र सवितुस्तत्स्वरूपं वरेण्यमित्यन्वये सवितुरिति षष्ठी पुरुषस्य चैतन्यमितिवदविवक्षितस्वार्थेति मत्वा सवितृपदार्थमाहासौ वा इति। असौ वै प्रसिद्धो जगदवभासकत्वेन विभाव्यमानः सविता सवितुरिति मन्त्रपदेनोक्त इत्यर्थः। वरेण्यशब्दार्थमाह स वा इति। स वै स एव सविता, एवं यथोक्तात्मस्वरूपेण प्रवरणीयः प्रकर्षेण तदेकनिष्ठतया प्रार्थनीयस्तदात्मभावना कार्येति यावत्; केन आत्मकामेन, काम्यत इति काम आत्मैव कामः प्राप्यो यस्य स आत्मकामस्तेन आत्मनः स्वाभाविक-स्वरूपाविर्भावकामेनेति यावत्। इत्याहुर्ब्रह्मवादिनो ब्रह्मव-दनशीला वेदार्थविद इत्यर्थः। द्वितीयपादप्रतीकारम्भार्थोऽ-थशब्दः। भर्गो देवस्य धीमहीति प्रतीकग्रहणं। तत्र देवपद-स्यार्थमाह सविता वै देवः। सवितैव देवशब्दार्थः, स एव द्यो-तनाद्देव उच्यते अत्रापि षष्ठ्यर्थो न विवक्षितः। ततस्तस्मात् द्योतनस्वभावत्वाद्योऽस्य सवितुर्भर्गाख्यो व्याख्यास्यमानभर्गशब्द-वाच्य आत्मा तं चिन्तयामीति धीमहीत्यस्यार्थमाहुर्ब्रह्मवा-

दयादित्याहुर्ब्रह्मवादिनः। अथ भर्गा इति यो ह वा अमुष्मिन्नादित्ये निहितस्तारकोऽक्षिणि वैष भर्गाख्यो भाभिर्गतिरस्य हीति भर्गा भर्जयतीति वैष भर्गा इति रुद्रो ब्रह्मवादिनोऽथ भ इति भासयती-

---

दिन इति। पूर्ववत् चिन्तयामीत्येकवचनमर्थतः पर्यायनिर्देशनपरं न तु धीमहीत्युक्तबहुवचनस्यैकवचनान्तत्वेनोहप्रदर्शनार्थं, 'वयं स्याम पतयो रयीणां' इतिवत् कर्त्रैक्येऽपि मन्त्रेषु बहुवचनप्रयोगस्य साधुत्वात् चक्षुरादिकरणोपाधिभेदेनैकस्मिन्नपि बहुत्वसम्भवाद्वेति द्रष्टव्यं। अथ तृतीयपादग्रहो धियो यो नः प्रचोदयादिति। धीशब्दार्थः प्रसिद्ध एवेत्याह बुद्धयो वै धिय इति। अन्तःकरणवृत्तय इत्यर्थः। ताः बुद्धीरस्माकमस्मदीयाः यः प्रचोदयात् प्रकृष्टं प्रेरयत्वित्याशिषि लिङ् इत्याहुरित्युक्तार्थं। तथा चेत्थं मन्त्रयोजना, यो देवः सविता तस्य सवितुर्देवस्य तद्वरेण्यं भर्गाख्यं वयं धीमहि स नो धियो धीः प्रचोदयादिति। यदुक्तं मन्त्रव्याख्यानेऽसौ वा आदित्यः सविता, सविता वै देवः, यस्य भर्गाख्य इति च तत्रादित्यसवितृभर्गशब्दा न स्पष्टार्था इति तान् व्याख्यातुमारभमाणोऽतिगहनार्थत्वाद्भर्गशब्दार्थं तावदाह "अथ भर्गा ० भर्गः" इति। अथ पदविशेषार्थ उच्यते भर्ग इति, कोऽर्थोऽयमेव यो ह य एव वै य आदित्ये तिष्ठन् यश्चक्षुषि तिष्ठन्निति च

मान् लोकान् र इति रञ्जयतीमानि भूतानि ग इति गच्छन्त्यस्मिन्नागच्छन्त्यस्मादिमाः प्रजास्तस्माद्भरगत्वाद्भर्गः। शश्वत् सूयमानात् सूर्यः सवनात् सविताऽऽ-

---

श्रुत्यन्तरप्रसिद्धोऽमुष्मिन्नादित्ये मण्डलात्मनि निहितः सन्निहितस्तथाक्षिणि चक्षुर्मण्डले वा यस्तारकः कृष्णतारकोपलक्षितोऽन्तर्यामी देव एष भर्गाख्य इति। भर्गत्वमस्य कथमित्यपेक्षायां तन्नाम निर्वक्ति भाभिरित्यादिना। भाभिः किरणैरधिष्ठानधर्मैरस्य गतिर्गमनं विषयव्याप्तिरस्येति व्युत्पत्तेर्भर्ग इत्येकं निर्वचनमित्यर्थः। निर्वचनान्तरमाह भर्जयतीति। वा अथवा भर्जयति जगत् संहरतीति रुद्रो भर्ग इति ब्रह्मवादिन आहुरिति योजना। इदानीं भकाररेफगकाराणां प्रत्येकनिर्वचनं ब्रुवन्नस्य भर्गाख्यां महीकरोति अथ भ इत्यादिना। भासयति तेजोमण्डलान्तर्गतचित्प्रकाशेनेमान् सर्वानेव लोकानिति भ इत्युच्यत इत्यर्थः। इमानि भूतानि स्थावरजङ्गमात्मकानि प्राणानुगतचिदानन्दात्मना रञ्जयति प्रीणयति सुखात्मकं करोतीति र उच्यत इत्यर्थः। अस्मिन् सर्वकारणात्मनि सुषुप्तिप्रलययोः सर्वाः इमाः प्रजा गच्छन्ति लयं प्राप्नुवन्ति तथा प्रबोधसृष्ट्योरस्मादेवागच्छन्त्याविर्भवन्तीति ग इत्युच्यत इत्यर्थः। तस्माद्भासनाद्रञ्जनाद्गमनाच्च भरगत्वाद्भर्ग इति सर्वात्मोच्यत इत्यर्थः। इदानीमादित्या-

दानादादित्यः पवनात् पावनोऽथापो प्यायनादित्येवं ह्याह। खल्वात्मनो त्मा नेतामृताख्यश्चेता मन्ता गन्तोत्स्रष्टानन्दयिता कर्ता वक्ता रसयिता घ्राता द्रष्टा श्रोता स्पृशति च विभुर्विग्रहे सन्निविष्टा इत्येवं ह्याह।

दिनामनिर्वचनं कुर्वंस्तत्पर्यायशब्दानपि कांश्चिन्निर्वक्ति "अस्यात् ० ह्याह" इति। अस्यात् पुनः पुनः स्तूयमानात् सवनकरणात् सूर्यः, सूर्यो हि प्रातरादिसवनकर्ता प्रसिद्ध इत्यर्थः। सवनादन्नादिनिष्पादनेन प्राणिनां प्रसवनात् सविता। आदानाद्भौमरसानां प्राण्यायुषां वा आदित्यः। पवनात् पवित्रीकरणात पावनो वाय्वात्माप्येष इत्यर्थः। अथ अपि आपो जलमप्ययमित्यर्थः। कुतः प्यायनाज्जगदाप्यायनादित्यर्थः। इत्येवं हि नामनिर्वचनान्यभिप्रेत्याहाचार्य इत्यर्थः। एवं मन्त्रपादद्वयोक्तमाधिदैवकं तत्त्वं निरुच्य तृतीयपादोक्तमाध्यात्मिकं तत्त्वं निर्वक्ति "खल्वात्मनो ० ह्याह" इति। अमृताख्यः प्राणरूपः प्राणो वा अमृतमिति श्रुत्यन्तरात् अमृताख्यः खलु प्राणरूप आत्मनः कार्यकारणसङ्घातस्य नेता प्राणोपाधिक आत्मा मर्त्यसङ्घातनेतृत्वेन ततो विलक्षणत्वादमृताख्य इत्यर्थः। चित्तवृत्त्युपाधिकश्चेता, मनोवृत्त्युपाधिना मन्ता, पादोपाधिप्रधानो गन्ता, पायूपाधिनोत्स्रष्टा, उपस्थोपाधिनाऽऽनन्दयिता, हस्तोपाधिकः कर्ता, वागिन्द्रियोपाधिको वक्ता, रसोपाधिको रस-

अथ यत्र द्वैतीभूतं विज्ञानं तत्र हि शृणोति पश्यति जिघ्रति रसयति चैव स्पर्शयति सर्वमात्मा जानीतेति

यिता प्राणोपाधिर्घ्राता चक्षुरुपाधिको द्रष्टा श्रोत्रोपाधिः श्रोता त्वगिन्द्रियोपाधिः स्पृशति स्प्रष्टा भवतीत्यर्थः, चकाराद्बुद्ध्याध्यवसिताहङ्कारेणाभिमन्ता चोच्यते। कोऽयमेवं व्यपदिश्यत इत्यत आह विभुर्व्यापको विग्रहे देहे सन्निविष्टः सम्यगभिमानितया निविष्टः स ह्येवेश्वरो देहमनुप्रविष्टः प्राणान्तःकरणेन्द्रियोपाधिभिर्नानाव्यपदेशभाग्भवति स एकः सर्वबुद्धिप्रेरक आत्मोपास्य इत्यभिप्रायः। इत्येवं ह्याहेति पूर्ववत्। नन्वेकस्यात्मनोऽनेकोपाधिकृतः संज्ञाभेद इत्ययुक्तं प्रतीयमानप्रातिस्विककार्यभेदेनात्मभेदस्य प्रामाणिकत्वादिति प्रासङ्गिकं चोद्यं परिहर्तुमात्मानात्मतत्त्वं निरूपयति "अथ यत्र॰ तद्वाच्यं" इति। अथैवं सति आत्मभेदशङ्का न कार्येति शेषः। यत्र द्वैतीभूतं भेदमापन्नं विज्ञानं चित्प्रकाशस्तत्र हि तस्यामवस्थायां जाग्रदादौ शृणोति पश्यतीत्यादिव्यपदेशभागात्मा भवति न स्वभावत इत्यर्थः। कथमेतदवगम्यत इति तत्राह सर्वमात्मा जानीतेतीति सर्वं सर्वेन्द्रियद्वारं व्यवहारजातमात्मा एक एव जानीते स्वात्मैकनिष्ठत्वेन प्रत्यभिजानाति, इतिहेतोर्न परमार्थो भेद इत्यर्थः। तथाच श्रुत्यन्तरं 'आत्मेत्येवोपासीतात्र ह्येते सर्व एकं भवन्ति' इत्युपाध्युपरागपरित्यागेन सर्वोपाध्युपलक्षितमेकमात्मानं निरूपपदेनात्म-

0

यत्राद्वैतीभूतं विज्ञानं कार्यकारणकर्मनिर्मुक्तं निर्वचनमनौपम्यं निरुपाख्यं किं तदवाच्यं॥७॥

शब्देन निर्दिशति। लोके च यश्चक्षुषा रूपमद्राक्षं सोऽहमिदानीं रसनेन रसमनुभवामीति प्रत्यभिज्ञानुभवः प्रसिद्धोऽतो नात्मभेदशङ्केति भावः। उपाध्यन्वये भेददर्शनं व्यपदेशभेदश्चोपपाद्य तद्व्यतिरेके तद्व्यतिरेकमुपपादयति यत्राद्वैतीभूतमिति। यत्र यस्यामवस्थायां सुषुप्त्यादौ सर्वोपाध्युपरमादद्वैतीभूतं विज्ञानं तत्रेत्यध्याहारः तदा कार्यकारणकर्मभिर्विषयकरणक्रियाभिरवच्छेदकैर्निर्मुक्तमसंस्पृष्टं अतएव निर्वचनं विशेषसञ्ज्ञावचनशून्यं अनुपममेवानौपम्यमुपमारहितं स्वतो निर्विशेषमित्यर्थः। अतएव निरुपाख्यमप्रमेयमिदं तदित्युल्लेखायोग्यमित्यर्थः। किमेवं निषेधमुखेनोच्यते, इदं तदिति कस्मान्नोच्यत इति शङ्कते, किं तदिति। अशक्यं तथा वक्तुमित्युत्तरमाह अवाच्यमिति। सर्ववाग्व्यापारोपरमे यदवशिष्यते सर्वोपरमसाक्षित्वेन तदद्वैतं विज्ञानं स्वाभाविकमात्मरूपमिति भावः। तथा च बृहदारण्यके 'यत्र हि द्वैतमिव भवति तदितर इतरं पश्यति' इत्यादिना द्वैतदर्शनस्याभासतामुक्त्वा 'यत्र त्वस्य सर्वमात्मैवाभूत् तत् केन कं पश्येत्' इत्यादिनाऽद्वैतमात्मतत्त्वमुपपादयति श्रुतिः। तस्मादनामरूपक्रियस्यात्मनो नामरूपक्रिया अविद्याकल्पितप्रपञ्चोपाधिनिबन्धना एवेति परमार्थ इति॥७॥

एष हि खल्वात्मेशानः शम्भुर्भवो रुद्रः प्रजापतिर्विश्वसृक् हिरण्यगर्भः सत्यं प्राणो हंसः शास्ता विष्णुर्नारायणोऽर्कः सविता धाता विधाता सम्राडिन्द्र इन्दुरिति। य एष तपत्यग्निरिवाग्निना पिहितः सहस्रा-

---

यद्यप्येवं शारीरस्यात्मनो न भेदः पारमार्थिकस्तथाप्यधिदैवादादित्यात्मन ईश्वरादयं भिन्न इति शङ्कां वारयन् अस्यैव ब्रह्मादयोऽपि विभूतय इत्येतमेव सष्टीकरोति "एष हि खल्वात्मेशानः ० इन्दुरिति" इति। य ईशानादिभिः शब्दैर्व्यपदिश्यते श्रुतिस्मृतिपुराणेषु स एष हि खलु यः पूर्वानुवाकान्ते निर्दिष्ट एष एव नान्य इत्यर्थः। तत्र रुद्रान्तस्तमःप्रधानमायोपाधिकः, हंसान्तो रजःप्रधानमायोपाधिकः। शास्ता विष्णुर्नारायण इति शुद्धसत्त्वप्रधानमायोपाधिकः। जगत्संहारसृष्टिस्थितिहेतुतयाभिव्यक्तविशेषास्तत्तत्सञ्ज्ञाभाजो ये जायन्ते ते सर्वेऽप्ययमात्मेत्यभिप्रायः। अयमेवार्कोऽर्च्यः पूज्यः सर्वतत्पत्त्याश्रयत्वात्, तथाच श्रुतिः 'एष वा अश्वमेधो य एष तपति तस्य संवत्सर आत्मायमग्निरर्कः' (बृहदा० अ० ३) इति। सवितृशब्दो व्याख्यातः। अयमेवात्मा पृथिव्यादिरूपेण धाता सर्वस्य धारयिता, विधाता पित्रादिरूपेण पुत्रादीनां निर्माता, सम्राट् सार्वभौमो राजा, इन्द्रः स्वराट् स्वर्गाधिपतिः, इन्दुश्चन्द्रमाः प्रसिद्धः, एते सर्वेऽप्येष एवात्मेति। किञ्च न केवलमेतावत् "य एष ०

ण्डेन हिरण्मयेनाण्डेन। एष वा जिज्ञासितव्यो- ऽन्वेष्टव्यः सर्वभूतेभ्योऽभयं दत्त्वारण्यं गत्वाथ बहिःकृ-

---

हिरण्मयेनाण्डेन" इति। यस्तपति जगदभितपति सविता सोऽप्येष एवेति योजना। कथं तर्हि स आत्मरूपेण न विभाव्यत इत्यत आहाग्निरिवेति। यथा महता ज्वालाजटिलेनाग्निनाऽग्निः दीपो मन्दः पिहित आच्छन्नो भवति एवं सहस्राक्षेणानेकच्छिद्रवता हिरण्मयेन तेजोमयेनाण्डेन मण्डलात्मकेन ब्रह्माण्डेन वा पिहित आच्छादितः, अतो नात्मरूपेण दृश्यत इत्यर्थः। तथाच मन्त्रवर्णः, 'हिरण्मयेन पात्रेण सत्यस्यापिहितं मुखं' इति। यस्मादयमात्मैकोऽप्येकरूपोऽप्युपाधिभिरनेकोऽनेकरूप इव च विभाव्यमान उपाध्यावृतनिजस्वरूपस्तस्मात् मुमुक्षुभिरावरणनिराकरणेन तद्दर्शने यत्न आस्थेय इत्युपदिशति "एष वा ० उपलभेतैनमिति" इति। एष एवाध्यात्माधिदैवरूपेण विभाव्यमान आत्मा किंस्वरूप इति जिज्ञासितव्यो ज्ञातुमिष्टव्यः, तत्तत्त्वज्ञानं सम्पादयितुं गुरूपसत्तिः कार्य्येत्यर्थः। विज्ञानसम्पादनप्रकारमाहाऽन्वेष्टव्यो गुरूपदिष्टवाक्यमर्यादामाश्रित्यान्वेषणेन मननेनावधारणीय इत्यर्थः। तत्र 'वेदान्तविज्ञानसुनिश्चितार्थाः सन्न्यासयोगाद्यतयः शुद्धसत्त्वाः' इति श्रुतिमाश्रित्य सन्न्यासमात्मज्ञानाङ्गमुपदिशति सर्वभूतेभ्य इति। सर्वभूताभयदानं सन्न्यासः स च कर्म-

त्वेन्द्रियार्थान् *स्वाच्छरीरादुपलभेतैनमिति। विश्व-रूपं हरिणं जातवेदसं परायणं ज्योतिरेकं तपन्तं।

परित्यागलक्षणः तं कृत्वेत्यर्थः, सन्न्यस्य गुरुभ्यः सब्रह्मचारिभ्यश्च श्रवणमनने सम्पाद्यानन्तरमरण्यं विजनं देशं मनःप्रसादकरं गत्वाथ तदा इन्द्रियार्थान् बाह्यान् दूरतः कृत्वान्तःशरीर एवात्मानमन्विष्य निदिध्यासनं कुर्वन् स्वाच्छरीरात् स्थूलसूक्ष्मलक्षणादेनमात्मानमुपलभेत साक्षात्कारवान् भवेदित्यर्थः। इतिशब्दः प्रासङ्गिकोपदेशसमाप्त्यर्थः। इदानीं प्रकृते प्राणादित्ययोरेकत्वे प्रश्नोपनिषद्गतं मन्त्रमुदाहरति "विश्वरूपं ० सूर्यः" इति। पूर्वार्धे द्वितीयान्तानि पदानि प्रथमान्तत्वेन विपरिणेयानि, उदयतीति क्रियायोगार्थं। विश्वानि नीलपीतादीनि रूपाणि यस्य स विश्वरूपः 'असौ वा आदित्यः पिङ्गल एष शुक्ल एष नील एष पीत एष लोहितः' इति श्रुतेः। हरति सर्वेषां प्राणिनामायूंषि भौमान् वा रसानिति हरिणः। जातं जातं वेत्ति सर्वप्रवृत्तिसाक्षितयेति वा जाते जाते विद्यते सर्वदेहगतात्मरूपेण सर्वचक्षुरधिष्ठातृत्वेनेति वा जातवेदाः। परमयनं परायणं सर्वभासामाश्रय इति यावत्। ज्योतिरेकं ज्योतिरात्मना एक इत्यर्थः, यद्वा ज्योतिः प्रकाशस्वभावः एकोऽद्वितीयः सूर्य एकाकी चरतीति श्रुतेः। तपति सर्वं सन्तापयति शोषयतीति तपन्। सहस्ररश्मिरपरि-

* स्वाच्छरीरादिति टीकापाठः।

सहस्ररश्मिः शतधा वर्तमानः प्राणः प्रजानामुदयत्येष सूर्यः ॥ ८ ॥

तस्माद्वा एष उभयात्मैवंविदात्मन्नेवाभिध्यायत्यात्मन्नेव यजतीति ध्यानं प्रयोगस्थं मनो विद्वद्भिष्टुतं मनःपूतिमुच्छिष्टोपहतमित्यनेन तत्पावयेत्। मन्त्रं

मितकिरणः शतधा अनेकधा प्रति प्राणिनां प्रतिमां प्रतीत्यभिमुखतया वर्तमान एष सन्दृश्यमानमण्डलस्थः सूर्यः सविता प्रजानां प्राणोऽन्तरात्मा उदयत्युद्गच्छत्युदयाचलादिति मन्त्रपदानामर्थः। तथाच मन्त्रवर्णः 'सूर्य आत्मा जगतस्तस्थुषश्च' इति ॥ ८ ॥

तदेवं प्राणादित्यात्मनोऽन्तर्बहिश्च विचरतः प्रजापतेः कार्यब्रह्मणोऽनेकगुणविशिष्टस्याहंग्रहेण प्रत्यगात्मतयोपासनं प्रणवव्याहृतिसाविच्यनुबन्धमुपदिश्य तन्निष्ठस्योपासकस्योपस्थितान्नभोजने कर्तव्यविशेषमुपदिशति "तस्माद्वा ॰ तत्पावयेत्" इति। एष पूर्वोक्तः प्रत्यगात्मा यस्मादुभयात्मा प्राणादित्यरूपः तस्माद्वै तस्मादेवंवित् पूर्वोक्तप्रकारेण प्राणादित्यात्मविदात्मन्नेवात्मनि स्वस्वरूपाभेदेनैवाभिध्यायत्याभिमुख्येन प्रत्यक्तया प्राणादित्यौ ध्यायतीत्यर्थः। ततो यद्यजति पूजयति तन्महिमानमाविष्करोति तदप्यात्मन्नेवेत्यर्थः। इति एवंप्रकारेण ध्यानं विद्वद्भिष्टुतं स्तुतं प्रशस्तमित्यन्वयः। किं तद्ध्यानं

पठति। उच्छिष्टोच्छिष्टोपहतं यच्च पापेन दत्तं मृतसूतकाद्वा वसोः पवित्रमग्निः सवितुश्च रश्मयः पुनन्त्वन्नं मम दुष्कृतञ्च यदन्यत्। अद्भिः पुरस्ता-

---

प्रयोगस्थं उपासनाप्रयोगे स्थितं व्यापृतं मनः तैलधारा-घण्टानादादिवदविच्छेदेन दीर्घकालादरनैरन्तर्यमुपास्ये तत्त्वे निविष्टं मनोरूपं ध्यानमित्यर्थः। एवं ध्यायतः पुंसो यो मनःपूतिर्मनसो दुर्गन्धो दुर्वासनेत्येतत् तन्मनःपूतिमुच्छिष्टोपहतमित्यनेन वक्ष्यमाणेन मन्त्रेण तत् तस्मिन् काले पावयेत् पवित्रयेत् एतन्मन्त्राभिमन्त्रिताम्नप्राशनेन प्राणाग्निहोत्रविधिना च शोधयेदित्यर्थः। "मन्त्रं पठति ० यदन्यत्" इति। अन्योच्छिष्टं स्वोच्छिष्टं चोच्छिष्टोच्छिष्टमुच्यते तेनोपहतं, यद्वा उच्छिष्टं च उच्छिष्टोपहतञ्चेत्युच्छिष्टोच्छिष्टोपहतमन्नं भोज्यं। पापेन पापात्मना पतितेन दत्तं यच्चान्नं, मृतसूतकाद्वा उपहतं मृतसूतकिस्पृष्टं तत्स्वामिकं वा यदन्नमित्यर्थः। वसोर्वसुनाम्नो देवस्य पवित्रं पावयितृ, अग्निर्वैश्वानरः सवितुश्च रश्मयो मम मङ्गोज्यं तदन्नं पुनन्तु पवित्रयन्तु यदन्यच्च मम दुष्कृतं पापाचरणं तच्च पुनन्त्वित्यर्थः। अनेन मन्त्रेण स्वभोज्यमन्नमभिमंत्र्य पश्चात् "अद्भिः ० दधाति" इति। पुरस्तात् प्राणाहुत्यारम्भात् पूर्वं याः स्मृतिप्राप्ता आपोऽशानाङ्गभूता आपस्ताभिः परिदधाति प्राणादित्यरूपस्य स्वात्मनः परिधानं वस्त्राच्छादनमिदं क्रियत इति तांश्चिन्तये-

त्यरिदधाति। प्राणाय स्वाहापानाय स्वाहा व्यानाय स्वाहा समानाय स्वाहोदानाय स्वाहेति पञ्चभिरभिजुहोति। अथावशिष्टं यतवागश्नात्यतोऽद्भिर्भूय एवोपरिष्टात्परिदधात्याचान्तो भूत्वात्मेज्यानः प्राणोऽग्निर्विश्वोऽसीति च द्वाभ्यामात्मानमभिध्यायेत्।

दित्यर्थः। अनन्तरकर्तव्यं प्राणाग्निहोत्रं मन्त्रविनियोगेन विधत्ते "प्राणाय ० अभिजुहोति" इति। प्राणाय स्वाहेत्यादिभिः पञ्चभिर्मन्त्रैर्यथापाठक्रमं भोज्यान्नरूपं सिद्धं द्रव्यमादायाभिमुखेनास्याग्नौ जुहोति जुहुयादित्यर्थः। "अथावशिष्टं ० अभिध्यायेत्" इति। अथ पञ्चप्राणाहुत्यनन्तरमवशिष्टं तृप्तिपर्यन्तमन्नं यतवाक् मौनी सन्नश्नाति यदवशिष्टमश्नाति तन्मौनी सन्निति मौनमत्र विधीयते नाशनं, तस्य निमित्तान्तरत एव प्राप्तत्वादित्यर्थः। अतोऽवशिष्टसर्वान्नभोजनानन्तरमद्भिरुत्तरापोऽशानाङ्गभूताभिर्भूय एव पुनरपि पूर्ववदुपरिष्टादुपरिभागे परिदधाति तास्वप्सूपरि परिधानदृष्टिं कुर्यादित्यर्थः। तथा च श्रुत्यन्तरं 'तस्माद्वा एतदशिष्यन्तः पुरस्ताच्चोपरिष्टाच्चाद्भिः परिदधति' (छान्दो० अ० ५) इति पश्चादुत्यायाऽऽचान्तो भूत्वा करमुखपादशुद्धिं विधाय विधिवदाचम्य शुद्धो भूत्वाऽऽत्मेज्यान आत्मानमीजान आत्मयजनं कुर्वन्नुपासक इति यावत् प्राणोऽग्निरित्यादिवक्ष्यमाणाभ्यां मन्त्राभ्यामात्मानमभिध्यायेत। मन्त्रद्वयं पठति "प्राणोऽग्निः परमात्मा वै

प्राणोऽग्निः परमात्मा वै पञ्चवायुः समाश्रितः। स प्रीतः प्रीणातु विश्वं विश्वभुक्। विश्वोऽसि वैश्वानरोऽसि विश्वं त्वया धार्यते जायमानं। विशन्तु त्वामाहुतयश्च सर्वाः

---

० अमृतोऽसीति" इति। पञ्चवायुः प्राणापानादिपञ्चवायुरूपः प्राणः प्रणेता शरीरेन्द्रियव्यापारयिता यः स परमात्मा वै परमात्मैव अग्निरन्नस्याता जाठरो देहं समाश्रित इति पूर्वार्द्धयोजना। यद्वा परमात्मैव देहं समाश्रितः सन् पञ्चवायुः प्राणोऽग्निश्च नान्य इति योजना। अहं वैश्वानरो भूत्वा प्राणिनां देहमाश्रितः। प्राणापानसमायुक्तः पचाम्यन्नं चतुर्विधमिति भगवत्स्मरणात्। स परमात्माऽत्ता प्रीतस्तृप्तः सन् विश्वं सर्वमेव भोक्तृवर्गं प्रीणातु प्रीणयतु यतः स विश्वभुक् विश्वं भुनक्ति पालयति इति विश्वभुगिति प्रथममन्त्रार्थः। हे प्राणाग्न्यात्मन् त्वं विश्वोऽसि सर्वोऽसि वैश्वानरो विश्वनरनयनादीश्वरस्त्वमसीत्यर्थः। कुतो विश्वात्मत्वं विश्वनियन्तृत्वं चेत्यत आह, विश्वं जायमानं त्वया धार्यते त्वमेव स्वात्मनो विश्वमुत्पाद्य पालयसि इत्यर्थः। सर्वा आहुतयः आ समन्ताद्धूयन्त इत्याहुतयो हवींषि सर्वाणि त्वां विशन्तु त्वय्याहिता भवन्तु। किञ्च तत्र सर्वाः प्रजाः यत्र त्वं विश्वामृतोऽसि विश्वममृतयसि जीवयसीति विश्वामृतस्त्वं यत्र तत्रैव सर्वाः प्रजाः त्वज्जीवना इत्यर्थः। इतिशब्दो मन्त्रसमाप्तिद्योतनार्थः। इदानीमेवंविधं विद्-

प्रजास्तत्र यत्र विश्वाम्रतोऽसीति। एवं न विधिना खल्वनेनात्तान्नत्वं पुनरुपैति ॥ ९ ॥

अथापरं वेदितव्यमुत्तरो विकारोऽस्यात्मयज्ञस्य यथान्नमन्नादश्चेत्यस्योपव्याख्यानं। पुरुषश्चेता प्रधानान्तःस्थः स एव भोक्ता प्राकृतमन्नं भुङ्क्ते इति।

भोजनं फलवचनेन प्रशंसति "एवं न विधिना ० पुनरुपैति" इति। एवमुक्तप्रकारेणानेन विधिनाऽत्ता विद्वान् पुनरन्नत्वं न खलूपैतीत्यन्वयः। स्वयं सर्वस्यात्ता भवति नान्येनाद्यत इत्यर्थः ॥ ९ ॥

पुनरस्यैव विदुषश्चिन्तनीयान्तरं विशेषमाख्यातुमारभते "अथापरं ० व्याख्यानं" इति। अथेत्यर्थान्तरोपक्रमार्थः। अपरं पूर्वोक्तात् कर्ममन्त्ररूपादन्यद्वेदितव्यं चिन्तयितव्यमस्तीत्यर्थः। किं तदित्युच्यते अस्यातायज्ञस्यात्मयजनरूपस्य भोजनस्य सम्बन्धी उत्तरो विकारो विकरणं श्रेष्ठं विभजनं। कोऽसौ यथान्नमन्नादश्च अदनीयमत्ता चेति विभजनं। कथमित्यत आह, तस्योपव्याख्यानमिति। तस्योत्तरविकारस्य स्पष्टव्याख्यानं क्रियत इति शेषः। वक्ष्यमाणविभागेनान्नमन्नादं चात्मानं चिन्तयेदिति तात्पर्यार्थः। तत्र किमन्नं किमन्नादमित्येतत् तावत्स्वरूपतो निर्दिशति "पुरुषश्चेता ० भुङ्क्ते इति" इति। प्रधानं प्रकृतिर्जगद्बीजमव्याकृतादिशब्दवाच्यं तस्यान्तर्मध्ये तद्व्याप्रदत्तेन स्थितो यश्चेता चेतनः पुरुषः स एव

तस्यायं भूतात्मा ह्यन्नमस्य कर्ता प्रधानः। तस्मात् त्रिगुणं भोज्यं भोक्ता पुरुषोऽन्तःस्थः। अत्र दृष्टं नाम प्रत्ययं। यस्माद्बीजसम्भवा हि पशवस्तस्माद्बीजं भोज्यमनेनैव प्रधानस्य भोज्यत्वं व्याख्यातं। तस्मा-

---

भोक्ता प्राकृतं प्रकृतिकार्यमन्नं भुङ्क्ते इत्यर्थात् प्रकृतितद्वि-कारावन्नमित्यन्नान्नादस्वरूपमुक्तमित्यर्थः। अर्थादुक्तमन्नस्वरूपं विभजते "तस्यायं भूतात्मा ० कर्ता प्रधानः" इति। तस्य पूर्वोक्तस्य भोक्तुरयं भूतात्मा साभासः कार्यकरणसङ्घात-रूपोऽन्नं भोज्यं हि प्रसिद्धं, अस्य भूतात्मनः कर्ता प्रधानः पूर्वोक्तः, सोऽपि भोज्य इत्यर्थः। उक्तार्थसारमुपसंहारव्याजे-नाह "तस्मात् त्रिगुणं ० पुरुषोऽन्तःस्थः" इति। त्रिगुणं प्रधान-तत्कार्यरूपं भोज्यं भोक्ता पुरुषः प्रधानान्तःस्थः सर्वचेत्यर्थः। उक्तव्यवस्थायां प्रमाणमाह "अत्र दृष्टं ० प्रत्ययं" इति। दृष्टं दर्शनं प्रत्यक्षं नाम प्रसिद्धं प्रत्ययं प्रमाणमत्र विद्यत इति शेषः। उक्तमर्थमुदाहरणेन बुद्धिमारोहयति "यस्माद्बीज-सम्भवा ० भोज्यत्वं व्याख्यातं" इति। पशवो हि गवाश्व-महिषपुरुषादयः कुटुम्बिकस्य भोज्यत्वेन प्रसिद्धा यस्माद्बीज-सम्भवाः स्वबीजभूतान्नरसपरिणामादिसम्भवास्तस्माद्बीजं भोज्यो-पादानत्वाद्भोज्यं प्रसिद्धमित्यर्थः। बीजस्य भोज्यत्वप्रदर्शनफल-माह, अनेनेति। कार्येषु भोज्यत्वस्य सिद्धत्वात् कारणस्यापि तत्सिद्धं कार्यकारणयोरभेदादित्यर्थः। प्रमाणेनोपपादित-

ऽोक्ता पुरुषो भोज्या प्रकृतिस्तत्स्थो भुङ्क्ते इति। प्राकृतमन्नं त्रिगुणभेदपरिणामत्वान्महदाद्यं विशेषान्तं लिङ्गं। अनेनैव चतुर्दशविधस्य मार्गस्य व्या-

---

मर्थमुपसंहरति "तस्माद्भोक्ता ० प्रकृतिस्तत्स्थो भुङ्क्ते इति" इति। व्याख्यातार्थोऽयं ग्रन्थः। एवं प्रकृतेर्भोज्यत्वं प्रसाध्य तत्कार्यस्य भोज्यत्वं प्रपञ्चयति "प्राकृतमन्नं ० विशेषान्तं लिङ्गं" इति। यत् प्राकृतं प्रकृतिप्रभवं कार्यरूपमन्नं तत् त्रिगुणभेदपरिणामत्वात् सत्त्वादिगुणविशेषपरिणामत्वान्महदाद्यं महान् प्रकृतेराद्यो विकारो ज्ञानक्रियाशक्तिसम्मूर्च्छितः स आद्यो यस्य तन्महदाद्यं। विशेषाः विकारशब्दवाच्याः पृथिव्यादिमहाभूतलक्षणा अस्मदादिप्रत्यक्षयोग्या अन्तो यस्य तद्विशेषान्तं। तत् कीदृशं, लिङ्गं लिङ्ग्यते ज्ञायते चेतनसद्भावोऽनेनेति व्युत्पत्तेः अचेतनं भोज्यमित्यर्थः। विषयाणां विशेषाविशेषरूपो विभागः साङ्ख्यैरुक्तः 'तन्मात्राण्यविशेषास्तेभ्यो भूतानि पञ्च पञ्चभ्यः। एते स्मृता विशेषाः शान्ता घोराश्च मूढाश्च' (सां०का०) इति। विशेषाविशेषरूपाणां विषयाणां भोज्यत्वं सामान्येनोक्तं प्रत्येकमिन्द्रियार्थेषु योजयति "अनेनैव चतुर्दश ० व्याख्या कृता भवति" इति। बाह्येन्द्रियप्रवृत्तिमार्गो दशविधोऽन्तःकरणवृत्तेश्चातुर्विध्यात्तस्याश्चतुर्विधो मार्ग इति चतुर्दशविधो मार्गस्तस्याऽपि भोज्यत्वेन व्याख्या कृता भवतीत्यर्थः। प्रतिपा-

ख्या कृता भवति। सुखदुःखमोहसंज्ञं ह्यन्नभूतमिदं जगत् नहि बीजस्य स्वादुपरिग्रहोऽस्तीति यावन्न प्रसूतिः। तस्याप्येवं तिस्रोऽवस्थास्त्वन्नत्वं भवति कौमारं यौवनं जरा परिणामत्वात् तदन्नत्वं। एवं प्रधानस्य व्यक्ततां गतस्योपलब्धिर्भवति तत्र बुद्ध्यादीनि

दितार्थं श्लोकेन संगृह्णाति "सुखदुःखमोहसञ्ज्ञं ० यावन्न प्रसूतिः" इति। सुखदुःखमोहकरत्वात् त्रिगुणात्मकमिदं जगत्सुखादिसञ्ज्ञितमन्नभूतं हि प्रसिद्धमित्यर्थः। बीजस्य यत्स्वादु स्वादनं तस्य परिग्रहस्तावन्न भवति यावत्कार्याकारेण न प्रसूतिः प्रसवः। तस्मात्कार्यं त्रिगुणात्मकं भोज्यं दृष्ट्वा कारणं प्रधानमपि त्रिगुणात्मकं भोज्यमनुमेयमित्यभिप्रायः। यदुक्तं पूर्वं प्रकृतिकार्यस्य भूतात्मनोऽन्नत्वं तस्याप्यवस्थावत्त्वात्परिणामित्वमस्तीति त्रिगुणात्मकत्वमन्नत्वञ्च सिद्धमित्याह "तस्याप्येवं ० जरा परिणामत्वात्तदन्नत्वं" इति। अवस्थात्रयमेव विभजते कौमारमित्यादिना। अवस्थात्रयस्य कार्यत्वं साधयति, परिणामत्वादिति। तदन्नत्वं तस्य भूतात्मनोऽन्नत्वं सिद्धमित्यर्थः। कार्यद्वारोक्तं प्रधानभोज्यत्वं प्रपञ्चयति "एवं प्रधानस्य ० प्रसिद्धं तस्य" इति। एवं वक्ष्यमाणेन प्रकारेण प्रधानस्य व्यक्ततां गतस्य कार्यतामापन्नस्योपलब्धिर्भवति, कथं तदाह तत्र व्यक्तेषु प्रधानकार्येषु यत्स्वादु स्वादन-

स्वादुनि भवन्त्यध्यवसायसङ्कल्पाभिमाना इत्यथेन्द्रियार्थान् पञ्च स्वादुनि भवन्त्येवं सर्वाणीन्द्रियकर्माणि प्राणकर्माण्येवं व्यक्तमन्नमव्यक्तमन्नमस्य निर्गुणो

मास्वादनं ग्रहणमिति यावत् तस्मिन् स्वादुनि तन्निमित्तं बुद्ध्यादीनि करणानि भवन्ति प्रवर्तन्ते, बुद्ध्यादिभिः प्रधानकार्यं गृह्यत इत्यर्थः। बुद्ध्यादिस्वरूपं मध्ये व्यपदिशति, अध्यवसाय इति। निश्चयात्मिका बुद्धिरध्यवसायः, सङ्कल्पनव्यापारवदन्तःकरणं मनः सङ्कल्पः, अहङ्कारात्मिकान्तःकरणवृत्तिरभिमान इत्येते बुद्ध्यादिशब्दार्था इत्यर्थः। अथ बुद्ध्याद्युद्भवे जाग्रदवस्थायामिति यावत् इन्द्रियार्थान् शब्दस्पर्शरूपरसगन्धाख्यान् विषयान् प्रति पञ्च ज्ञानेन्द्रियाणि श्रोत्रत्वक्चक्षुर्जिह्वाघ्राणाख्यानि पूर्ववत् स्वादुनि भवन्ति उक्तान् विषयान् स्वदयितुं करणानि भवन्तीत्यर्थः। उक्तमर्थं कर्मेन्द्रियेषु मुख्यप्राणे वाऽतिदिशति, एवमिति। सर्वाणि वाक्पाणिपादपायूपस्थाख्यानामिन्द्रियाणां कर्माणि प्राणस्य मुख्यस्य कर्माणि प्राणनापाननादीनि वचनादानगमनविसर्गानन्दान् शरीरचालनादीन् प्रति स्वादुनि भवन्तीति योजना। प्रपञ्चितमर्थमुपसंहरति, एवमिति। एवमुक्तप्रकारेण व्यक्तमन्नं सिद्धं, व्यक्तरूपान्नकारणत्वादव्यक्तस्य व्यक्तवदेवाव्यक्तमप्यन्नमनुमेयमित्यर्थः। अस्य व्यक्ताव्यक्तरूपस्यान्नस्य निर्गुणो भोक्ता

भोक्ता भोक्तृत्वाच्चैतन्यं प्रसिद्धं तस्य । यथाऽग्निर्वै देवानामन्नादः सोमोऽन्नमग्निनैवान्नमित्येवंवित्* सोम-

निर्विकार आत्मा भोक्तेत्यर्थः । अन्तःकरणगतचिदाभासाविवेकाद्भोक्तेव प्रतीयमानोऽपि न स्वभावतो भोक्ता कूटस्थ एव सदेति भावः । तस्यात्मनो भोक्तृत्वादचेतनस्य सर्वस्य कार्यकारणात्मकस्य व्यक्ताव्यक्तवाच्यस्य सन्निधिसत्तामात्रेण स्वचैतन्याभासेन व्याप्तत्वाच्चैतन्यं चेतनत्वं प्रसिद्धं प्रकर्षेण सिद्धं ज्ञातं भवतीत्यर्थः । इदानीमन्नाद्योरुक्तयोः प्रकृतिपुरुषयोः सोमत्वमग्नित्वं च ध्यायेदिति गुणान्तरमुपदिशति "यथाऽग्निर्वै ० आत्मयाजी चेति" इति । देवानां मध्येऽग्निरन्नादोऽन्नस्यात्ता वै प्रसिद्धो यथा तथा सोमोऽन्नमदनीयं प्रसिद्ध इति योजना । तथा च श्रुत्यन्तरं 'अथ यत्किञ्चेदमार्द्रं तद्रेतसोऽसृजत तदु सोम एतावद्वा इदं सर्वमन्नं चैवान्नादश्च सोम एवान्नमग्निरन्नादः' (बृहदा० अ० ३) इति । तथा चैवंवित् यदा यद्येनाद्यते सोऽग्निर्यदद्यते स सोम †एवेत्यन्नान्नरूपमग्नीषोमात्मकं जगदित्येवंविदग्निनैवाग्न्यात्मनैव सोमरूपमन्नमत्ति, अतोऽन्नदोषैरग्निवन्न लिप्यत इत्यभिप्रायः । अन्नमित्येवमितिपाठः प्रामादिकः । यद्ययं पाठः सत्यस्तदेत्थं योजना । अग्निरन्नादः सोमोऽन्नमिति यथा प्रसिद्धं श्रुत्यन्तरे तथैवाऽग्निनैव सोम-

* अन्नमत्त्येवंविदिति टीकायां सम्मतः पाठः ।

† एवेत्यन्नान्नरूपमिति समीचीनः पाठः ।

संज्ञोऽयं भूतात्माऽग्निसंज्ञोऽप्यव्यक्तमुखा इति वचना-त्पुरुषो ह्यव्यक्तमुखेन त्रिगुणं भुङ्क्ता इति यो हैवं वेद सन्न्यासी योगी चात्मयाजी चेत्यथ यद्वन्न कश्चिच्छून्या-

---

रूपमन्नमद्यते न मर्त्येत्येवंविदन्नदोषैर्न लिप्यत इति। आधि-भौतिकान्नान्नादयोरुक्तं विशेषमाध्यात्मिकयोरपि तयोर्दर्शय-ति, सोमेति। अयं भूतात्मा प्राकृतः केवलः सोमसंज्ञोऽन्नमि-त्यर्थः, अव्यक्तं प्रधानं मुखं भोक्तृत्वादिप्रवृत्तिद्वारं यस्य स चिदात्माऽव्यक्तमुखस्तेन व्याप्तत्वाद्भूतात्माप्यव्यक्तमुखः सन्नग्नि-संज्ञोऽपि भवति। तथा चायमर्थः, चिदाभासव्याप्ततया चि-दात्माभेदेनाव्यक्तमुखतया बाह्यविषयभोक्तृत्वेनाग्निसञ्ज्ञोऽप्य-यं भूतात्मा चिदात्मापेक्षया सोमसंज्ञोऽन्नमेवेति प्रकृत्यनु-गतश्चिदात्माऽत्ताग्निः प्राकृतो भूतसङ्घातोऽन्नमिति चिन्तये-दिति। एवमुक्तविभागे प्रमाणमाह, वचनात्पुरुष इति। भुङ्क्त इति वचनादित्यन्वयः। एवमन्नान्नादविदं प्रशंसन्नस्मिन् दर्शने पुंसः प्रवृत्तिमुपनयति, यो हैवमिति। यो ह कश्चिदेव-मुक्तप्रकारेणान्नान्नादविभागं वेद, स इत्यध्याहार्यं, स सन्न्यासी अकर्त्रात्मदर्शी, न केवलं कर्मत्यागी सन्न्यासी किन्त्वयमेवेति विद्या स्तूयते, योगी चाष्टाङ्गयोगनिरतोऽप्ययमेव, न केवलं गुहासु निविष्टः, आत्मयाजी आत्मसंस्कारार्थं यो यजते स आत्मयाजी, तथा च शातपथी श्रुतिः 'स ह वा आत्मयाजी यो वेदेदं मेऽनेनाङ्गं संस्क्रियत इदं मेऽनेनाङ्गमुपधीयते' इति।

गारे कामिन्यः प्रविष्टाः स्पृशन्तीन्द्रियार्थांस्तद्वद्यो न स्पृशति प्रविष्टान् सन्न्यासी योगी चात्मयाजी चेति॥ ॥ १० ॥

परं वा एतदात्मनो रूपं यदन्नमन्नमयो ह्ययं प्राणोऽथ न यद्यश्नात्यमन्ताऽश्रोताऽस्पृष्टाऽद्रष्टाऽवक्ताऽघ्राता-

---

आत्मयाजी चायमेव न यज्ञमात्रनिरत इत्यर्थः। के वा सन्न्यासी योगी चात्मयाजी चेति प्रसिद्धा यदात्मनायं विद्वान् स्तूयत इत्यपेक्षायां तत्स्वरूपमाह, अथ यद्वदिति। अथेदं निदर्शनमुच्यते। शून्यागारे जनशून्यान्तर्भागे प्रविष्टाः कामिन्यः कामिनीः कामातुराः स्त्रीः कश्चिदतिधीरो न स्पृशति यद्वत् किन्तु ताः परिहरत्येव तद्वद्यो विद्वानिन्द्रियार्थान् प्रविष्टान् दैवादागत्योपस्थितान्न स्पृशति अनुरागेण न स्वीकरोति स एव सन्न्यासी योगी चात्मयाजी चेति व्याख्यातं। इति शब्दः प्रदर्शनार्थः। विषयनिस्पृहाः सन्न्यास्यादिशब्दवाच्या इत्यर्थः ॥ १० ॥

तदेवं दशभिरनुवाकैरध्यात्ममधिदैवञ्च प्राणादित्योपाधिद्वाराऽऽत्मोपासनं सेतिकर्तव्यताक्रममुक्तिफलमुपदिश्य तत्परिसमाप्येदानीं पूर्वप्रकृतस्यैव प्रत्यग्ब्रह्मणश्चिदात्मनोऽभ्युदयफलकमनेकविधमुपासनभेदं वक्तुं प्रकरणान्तरं प्रवर्तते। तत्रान्नाधीनत्वात् सर्वप्राणिस्थितेर्ब्रह्मदृष्ट्यान्नोपासनं विधातुं तन्महिमानमाह "परं वा ० यन्त्यन्ततः" इति। परमुत्कृष्टं वै

ऽरसयिता भवति प्राणांश्चोत्सृजतीत्येवं ह्याहाथ यदि खल्वश्नाति प्राणसमृद्धो भूत्वा मन्ता भवति श्रोता भवति स्प्रष्टा भवति वक्ता भवति रसयिता भवति घ्राता भवति द्रष्टा भवतीत्येवं ह्याह अन्नाद्वै

प्रसिद्धमेतद्वक्ष्यमाणमात्मनः परमात्मनो रूपं मूर्तिविशेषः। किं तद्यदन्नं सर्वप्राणिजीवनं प्रसिद्धमोदनादिरूपं। कथमस्य परत्वं, हि यस्मादयं प्राणो मुख्यप्राणप्रधानोऽयं सङ्घातोऽन्नमयोऽन्नजीवन इति यावत्। एतदेवान्वयव्यतिरेकाभ्यामुपपादयति। अथैतत्प्रपद्यते, यद्ययं नाश्नाति नान्नमुपजीवति तदा अमन्ता मननासमर्थो भवतीत्यन्वयः। एवमश्रोता भवतीत्यादि योज्यं। न केवलं मननाद्यशक्तिमात्रमेवानश्नतः किन्तु जीवनमपि दुर्लभमित्याह, प्राणांश्चोत्सृजति परित्यजति म्रियत इत्येवं ह्याह श्रुतिः। तथा च छान्दोग्ये (अ॰ ७) 'अन्नं वाव बलाद्भूयस्तस्माद्यद्यपि दश रात्रीर्नाश्नीयाद्यद्यु ह जीवेदथवाऽद्रष्टाऽश्रोता' इत्याद्यन्नाभावे शक्तिजीवनयोरभाव इति व्यतिरेकमुक्त्वा तत्रैवान्वयमाह, अथेति। यदि अश्नाति तदा खलु प्राणसमृद्धः प्राणेन बलेन समृद्ध उपचितो भूत्वा मन्ता भवतीत्यादि स्पष्टं। अत्रैव श्रुत्यन्तरमुदाहरति, एवं ह्याहेति। अन्नाद्रेतोबीजरूपपरिणताद्वै प्रजाः स्थावरजङ्गमात्मिकाः प्रजायन्ते उत्पद्यन्ते याः काश्चिदविशेषिताः पृथिवीश्रिताः पृथिवीमाश्रिता अत

प्रजाः प्रजायन्ते याः काश्चित् पृथिवीश्रिताः अतोऽन्ने-नैव जीवन्त्यथैतदपि यन्त्यन्ततः ॥ ११ ॥

अथान्यत्राप्युक्तं सर्वाणि ह वा इमानि भूतान्यह-रहः प्रपतन्त्यन्नमभिजिघृक्षमाणानि सूर्यो रश्मिभिरा-

---

उत्पत्त्यनन्तरमप्यन्नेनैव स्वस्वजात्युचितेनादनीयेनैव जीवन्ति प्राणान् धारयन्ति। अथ जीवितचये अन्ततोऽन्ते शरीरा-वसानेऽप्येतदन्नमेवापि यन्ति अन्नात्मिकायां पृथिव्यां लीयन्त इत्यर्थः ॥ ११ ॥

पुनरप्यन्नस्तुतिं करोति तस्य वक्ष्यमाणात्मदृष्ट्यर्हत्वाय "अथान्यत्राप्युक्तं ० ब्रह्मणा" इति। ह वै इति प्रसिद्धार्थौ नि-पातौ। सर्वाणीमानि भूतानि पशुपक्ष्यादिपिपीलिकान्तानि अन्नमभिजिघृक्षमाणानि अहरहर्नित्यं प्रपतन्तीतस्ततः परि-भ्रमन्तीति प्रसिद्धमेतदित्यर्थः। किञ्च सूर्योऽपि रश्मिभिः किरणैरन्नं भौमं रसरूपमाददाति स्वीकरोति, तेनान्नादा-नेनासौ सूर्यस्तपति समिद्धो भवतीत्यर्थः। तथा च श्रुत्यन्तरं 'सूर्यो मरीचिमादत्ते सर्वस्माद्भुवनादधि' इति। मरीचिं मरी-चिग्रस्तमुदकमित्यर्थः। इमे प्राणा मुख्यप्राणसहिता वागादयः प्राणाः अन्नेनाभिषिक्ताः संक्लिन्नाः सन्तर्पिताः सन्तः पचन्ति वर्णव्यत्ययेन पतन्ति स्वस्वव्यापारं कुर्वन्तीत्यर्थः। यद्वा पचन्ति भोक्तुर्विषयानुपनयन्तीत्यर्थः। तथाऽग्निर्वा अन्नेन समि-

ददात्यन्नं तेनासौ तपत्यन्नेनाभिषिक्ताः पचन्तीमे प्राणा अग्निर्वा अन्नेनोज्ज्वलत्यन्नकामेनेदं प्रकल्पितं ब्रह्मणा। अतोऽन्नमात्मेत्युपासीतेत्येवं ह्याह। अन्नाद्भूतानि जायन्त जातान्यन्नेन वर्धन्ते अद्यतेऽत्ति च भूतानि तस्मादन्नं तदुच्यते ॥ १२ ॥

अथान्यत्राप्युक्तं विश्वभृद्वै नामैषा तनूर्भगवतो वि-

दाज्यादिनाऽभिज्वलति दीप्यते। एवं देवतानामप्युपजीव्यमिदमन्नमन्नकामेन ब्रह्मणा प्रजापतिना प्रकल्पितमुत्पादितमित्यर्थः। यदर्थमेवमन्नं स्तुतं तदिदानीमुपासनं विदधाति "अतोऽन्नं ० ह्याह" इति। यत एवम्भूतमिदमन्नमतोऽन्नमात्मेत्युपासीत ध्यायेदित्यर्थः। अत्र ब्रह्मदृष्टिरुत्कर्षादिति न्यायेनान्ने आत्मदृष्टिर्विधीयते, न चात्राहंग्रहोऽस्ति 'न प्रतीके हि सः' (ब्रह्मसू० अ० ४।पा०१।सू० ४।) इति सूत्रे प्रतीकेष्वहंग्रहस्यापोदितत्वादिति द्रष्टव्यं। एवं ह्याहेत्युदाहरति शाखान्तरीयं मन्त्रमन्नस्यात्ममाम्यद्योतनेन तत्प्रतीकत्वं द्रढयितुं "अन्नाद्भूतानि ० तदुच्यते" इति भूतोत्पत्त्यादिनिमित्तत्वमात्मसाम्यमत्रोक्तं। अक्षरार्थः स्पष्टः ॥ १२ ॥

इदानीमन्ने पूर्वोक्ते विश्वभृत्त्वं गुणं प्रक्षिप्य विष्णुशरीरदृष्ट्योपासनान्तरमुपदिशति "अथान्यत्राप्युक्तं ० भिषक् स्मृतं" इति। विश्वभृत्त्वमन्नस्य साधयति, प्राणो वा इत्यादिना।

ष्णोर्यदिदमन्नं प्राणो वा अन्नस्य रसो मनः प्राणस्य विज्ञानं मनस आनन्दं विज्ञानस्येत्यन्नवान् प्राणवान् मनस्वान् विज्ञानवानानन्दवांश्च भवति यो हैवं वेद यावन्तीह वै भूतान्यन्नमदन्ति तावत्स्वन्तःस्थोऽन्नमत्ति यो हैवं वेद। अन्नमेव विजरन्नमन्नं संवननं

रसः सारः कार्यमित्यर्थः। प्राणे स्थिरे सति मनस उपचयान्मनः प्राणस्य च रसः। मनसो विवेकसामर्थ्ये सति विज्ञानोत्पत्तेर्विज्ञानं मनसो रसः, विषयाध्यवसाये सत्यानन्दोदयाद्विज्ञानस्यानन्दो रस इति यो हैवं वेदेति सम्बन्धः। *सो भवान् प्राणवानित्यादिफलवचनं। दृष्टं फलमुक्त्वाऽदृष्टं च फलमाह, यावन्तीहेति। यावन्तीह लोके भूतान्यन्नमदन्ति भक्षयन्ति तावत्सु सर्वेषु तेषु भूतात्मा सन्नन्तःस्थो भूतान्तःस्थोऽन्नमत्त्युपासकः। †तावत्स्वन्तदस्य इति पाठे तेषु भूतेष्वस्थितस्तेष्वभिमानशून्यः सन्नन्नमत्तीत्यर्थः। कः, यो हैवं विश्वसृड्गुणं विष्णुतनुमन्नं वेदोपास्ते इत्यर्थः। उक्तमुपास्यमन्नं विष्णुतनुत्वदृष्ट्यर्हत्वाय स्तुत्यर्थं श्लोकमुदाहरति, अन्नमेवेति। अन्नमेव विजरत् विजरत्वं नयतीति विजरन्नं विजरमेव वा विजरन्नं। तथा च श्रुत्यन्तरं अन्नं ब्रह्माणोऽजरं वदन्तीति। तथा अन्नं संवननं सम्भजनीयं स्मृतं ज्ञातं। अन्नं बहु कुर्वीत तद्व्रतमिति

---

* सोऽन्नवान् इति समीचीनः पाठः।

† तावत्स्वन्तरस्य इति भवितुमर्हति।

स्मृतं। अन्नं पशूनां प्राणोऽन्नं ज्येष्ठमन्नं भिषक् स्मृतं
॥ १३ ॥

अथान्यत्राप्युक्तमन्नं वा अस्य सर्वस्य योनिः का-

श्रुत्यन्तरात्। अन्नं पशूनां प्राणिनां प्राणः, अन्नात् प्राणा भवन्तीति श्रुतेः। अन्नं ज्येष्ठं प्रथमजं रसाद्यपेक्षया पूर्वसिद्धत्वात्। अन्नं हि भूतानां ज्येष्ठमिति श्रुत्यन्तरात्। अन्नं भिषक् भेषजं क्षुद्व्याधिनिवर्तकं स्मृतं, तस्मात् सर्वौषधमुच्यत इत्यन्नं प्रकृत्य श्रवणादिति श्लोकार्थः ॥ १३ ॥

पुनरस्यैवात्मनः कालात्मकादित्ये दृष्टिं विधातुमुत्तरमनुवाकत्रयं प्रवर्तते, तत्रान्नस्य कालाधीनत्वात् कालस्य चादित्याधीनत्वादन्नोपासनानन्तरं कालादित्योपासनविधानमिति संगतिं विवक्षन् कालात्मानं स्तौति "अथान्यत्राप्युक्तमन्नं ० इत्येवं ह्याह" इति। अथेत्युपासनान्तरोपक्रमार्थः। अन्यत्रापि कालविषये इदमुक्तं, अन्यत्राप्युक्तमिति वा। अन्नं वै प्रसिद्धमस्य प्राणिजातस्य सर्वस्याशेषस्य योनिः कारणं, कालश्चान्नस्य योनिरित्यनुवर्तते, कालेन ह्यन्नं प्रसूयते, सूर्यः सविता कालस्य योनिः, तस्य हि कालनिर्मातृत्वं प्रसिद्धं। तत्र कालस्वरूपतत्प्रमाणयोरभावात्कथं कालोऽन्नस्य योनिरित्यत आह, तस्यैतदित्यादिना। तस्य कालस्यैतद्रूपं रूप्यत इति रूपं स्वरूपं, किं तत् यन्निमेषादेर्निमेषकलाकाष्ठाद्यवयवप्रचयात् संभृतं

तस्मान्नस्य सूर्यो योनिः कालस्य तस्यैतद्रूपं यन्नि-
मेषादिकालात् सम्भूतं द्वादशात्मकं वत्सरमेतस्याग्ने-
यमर्द्धमर्द्धं वारुणं मघाद्यं श्रविष्ठार्द्धमाग्नेयं क्रमेणा-

---

घटितं द्वादशमासात्मकत्वात् द्वादशात्मकं वत्सरं संवत्सररूप-
मस्ति, एतत् तस्य रूपमिति सम्बन्धः। तथा चोक्तं श्रीभागवते
'योऽयं कालस्तस्य तेऽव्यक्तबन्धोश्चेष्टामाहुश्चेष्टते येन विश्वं।
निमेषादिर्वत्सरान्तो महीयांस्तं त्वेशानं क्षेमधाम प्रपद्ये' इति।
निमेषादिसंवत्सरान्तव्यवहाराश्रयः काल इति कालस्वरूप-
मुक्तं भवति। इदानीमुक्तलक्षणः संवत्सराख्यः कालस्तदवय-
वैरेव प्रमेय इति विवक्षंस्तावत्कालावयवान् स्थूलतमादिक्र-
मेण व्युत्पादयति, एतस्येत्यादिना। एतस्य संवत्सरात्मनः का-
लस्य द्वादश मासाः संवत्सर इति श्रुतेर्द्वादशमासात्मकस्या-
र्द्धमुत्तरायणषण्मासरूपमाग्नेयमग्निदेवत्यमौष्ण्यप्रधानत्वादस्य
षण्मासस्य। अर्द्धं वारुणं वरुणदेवत्यं दक्षिणायनषण्मासरूपं
जलप्रधानत्वादस्य षण्मासस्येत्यर्थः। तथा च तापोदकयोः
कार्ययोः पर्यायेण नियतप्रवृत्त्यन्यथानुपपत्त्या यस्तद्धेतुभूतो-
ऽर्थः कल्प्यते स काल उभयायनानुगतः संवत्सरात्मा सिद्ध
इत्यर्थः। इदानीमयनावयवभूतान् मासान् व्युत्पादयिष्यंस्तद्-
पोद्घाततया नाक्षत्रमयनद्वयं प्रकल्प्य तद्द्वारा कालसद्भावकल्प-
नामाह, मघाद्यमिति। मघानक्षत्रमारभ्य श्रविष्ठाख्यनक्षत्र-

त्क्रमेण सार्पाद्यं श्रविष्ठार्द्धान्तं सौम्यं तत्रैकैकमात्मनो नवांशकं सचारकविधं सौक्ष्म्यत्वादेतत्प्रमाणमनेनैव प्रमीयते हि कालो न विना प्रमाणेन प्रमेयस्योप-

---

स्यार्द्धमर्द्धावमानं यावत् सविता क्रमेण नीचैः क्रमणेन खचारगत्या भुङ्क्ते तावदाग्नेयमग्निदेवत्यं, तत्र हि कालेऽग्निर्देव इव शीतार्त्तैर्मनुष्यैरुपास्यते। तथा सार्पाद्यं सर्पदेवत्यमश्लेषानक्षत्रं सार्पं, तत्प्रभृतिश्रविष्ठोत्तरार्द्धान्तं यावत् सविता उत्क्रमेणोर्द्धमार्गक्रमणेन खचारगत्या भुङ्क्ते तावत् सौम्यं सोमदेवत्यं तस्मिन् हि काले चन्द्रस्तापार्त्तैर्मनुष्यैर्देव इवोपास्यत इति। अत्र श्रविष्ठार्द्धाद्यं सार्पान्तमिति यद्यपि वक्तुमुचितं तथापि यथा विभक्तयोः समययोः स्वभाववैलक्षण्यस्पष्टीकरणार्थं सार्पाद्यमित्युक्तं श्रविष्ठायां सवितरि वर्तमाने शीतानुवृत्तेस्तदाद्यग्रहणे हि न स्पष्टः स्वभावभेदो निर्दिष्टः स्यादितरत्र तु स्पष्टस्तत्र तापप्राचुर्ये विवादाभावात्, तथा च स्वभावभेदप्रकटीकरणायाऽऽर्ष एव क्रमो विवक्षितो न नक्षत्रपाठक्रम इति भावः। अत्रापि शीतोष्णयोर्नियतप्रवृत्तिहेतुकालकल्पना पूर्ववत् द्रष्टव्या। इदानीमुक्तैः सप्तविंशतिनक्षत्रैर्द्वादशराश्यवच्छेदेन मासकॢप्तिमाह, तत्रेति। तत्र तेषु नक्षत्रेषु नव अंशा यस्मिंस्तन्नवांशकं, यदेकैकं नवांशकं तदात्मनः संवत्सरात्मन एकैकोऽवयव इति योज्यं। अंशः पादः नवांशा नव पादाः सपा-

लब्धिः प्रमेयोऽपि प्रमाणतां पृथक्त्वादुपैत्यात्मसम्बोधनार्थमित्येवं ह्याह। यावत्यो वै कालस्य कलास्तावतीषु चरत्यसौ यः कालं ब्रह्मेत्युपासीत कालस्तस्यातिदूरमपसरतीत्येवं ह्याह।

दनक्षत्रद्वयावच्छिन्न एको राशिः सूर्यगत्यनुसारेणैको मासः संवत्सरात्मनः कालस्यैकोऽवयव इत्युक्तं भवति। तथा च तत्तन्मासस्वभावभेदनियमेनापि कालकल्पनमुन्नेयं। एतत्सर्वं सचारकविधं, चारस्सङ्क्रमणं नक्षत्रादिषु परिभ्रमणं, तत्र विधा प्रकारः, तया विधया सहितं सचारकविधं। एतच्च ज्योतिःशास्त्रात् कलादिकालावयवगणनया सूर्यचारमालोच्य सर्वमवधेयमिति तात्पर्यार्थः। उक्तैरेवावयवैः कालोऽनुमेय इत्यत्र हेतुमाह सौक्ष्म्यत्वादिति सूक्ष्मत्वादित्यर्थः। इन्द्रियागोचरत्वात् कालस्यैतत् पूर्वोक्तमयनादिरूपं प्रमाणं कालास्तित्वे, तत्रानुभवं संवादयति, अनेनैव हि पूर्वोक्तप्रकारेण कालः प्रमीयते सम्यगवधार्यते न प्रत्यक्षादिनेत्यर्थः। किमेवं प्रमाणोपन्यासेनास्ति चेत् कालः स्वयमेव दृश्यतेति मन्दाशङ्कायामाह नेति, अनादिमायावच्छिन्नचिद्विलासरूपस्य कालस्य जडत्वात् प्रमेयान्तरवन्मानाधीनसिद्धिकत्वमित्यर्थः। यदि कालस्य प्रमेयत्वं तर्हि निमेषादीनामपि कालावयवानां कालत्वाविशेषादभेदे सति कथं कालेन कालप्रमेत्यत आह

कालात् स्रवन्ति भूतानि कालाद्वृद्धिं प्रयान्ति च।
काले चास्तं नियच्छन्ति कालो मूर्तिरमूर्तिमान्॥ १४॥

द्वे वाव ब्रह्मणो रूपे कालश्चाकालश्चाथ यः प्रागादित्यात् सोऽकालोऽकलोऽथ य आदित्याद्यः स कालः

प्रमेयोऽप्येति। पृथक्त्वादवयवावयविभावेन भेदात् प्रमेयोऽपि प्रमाणत्वमुपैति प्राप्नोति, किमर्थं, आत्मनः स्वस्य सम्यग्बोधनार्थमवधारणार्थं दीपप्रकाशेन दीपानुमानवदित्यर्थः। एवं ह्याह, एवंविधः कालः सूर्याधीन इत्यत्रोदाहरणमाहेत्यर्थः। "यावत्यो वै ० अमूर्तिमान्" इति। यावत्यो वै प्रसिद्धाः कालस्य कला अंशास्तावतीष्वसौ सविता चरति तत्प्रवर्तकत्वेन विचरति ताः सम्पादयतीत्यर्थः। अतो यः कालं कलयितारं कालरूपमादित्यं ब्रह्मेत्युपासीत तस्योपासकस्यातिदूरं कालोऽपसरति सकृन्मृत्वा पुनर्मरणाय न जायते कालव्याप्यो न भवतीत्यर्थः। तत्र कालस्य ब्रह्मदृष्ट्यर्हत्वाय पुनरुदाहरणमेवं ह्याह कालात् स्रवन्तीत्यादि, पादत्रयं स्पष्टार्थं। कालो मूर्तिर्मूर्तिमानादित्यरूपेण, अमूर्तिमांश्च निमेषादिसंवत्सरान्तेन रूपेणेति चतुर्थपादार्थः॥ १४॥

कालनिर्वर्तकत्वादादित्यः कालात्मको ब्रह्मदृष्ट्योपास्य इत्युक्तं, तत्र किं ब्रह्म निमेषादिकालेषु किमात्मकश्चादित्यो ब्रह्मदृष्ट्योपास्य इति वीचायामाह "द्वे वाव ० स वेदवित्"

सकलः सकलस्य वा एतद्रूपं यत् संवत्सरः संवत्सरात् खल्वेवेमाः प्रजाः प्रजायन्ते संवत्सरेणेह वै जाता विवर्धन्ते संवत्सरे प्रलयन्तं यन्ति तस्मात् संवत्सरो वै प्रजापतिः कालोऽन्नं ब्रह्मनीडमात्मा चेत्येवं ह्याह।

कालः पचति भूतानि सर्वाण्येव महात्मनि।
यस्मिंस्तु पच्यते कालो यस्तं वेद स वेदवित्॥१५॥

इति। प्रायः स्पष्टार्थोऽयमनुवाकः। प्रागादित्यादिति आदित्योत्पत्तेः प्राग् यद्ब्रह्मणो रूपं सोऽकालः, स न कस्यापि कलयिता यतोऽकलः कलारहित इत्यर्थः। अथ य आदित्याद्य आदित्य आद्यः प्रवर्तको यस्य स तथा, स कालः सकलः कलाभिः सहित इत्यर्थः। सकलस्य वै इति, संवत्सरः सकलस्य कालस्य स्वरूपं। तस्योपास्यत्वाय ब्रह्मसाम्यमाह संवत्सरादिति। यस्मादेवं संवत्सरः सर्वकारणं तस्मात् संवत्सरो वै प्रसिद्धः प्रजापतिर्हिरण्यगर्भः सूर्यात्मा स कालः, सोऽन्नमन्नहेतुत्वात्, ब्रह्मणो नीडमालम्बनं ब्रह्मदृष्टियोग्य प्रतीकमित्यर्थः। आत्मा च प्राणिनां 'सूर्य आत्मा' इति मन्त्रवर्णात्। एवं ह्याह महात्माभावात्मेति महात्मा अकालात्मक ईश्वरः, तस्मिन्महात्मनि सर्वाण्येव भूतानि कालः पचति जरयति परमात्मन्यधिष्ठाने तदायत्तः कालो भूतानि पचन् परिवर्तत इत्यर्थः। तथा च श्रुत्यन्तरं 'एतस्य वा अक्षरस्य प्रशासने गार्गि निमेषा मुहूर्ता

विग्रहवानेष कालः सिन्धुराजः प्रजानां। एष तत्स्थः सविताख्यो यस्मादेवेमे चन्द्रर्क्षग्रहसंवत्सरादयः सूयन्तेऽथैभ्यः सर्वमिदमत्र वा यत्किञ्चित् शुभाशुभं *दृश्यन्तेह लोके तदेतेभ्यस्तस्मादादित्यात्मा ब्रह्माथ

अहोरात्राण्यर्धमासा मासा ऋतवः संवत्सरा इति विधृतास्तिष्ठन्ति' (बृहदा०अ०५।ब्रा०८) इति। यस्मिंस्तु कालात्मा सविता पच्यते लीयते तं यो वेद स वेदरहस्यविदित्यर्थः॥ १५॥

पुनरपि सकलं कालं स्तौति "विग्रहवानेष ० भाति मण्डले" इति। विग्रहवान् मूर्तिमानेष कालः पूर्वोक्तः प्रजानां सिन्धुराजः समुद्रः समुद्रवत् दुस्तर इति यावत्, एष सविताख्यो यस्मात् तत्स्थस्तस्मिन् काले निमित्ततया स्थितः। कोऽसौ सविताख्यः, यस्मादेव सवितुरिमे चन्द्रादयः सूयन्ते अभिषूयन्ते आप्यायन्ते स्वतेजःप्रवेशजेनेत्यर्थः। अथ प्रसिद्धमेभ्यश्चन्द्रादिभ्यः सर्वमिदं किं, यत्किञ्चित् शुभाशुभमिह लोके दृश्यते सुखदुःखादीत्यर्थः। तदेतेभ्यः आदित्यादिग्रहेभ्यो निमित्तभूतेभ्य इत्यर्थः। यस्मादेवमादित्यनिमित्ता जगत्स्थितिस्तस्मादादित्यात्मा ब्रह्म। यत एवम्प्रभाव आदित्योऽथ तस्मात् कालसञ्ज्ञमादित्यमुपासीतेत्येतद्विधिवाक्यं, कालसञ्ज्ञमादित्यं ब्रह्मेत्युपासीतेत्यर्थः। एके शाखिनः कालसञ्ज्ञालक्षणं गुणमनादृत्यादित्यो ब्रह्मेत्यादित्योपासनं ब्रह्मदृष्ट्या वि-

---

* उभयपुस्तक एष मूलपाठः।

कालसञ्ज्ञमादित्यमुपासीतादित्यो ब्रह्मेत्येकेऽथ एवं ह्याह।

होता भोक्ता हविर्मन्त्रो यज्ञो विष्णुः प्रजापतिः।
सर्वः कश्चित् प्रभुःसाक्षी योऽमुष्मिन् भाति मण्डले॥१६॥

ब्रह्म ह वा इदमग्र आसीदेकोऽनन्तः प्रागनन्तो दक्षिणतोऽनन्तः प्रतीच्यनन्त उदीच्यनन्त ऊर्द्ध्वञ्चा-

---

दधति, आदित्यो ब्रह्मेत्यादेश इत्यन्वेत्यर्थः। सर्वथाप्यादित्यो ब्रह्मेत्येवं ह्याह मन्त्रः। होता हविषः प्रक्षेप्ता यजमान ऋत्विग् वा, भोक्ता हविषः स्वीकर्ता देवताविशेषः, हविस्सर्वादिद्रव्यं, मन्त्रस्तत्प्रक्षेपसाधनत्वेन विहितः, एतैः सर्वैः साध्यो यो यज्ञः स को विष्णुः, यज्ञो वै विष्णुरिति श्रुतेः। प्रजापतिः प्रजानां पालयिता ईश्वरः कर्मफलदाता, एवंविधो यो जगद्धेतुकलापः स सर्व एष एवेत्यध्याहारः, कः योऽमुष्मिन् दूरस्थे मण्डले भाति प्रकाशते, किंलक्षणः कश्चिदेकः यः कश्चिदिति वा सम्बन्धः, प्रभुः स्वतन्त्र ईश्वरः, साक्षी साक्षात् सर्वद्रष्टेत्यर्थः॥१६॥

इदानीमादित्यप्रतीकोपासनप्रसङ्गेनादित्यान्तर्यामिणो ब्रह्मण उपासनाविशेषं विधित्सन्नाह "ब्रह्म ह वा ० य एवं वेद" इति। ब्रह्म ह परमात्मा वै एव इदं कालसूर्याग्न्यादिकं जगदग्रे सृष्टेः पूर्वमासीत् ब्रह्मणोऽविभक्तमेव सर्वं वटबीज इव महान् वट आसीदित्यर्थः। अत एव स परमात्मैकः

ऽवाङ् च सर्वतोऽनन्तो न ह्यस्य प्राच्यादिदिशः कल्पन्तेऽथ तिर्यग्वाङ् चोर्ध्वं वानूह्य एष परमात्माऽपरिमितोऽजोऽतर्क्योऽचिन्त्य एष आकाशात्मैवैष कृत्स्न-

---

सजातीयविजातीयवस्त्वन्तरशून्यः तर्हि किं वटबीजवत्सूक्ष्मो नेत्याहानन्तोऽपरिच्छिन्नो देशतः कालतो वस्तुतश्चासङ्कुचित इत्यर्थः। उक्तमानन्त्यमुपपादयति प्रागनन्त इत्यादिना, प्राच्यादिषु दशस्वपि दिक्षु परिच्छेदरहितत्वात् सर्वतोऽनन्त इत्यर्थः। तर्हि यासु दिक्ष्वस्यापरिच्छेदस्ता दिशोऽन्याः सन्तीति तत एव वस्तुपरिच्छेदोऽस्य स्यादिति कुतो निरङ्कुशमानन्त्यमित्यत आह, न ह्यस्येति। अस्याश्रयतया प्राच्यादिदिशो न हि कल्पन्ते न वस्तुतः सन्तीत्यर्थः। अथ तथा तिर्यङ् वाऽवाङ् चोर्ध्वं वा दिग्भेदोऽस्य न कल्प्यत इत्यर्थः। देशो वा देशसम्बन्धि वा वस्तु किमप्यस्य परिच्छेदकं नास्तीत्यभिप्रायः। यतोऽनूह्य एष परमात्मा न केनाप्यूह्यते धार्यत इत्यनूह्यो न क्वचिदाश्रित इत्यर्थः। तथा च श्रुत्यन्तरं 'स भगवः कस्मिन् प्रतिष्ठित इति स्वे महिम्नि' (छां॰ उ॰) इति। 'अन्यो ह्यन्यस्मिन् प्रतिष्ठितः' इति च। अनूह्यत्वे हेत्वर्थं विशेषणं, अपरिमित इति। यद्वस्तूह्यते तत्परिमितं दृष्टं, अयं परमात्मा न परिमितः, पूर्णं पुरुषेण सर्वमिति सर्वातिशायित्वश्रवणात्, अतोऽनूह्य इत्यर्थः। अज इत्यपरिमितत्वे हेतुः, यज्जन्मवत् तत्परिमितं तद्धि क्वचित्

क्षय एको जागर्तीत्येतस्मादाकाशादेष खल्विदं चेता-
मात्रं बोधयत्यनेनैव चेदं ध्यायतेऽस्मिंश्च प्रत्यस्तं या-

कदाचित् किञ्चिदित्युल्लिख्यते, अयं तु 'न जायते म्रियते वा' इति श्रुतेरजोऽतो न परिमित इत्यर्थः। परमात्मापि जन्मवान् कारणत्वात् मृदादिवदित्यत आह, अतर्क्य इति। न तर्कगम्य इत्यर्थः। न सामान्यतो दृष्टानुमानादिरूपेण तर्केणायमीदृग्-धर्मक इति व्यवस्थापयितुं शक्यते 'नावेदविन्मनुते तं बृहन्तं' 'नैषा तर्केण मतिरापनेया' इत्यादिश्रुतिभिस्तर्कागोचरत्वप्रति-पादनात्, श्रुत्येकगम्येऽर्थे श्रुतिविरुद्धस्यानुमानस्यानुदयाच्चेति भावः। अतर्क्यत्वे हेतुरचिन्त्य इति। यत् तर्क्यते तन्मनसो गोचरे वर्तते स्वयञ्च मनोगोचरो नायं। तथा 'न तस्य कार्यं करणञ्च विद्यते न चास्य कश्चिज्जनिता न चाधिपः' (श्वे०।उ०) 'यतो वाचो निवर्तन्ते अप्राप्य मनसा सह' इति श्रुतेरित्यर्थः। तत्रासङ्गत्वं हेतुमाह एष आकाशात्मेति आकाशवदसङ्गः आत्मा स्वरूपं यस्य स तथा। न हि मनसाऽसम्बद्धं मनोवेद्यं भवेदतिप्रसङ्गात्, 'असङ्गो ह्ययं पुरुषः' (बृहदा०) इति श्रुतेर्नास्य मनःसंसर्ग इत्यर्थः। तत एवंविधस्यानन्त्ये न कोऽपि विघ्न इति सिद्धं। इतोऽप्ययमनन्त एष्टव्य इत्यभिप्रेत्याह एवैष इति। एष एवेत्यन्वयः, कृत्स्नक्षये सर्व-जगत्प्रलये एक एवैष परमात्मा जागर्ति अप्रच्युतस्वभावो वर्तते, अन्यत् किमपि तदा नाभूदित्यर्थः। तथा च श्रुत्यन्तरं 'आत्मा वा इदमेक एवाग्र आसीन्नान्यत् किञ्चन मिषत्' (ऐतरेयोप०) इति।

त्यस्यैतद्भास्वरं रूपं यदमुष्मिन्नादित्ये तपत्यग्नौ चाधूमके यज्ज्योतिश्चित्रतरमुदरस्थोऽथ वा यः पचत्यन्नमित्येवं ह्याह।

एतदेव सर्वविकारकारणत्वेन सर्वाधिष्ठानतया स्पष्टीकरोति इत्येतस्मादिति। इतिशब्द उक्तविशेषणसमाप्त्यर्थत्वेन पूर्वेण वाऽन्वेति। एतस्मादित्येव प्रतीकमिदं। एष एव कृत्स्नचय एको जागर्तीति यतोऽत एतस्मादित्याद्ये प्रतीके योजना। एतस्मादाकाशात् प्रसिद्धाद्भूताकाशादारभ्य यदिदं जगच्चेतामात्रञ्चैत्यमात्रमिति यावत्, चैतन्याभासव्याप्तत्वेनोपलभ्यमानत्वाच्चैत्यमपि चेतामात्रमुच्यत इति द्रष्टव्यं। आकाशादिसर्वं जगदेष खलु परमात्मा बोधयति बोधव्याप्तं करोति पालयतीत्यर्थः। किञ्चानेनैव परमात्मनेदं ध्यायते ध्यानमात्रेणोत्पाद्यते 'सोऽकामयत बहु स्यां प्रजायेय' इति 'इदं सर्वमसृजत' इति च श्रुतेः। अस्मिंश्चास्मिन्नेव प्रत्यस्तं प्रलयं याति एकात्मतां गच्छतीत्यर्थः। तस्मादेक एवैष कृत्स्नचये जागर्तीत्युपपन्नमस्य सर्वदैवानन्तत्वमिति भावः। एवमुपास्यस्य परमात्मनः स्वाभाविकं स्वरूपमुपवर्ण्य तस्योपासनाधिष्ठानं निर्दिशन्नाहास्येति। अस्य परमात्मन एतद्यथोक्तं भास्वरं स्वप्रकाशं जगदवभासकं रूपं स्वरूपं यद्रूपममुष्मिन्नादित्ये प्रसिद्धे तपति आदित्ये स्थितं स जगत् तापयति प्रकाशयति च, एतदस्य रूपमिति। किञ्चाधूमकेऽग्नौ यज्ज्योतिस्तदप्यस्यैव रूपमिति सम्बन्धः।

यश्चैषोऽग्नौ यश्चायं हृदये यश्चासावादित्ये स एष एक इत्येकस्य हैकत्वमेति य एवं वेद ॥ १७ ॥

तथा तत्प्रयोगकल्पः प्राणायामः प्रत्याहारो ध्यानं धारणा तर्कः समाधिः षडङ्ग इत्युच्यते योगः । अनेन

कीदृशं ज्योतिः चित्रतरमतिविचित्रं तत्तदिन्धनभेदवशात् कृशस्थूलवक्रत्वाद्याकारेणावभासमानमित्यर्थः। अथ वा योऽन्योऽप्युदरस्थो जाठरसञ्ज्ञोऽग्निरन्नं भुक्तं पचति सोऽप्यस्यैव रूपमिति सम्बन्धः । इत्येतदेव प्रशंसन्नेवं ह्याहाऽत्रारोचितं विशेषमिति शेषः। यश्चैषोऽग्नौ ज्योतीरूपो यश्चायं हृदये साचिरूपो यश्चासावादित्ये तपनप्रकाशनस्वभावः एष परमात्मैव स एको नान्य इति एवम्प्रकारेणात्मन्यादित्यादौ च परमात्मैव ज्योतिरिति य एवं वेद उपास्ते स एकस्य परमात्मनः हि स्फुटमेकत्वमेति प्राप्नोति परमात्मसायुज्यं गच्छति तस्मात् सर्वत्र प्रकाशस्वरूपं परमात्मैवाहमित्युपासीत इति वाक्यार्थः॥ ॥ १७ ॥

पूर्वानुवाके ध्येयं रूपं ध्यानविधिञ्च दर्शयित्वेदानीं ध्येये चित्तस्थिरीकरणलक्षणस्य ध्यानस्य सिद्धये चित्तवशीकारोपायं योगं साङ्गमुपदिशति "तथा तत्प्रयोगकल्पः ० इत्युच्यते योगः" इति । यथा प्रागुक्तोपासनासाधनचित्तैकाग्र्यसिद्धिस्तथा तत्प्रयोगकल्पस्तस्य चित्तैकाग्र्यसाधनस्य

यदा पश्यन् पश्यति रुक्मवर्णं कर्तारमीशं पुरुषं ब्रह्म योनिं। तदा विद्वान् पुण्यपापे विहाय परेऽव्यये सर्वमेकीकरोत्येवं ह्याह ।

प्रयोगकल्पोऽनुष्ठानविधिरयमुच्यत इति वाक्यशेषः। तमेवाह, प्राणायामः पूरककुम्भकरेचकभेदेन प्राणवायोरायमनं वशीकरणं प्राणायामः। इन्द्रियाणां विषयेभ्यः प्रत्याहरणं प्रतिनिवर्तनं प्रत्याहारः। पराक्स्रोतःपरावर्तनेनेन्द्रियाणां प्रत्यक्स्रोतःप्रवर्तनं प्रत्याहार इत्यर्थः। ध्येये वस्तुन्यन्तःकरणस्य प्रयत्नेन तदाकारतया निवेशनं ध्यानं। तस्मिन्नेव तस्य तैलधारादिवदविच्छेदेन स्थिरीकरणं धारणं धारणा। मनो ध्येये वस्तुनि तदाकारतया सम्यक् सम्पन्नं न वेति परीक्षणं तर्कः, ध्यानधारणासामर्थ्यादुपस्थितक्षुद्रसिद्धीनां योगान्तरायत्वोहनं वा तर्कः, सविकल्पकसमाधिर्वा तर्कः। चित्तस्य ज्ञेयवस्त्वाकारतामापन्नस्य निर्वातदेशस्थप्रदीपशिखावदचलतयावस्थानं समाधिः। इत्येवं षड्भिरङ्गैरुपेतो योगः षडङ्ग उच्यत इत्यर्थः। उक्तस्यास्य योगस्य सर्वार्थध्यानोपकारकतां विवक्षन्नाह "अनेन यदा ॰ कदाचन" इति। अनेन योगेन सम्यगभ्यस्तेन पश्यन् स्वध्येयं वस्तु समालोचयन् सन् यदा यस्मिन् समये रुक्मवर्णं पुरुषं पश्यति साक्षादनुभवति तदा तस्मिन्नेव समये विद्वान् परिपूर्णं तत्त्वं जानानः पुण्यपापे अनारब्धफले विहाय त्यक्त्वा प्रारब्धस्यापि कर्मण

यथा पर्वतमादीप्तं नाश्रयन्ति मृगद्विजाः ।
तद्वद्ब्रह्मविदो दोषा नाश्रयन्ति कदाचन ॥ १८ ॥

अथान्यचाप्युक्तं यदा वै बहिर्विद्वान् मनो नियम्ये-न्द्रियार्थांश्च प्राणे निवेशयित्वा निःसङ्कल्पस्ततस्ति-

---

उभयविधस्य भोगेन विनाशे सति सर्वं प्राणेन्द्रियदेहादिरूप-मुपाधिं परे परमात्मन्यव्यये कूटस्थे प्रत्यगात्मनि ब्रह्मण्येकोक-रोति, तप्तायःपीतोदकबिन्दुवत् प्रकाशमाने आत्मन्युपसंहरति इत्यर्थः । रुक्मवर्णमित्यादिपुरुषविशेषणजातस्यायमर्थः, रुक्म-वर्णमिति स्वतःसिद्धप्रकाशात्मताद्योतनादविषयत्वं पुरुषस्य वि-वक्ष्यते, कर्तारमिति पुरुषविशेषणं भूतपूर्वगत्योच्यते, ईशं यो-निमिति च ब्रह्मविशेषणे निमित्तोपादानपरे ते अपि भूतपूर्व-गत्यानूद्येते । पुरुषब्रह्मशब्दौ त्वन्तत्पदलक्ष्यविषयौ, तथा च कर्तारं पुरुषमीशं योनिं ब्रह्म रुक्मवर्णं यदा पश्यति इति योजनीयो ग्रन्थ इति । एवं ह्याहेत्यादिर्विद्यामाहात्म्यख्यापन-परो ग्रन्थः स्पष्टार्थः ॥ १८ ॥

इदानीं पूर्वोक्तयोगे परिनिष्ठितस्य श्रेष्ठं पदं स्वे हृदि धारणायाः प्रवर्तते वक्तुमनन्तरेण खण्डेन वेदोऽतिरहस्यवादी "अथान्यचाप्युक्तं ० निराश्रयं" इति । यदा वै यस्मिन्नेव काले विद्वान् योगी प्राणः प्राणोपाधिं प्रविष्टो मनो नियम्यैकच स्थिरं कृत्वा इन्द्रियार्थांश्च शब्दादीन् विषयान् बहिर्निवेशयित्वा दूरतस्त्यक्त्वा ततस्तदनन्तरं निःसङ्कल्पो निर्विकारमनास्ति-

8 2

ष्ठेदप्राणादिह यस्मात् सम्भूतः प्राणसञ्ज्ञको जीवस्तस्मात् प्राणो वै तुर्याख्ये धारयेत् प्राणमित्येवं ह्याह।

अचित्तं चित्तमध्यस्थमचिन्त्यं गुह्यमुत्तमं।
तत्र चित्तं निधायेत तच्च लिङ्गं निराश्रयं॥ १९॥

ष्ठेदिति पदान्वयानुरूपा व्याख्या। कथं विद्वान् प्राणः कथं वा तिष्ठेदित्याकाङ्क्षायामाह, अप्राणादिति। अप्राणात् प्राणादिविशेषरहिताच्चिदात्मन एवेह देहे यस्मात् प्राणसञ्ज्ञको जीवः सम्भूतः प्राणधारणोपाधिना प्राणसञ्ज्ञां प्राप्य जीवो जात इति यावत् तस्मात् प्राणो वै स्वभावतोऽप्राणोऽपि प्राण इति प्रसिद्धः, स तुर्याख्येऽवस्थात्रयातीतेऽप्राणे प्राणमात्मानं धारयेत् प्राणात्मभावनां हित्वाऽप्राणचिदात्मभावनां कुर्यादित्यर्थः। एवं ह्याहात्र कश्चिन्मन्त्रः। अचित्तं चित्तरहितं चित्तमध्यस्थमन्तर्मनस्यभिव्यक्तं चित्तस्थितमपि तेनाचिन्त्यं चिन्तनानर्हं, अत एवोत्तमं गुह्यमतिगुह्यं, सर्वेन्द्रियाविषय इत्यर्थः। तत्राचिन्त्ये गुह्ये तत्त्वे चित्तं निधायेत तदाकारीकरणेन तन्मयं चित्तं कुर्यात्, तच्च प्राणाख्यं लिङ्गं लिङ्गोपाधिकं जीवरूपं निराश्रयमभिमन्तुराश्रयस्याभावात् तदा न पृथगवभासत इत्यर्थः। यद्वा आश्रयशब्दो विषयपरः, तथा च तच्च चित्ताख्यं लिङ्गं निराश्रयं निर्विषयं सम्पद्यते तदेति शेषः॥ १९॥

अथान्यचाप्युक्तमतः परास्य धारणा तालुरसनाग्रनिपीडनाद्वाङ्मनःप्राणनिरोधनाद् ब्रह्म तर्केण पश्यति यदात्मनात्मानमणोरणीयांसं द्योतमानं मनःक्षयात् पश्यति तदात्मनात्मानं दृष्ट्वा निरात्मा भवति निरात्मकत्वादसङ्ख्योऽयोनिश्चिन्त्यो मोक्षलक्षणमित्येतत्परं रहस्यमित्येवं ह्याह।

एवं ज्ञानमार्गेणात्मनोऽवस्थात्रयातीतस्वरूपे धारणाप्रकारमभिधाय योगमार्गेणापि धारणाविशेषं कैवल्यं सम्मतमुपदिशति "अथान्यचाप्युक्तं ० सुखमव्ययमश्नुता इति" इति। अतोऽनन्तरमस्य तुर्यात्मनि स्थितस्यात्मनः परा उत्कृष्टा धारणा परा अन्येति वा कथ्यत इति वाक्यशेषः, यदाऽयं योगाभ्यासवशीकृतचित्तः सन्नुन्मनीभावं जिगमिषति तदाऽयमुपायः कार्यः। कथं, तालुकण्ठदेशे जिह्वोद्गमनस्थानं, तस्मिंस्तालुनि रसनाग्रस्य निपीडनमन्तःप्रवेशनं, तस्मात् तालुरसनाग्रनिपीडनात् लम्बिकायोगकरणादिति यावत्, तत्र च वाङ्मनःप्राणानां निरोधनात् सङ्कल्पोच्चारणस्पन्दनानां परिवर्जनात् ब्रह्म पारमेश्वरं तत्त्वं तर्केण धारणानन्तरभाविना निश्चितरूपेण ज्ञानेन पश्यति। यदैवंप्रकारेण मनःक्षयात् मनसो मनस्त्वनाशात् अणोः सूक्ष्मादप्यणीयांसमतिसूक्ष्ममिन्द्रियागोचरं द्योतमानं स्वयमेव प्रकाशमानमात्मानं प्रत्यञ्चमात्मना

चित्तस्य हि प्रसादेन हन्ति कर्म शुभाशुभं।
प्रसन्नात्मात्मनि स्थित्वा सुखमव्ययमश्नुता इति॥ २०॥

अथान्यत्राप्युक्तमूर्द्ध्वगा नाडी सुषुम्नाख्या प्राणसञ्चारिणी ताल्वन्तर्विच्छिन्ना तया प्राणोङ्कारमनो-

---

परमात्मना, 'इत्थंभावे तृतीया', परमात्मरूपेण पश्यति साक्षादनुभवति। तदाऽऽत्मनात्मानं दृष्ट्वा निरात्मा भवति निर्मनस्को भवति जीवभावान्निवर्तते, एषावस्था योगिभिरुन्मनीत्युच्यते। निरात्मकत्वादुक्तरूपेणोन्मनीभावात् परिच्छेदकविरहादसङ्ख्योऽपरिच्छिन्नोऽयोनिराश्रयरहित आत्मा चिन्त्यः, चिन्तनं नामात्र तदात्मनावस्थानमात्रं, एवंविध आत्मा तदा स्फुरति इत्युक्तं भवति। न पुनरत्र विधिरसम्भवात् तस्येति भावः। इत्येतन्मोक्षलक्षणं मोक्षस्वरूपं परं रहस्यमतिशयेन गोप्यमित्यस्मिन्नर्थ एवं ह्याह मन्त्रमुदाहरति, चित्तस्य हीति। प्रसादो निर्वासनतापत्तिः, आत्मनि स्थितिस्तस्मिन्नेकीभावः, स्पष्टमन्यत्॥ २०॥

इदानीमुपासकस्योपासनापरमफलप्राप्त्यर्थं देहादुत्क्रमणमार्गमुपदिशति "अथान्यत्राप्युक्तं ० पश्चाद्युञ्जीत मूर्द्धनि" इति। या सुषुम्नाख्या नाडी हृदयान्मूर्द्धि ब्रह्मरन्ध्रपर्यन्तमूर्द्ध्वगा प्राणसञ्चारिणी प्राणस्य ब्रह्मलोकपर्यन्तं सूर्यरश्मिद्वारा सञ्चारयित्री प्रसिद्धा। तया च श्रत्यन्तरं 'शतञ्चैका च हृदयस्य

युक्तयोर्द्धमुत्क्रमेत् तात्वध्यग्रं परिवर्त्य चेन्द्रियाण्यसंयोज्य महिमा महिमानं निरीक्षेत ततो निरात्मकत्वमेति निरात्मकत्वान्न सुखदुःखभाग्भवति केवलत्वं लभता इत्येवं ह्याह ।

नाड्यस्तासां मूर्द्धानमभिनिःसृतैका। तयोर्द्ध्वमायन्नमृतत्वमेति' (कठोप०) इति। सा पुनरूर्द्ध्वं गच्छन्ती तात्वन्तरमध्ये विच्छिन्ना कुण्ठिता भवति। तथा च तत्र यत्नतस्तया प्राणोङ्कारमनोयुक्तया अभ्यासवशीकृतेन प्राणेन ध्येयब्रह्माकाराकारितेन मनसा ॐकारध्वनिना च युक्तया ऋज्वीकृतयोर्द्ध्वं तालूपरि स्तनाकारेण लम्बमानमांसान्तःप्रवेशनेनोत्क्रमेदुपरि गच्छेदित्यर्थः। तथा च श्रुत्यन्तरं 'अन्तरेण तालुके य एष स्तन इवावलम्बते सेन्द्रयोनिर्यत्रासौ केशान्तो विवर्त्तते व्यपोह्य शीर्षकपाले'(तैत्तिरीयोप०) इति। तत्रोर्द्ध्वं नाडीनयनप्रकारमाह तात्वध्यग्रं परिवर्त्येति। तात्वधि उपरि रसनाया अग्रं परिवर्त्य सञ्चार्य, यद्वा तालुनोऽग्रादुपरि तात्वन्तः रसनाग्रं निवेश्योपरि स्तनाकारमभिभूयेति यावत्। इन्द्रियाणि संयोज्य प्राणमनोभ्यामेकीकृत्योत्क्रमेदिति पूर्वेणान्वयः। एवमुत्क्रमणे यो महिमा परिच्छेदनिवृत्त्या पूर्णतारूपस्तं महिमानं निरीक्षेतानुभवेत्, ततस्तस्मान्निरीक्षणात् निरात्मकत्वं निरिन्द्रियमनस्कत्वं

परः पूर्वं प्रतिष्ठाप्य निगृहीतानिलं ततः।
तीर्त्वा पारमपारेण पश्चाद्युञ्जीत मूर्द्धनि॥ २१॥

निर्लिङ्गत्वमेति प्राप्नोति, निरात्मकत्वात् न सुखदुःखभाग्भवति केवलत्वं कैवल्यं मोक्षं लभत इत्येवमर्थं ह्याह मन्त्र इत्यर्थः। इन्द्रियाण्यसंयोज्येति पाठे इन्द्रियायतनानां शरीरावयवानां मनःप्राणाभ्याममसम्बन्धनमुपदिश्यत इति व्याख्या। एतदुक्तं भवति, प्रागुक्तप्रकारेण योगधारणया युक्तो ब्रह्मोपासीनो यदा योगसामर्थ्यात् तत्त्वतः सञ्चारितसुषुम्नानाडीकस्तत्रैव कथञ्चित् परमात्मतत्त्वमवगच्छति तदोन्मनीभावेन परममुक्तेरयत्नलभ्यत्वं जानंस्तत्रैव यावज्जीवं ब्रह्ममयोऽवतिष्ठेत। ततः प्रारब्धक्षये देहविगमे परमं महिमानं परममुक्तिलक्षणं गच्छति। यदा पुनः प्रागुक्तं स्थानं योगमहिम्ना प्राप्नोति ब्राह्मलौकिकैश्वर्यविहाराभिलाषस्तदोर्द्धमुक्तप्रकारेणोत्क्रम्य महिमानं ब्राह्मलौकिकं निरीक्षेत, ततः क्रमेण केवलत्वं कालेन लभत इति। परः पूर्वमिति पूर्वमभ्यासदशायां निगृहीतानिलं वशीकृतप्राणं परः परस्तात् तालुदेशे प्रतिष्ठाप्य स्थिरीकृत्य ततः पश्चात्पारं परिच्छिन्नं जीवभावं तीर्त्वा उल्लङ्घ्य पश्चादपारेणापरिच्छिन्नेन ब्रह्मणा तद्रूपेणात्मानं मूर्द्धनि ब्रह्मरन्ध्रे युञ्जीत योजयेत् मूर्द्धद्वारा ब्रह्मभावं नयेदित्यर्थः॥ ॥ २१॥

अथान्यत्राप्युक्तं द्वे वाव ब्रह्मणी अभिध्येये श-ब्दश्चाशब्दश्चाथ शब्देनैवाशब्दमाविष्क्रियतेऽथ *तत्रा ओमितिशब्दोऽनेनोर्द्धमुत्क्रान्तोऽशब्दे निधनमेत्यथा-हैषा गतिरेतदमृतमेतत् सायुज्यत्वं निर्वृतत्वं तथा

इदानीं प्रकारान्तरेण ब्रह्मप्राप्त्युपायमुपदेष्टुमुपक्रमते "अथान्यत्राप्युक्तं द्वे ० अधिगच्छति" इति । द्वे वाव एव ब्रह्मणी अभिध्येये, के ते शब्दश्चैकं ब्रह्म अशब्दश्च द्वितीयं, किन्ते द्वे अपि स्वतन्त्रे न किन्तूपायोपेयरूपे इत्याह, अथा-नयोर्ब्रह्मणोर्यः शब्दस्तेन शब्देन ब्रह्मणाऽशब्दं ब्रह्माविष्क्रि-यते प्रकटीक्रियतेऽनभिव्यक्तितिरोधानमात्रेणेत्यर्थः । किं शब्द-ब्रह्म कथं वा तेनाशब्दं ब्रह्माविष्क्रियत इति तदाह, अथैवं सति तत्र तयोर्द्वयोर्मध्ये ओमितिशब्दः ओङ्कारः शब्दाख्यं ब्रह्म, अनेन सर्वार्थवाचकसर्वशब्दव्यापकतया पूर्णत्वेनोद्धृत्याभ्यस्तेन साधनेनानेन शब्दब्रह्मणोर्द्धं प्रपञ्चादुपरि उत्क्रान्त उद्गतो वाच्यवाचकरूपं सर्वं वेद्यजातमतिक्रान्तः सन्नशब्दे परे ब्रह्म-णि निधनं नद्य इव समुद्रे लयमेति प्राप्नोति । यैवमशब्दे वाचामगोचरे ब्रह्मण्येकतापत्तिरथ तदा एषा हि गतिः परमं फलं, एतदेवामृतममृतत्वं मोक्षः, एतत् सायोज्यं सायुज्यं सयुग्भावस्तादात्म्यमिति यावत्, निर्वृतत्वं परमानन्दाविर्भावः कृतकृत्यत्वमित्यर्थः । इतिशब्दः शब्दाशब्दब्रह्मोपदेशसमाप्त्यर्थः ।

---

* यत्रा इति पाठान्तरं ।

T

चेत्यथ यथोर्णनाभिस्तन्तुनोर्द्धमुत्क्रान्तोऽवकाशं लभतीत्येवं वाव खल्वसा अभिध्याता ओमित्यनेनोर्द्धमुत्क्रान्तः स्वातन्त्र्यं लभतेऽन्यथा परे शब्दवादिनः श्रवणाङ्गुष्ठयोगेनान्तर्हृदयाकाशशब्दमाकर्णयन्ति स-

---

उक्तेऽर्थे दृष्टान्तमाहाथेति। अथास्मिन्नर्थे दृष्टान्तो यथोर्णनाभिर्लूताकीटस्तन्तुना स्वमुखाल्लालानिर्मितेनाविच्छिन्नेन सूत्रेणोर्द्धमुपरिदेशं प्रत्युत्क्रान्तोऽवकाशं निरङ्कुशविहारस्थानं लभति लभते इति प्रसिद्धं जन्त्वन्तरसाधारणदेशशावल्यं परित्यज्यासाधारणं निर्भयमवकाशं प्राप्नोतीत्यर्थः। एवं वाव एवमेव खलु यथायं दृष्टान्तस्तथा असावभिध्याता ओमित्यनेन शब्दब्रह्मणा साधनेनोर्द्धमुत्क्रान्तोऽहंममतास्पदशावल्याद्विमुक्तः स्वातन्त्र्यं कैवल्याख्यं लभत इत्यर्थः। एवं प्रणवाख्यशब्दब्रह्माभ्यासोऽशब्दपरब्रह्माविर्भावसाधनमिति स्वमतमुक्त्वा मतान्तरमाहान्यथेति, परे शब्दवादिनः शब्दब्रह्मवादिनः शब्दमाकर्णयन्तीत्यन्वयः। कथमिति तदाह श्रवणेति। कर्णयोरङ्गुष्ठं योजयित्वा कर्णयोरङ्गुष्ठाभ्यां पिधानेनान्तर्हृदये य आकाशोऽवकाशस्तत्रत्यं शब्दमाकर्णयन्ति तं शब्दं शब्दब्रह्मेति मन्यन्त इत्यर्थः। तस्य श्रूयमाणस्यान्तर्हृदयाकाशस्थघोषस्येयं वक्ष्यमाणा सप्तविधोपमोपमानं भवति। तामेवाह यथेति, नद्या नदीनां घोषः, किङ्किणी घण्टाघोषः,

त्तविधेयं तस्योपमा यथा नद्यः किङ्किणी कांस्यचक्रक-भेकविःक्रन्धिका वृष्टिर्निवाते वदतीति तं पृथग्लक्षणमतीत्य परेऽशब्देऽव्यक्ते ब्रह्मण्यस्तं गतास्तत्र तेऽपृथग्धर्मिणोऽपृथग्विवेक्या यथा सम्पन्ना मधुत्वं नानारसा इत्येवं ह्याह।

द्वे ब्रह्मणी वेदितव्ये शब्दब्रह्म परञ्च यत्।
शब्दब्रह्मणि निष्णातः परं ब्रह्माधिगच्छति ॥ २२ ॥

कांस्यं तत्पात्रघोषः, चक्रकं रथचक्रध्वनिः, भेकविःक्रन्धिका मण्डूकरवः, वृष्टिर्वर्षणशब्दः, निवाते गुहायां कूपे वा वदति वदनमुपरिस्थितेन श्रूयमाणं सोऽप्येकः प्रकारः। एतैर्ध्वनिभिः सदृशो योऽन्तराकाशशब्दस्तं शब्दब्रह्म परे वदन्तीत्यर्थः। इतिशब्द उपमेत्यनेन पूर्वेण सम्बध्यते। तमेवमन्तर्हृदये श्रूयमाणं पृथग्लक्षणमनेकोपमानैरनेकधा विभाव्यमानं शब्दमतीत्य परेऽशब्देऽव्यक्ते वाचामगोचरे ब्रह्मणि शुद्धेऽस्तं गतां अदर्शनं प्राप्तास्ते शब्दब्रह्मवादिन इत्यर्थः। तत्र परे ब्रह्मणि तेऽपृथग्धर्मिणो ब्रह्मैकस्वभावा अत एवापृथग्विवेक्याः पृथग्विवेक्तुमशक्याः पूर्ववद्भेदोल्लेखायोग्या इत्यर्थः। तत्रायं दृष्टान्तो यथा नानारसाः पृथक्स्वभावकुसुमरसा यथा मधुत्वं मध्वात्मत्वं सम्पन्नाः सन्तो न पृथग्विवेक्यास्तद्वदित्यर्थः। एवं ह्यत्रोदाहरणमाह श्रुतिः द्वे ब्रह्मणी इति, श्लोकः स्पष्टार्थः॥ ॥ २२ ॥

T 2

अथान्यत्राप्युक्तं यः शब्दस्तदोमित्येतदक्षरं यदस्याग्रं तच्छान्तमशब्दमभयमशोकमानन्दं तृप्तं स्थिरमचलममृतमच्युतं ध्रुवं विष्णुसञ्ज्ञितं सर्वापरत्वाय तदेता उपासीतेत्येवं ह्याह।

योऽसौ परापरो देवा ओङ्कारो नामनामतः।
निःशब्दः शून्यभूतस्तु मूर्ध्नि स्थाने ततोऽभ्यसेत्॥२३॥

उक्तमेव शब्दाशब्दब्रह्मरूपं विभज्याशब्दब्रह्मस्वरूपं विशदयति "अथान्यत्राप्युक्तं यः ० ततोऽभ्यसेत्" इति। यदोमित्येतदक्षरं तच्छब्दः शब्दाख्यं ब्रह्मेति योजना। यदस्य प्रणवाख्याक्षरस्याग्रं नादावसानस्थानं तच्छान्तं निर्विशेषमशब्दमशब्दाख्यं परं ब्रह्म, अभयमित्यादीनि तस्य स्वरूपलक्षणार्थानि विशेषणानि स्पष्टार्थानि। सर्वापरत्वाय सर्वस्मादपरत्वाय मोक्षाय तदेता एते उक्तलक्षणे ब्रह्मणी उपासीतेत्येवमस्मिन्नर्थे ह्याह। योऽसौ प्रसिद्धः परस्यापरस्य परापरब्रह्मदृष्ट्यर्हत्वाद्देवः परं ब्रह्म। कः, ओङ्कारो नामनामतः, योऽयं प्रसिद्धः स शब्दब्रह्मेत्यर्थः। यस्तु निःशब्दः परं ब्रह्माशब्दाख्यं शून्यभूतो निराकारत्वान्निर्विशेषः, तत एवंविधमात्मानं ब्रह्म मूर्ध्नि स्थाने सर्वोत्कृष्टे हृदयस्थाने, अथवा भ्रुवोर्घ्राणस्य च यः सन्धिः सोऽविमुक्ताख्यः श्रुत्यन्तरे प्रसिद्धस्तस्मिन्मूर्ध्नि स्थाने ऽभ्यसेत् ध्यायीतेत्यर्थः॥ २३॥

अथान्यत्राप्युक्तं धनुः शरीरमोमित्येतच्छरः शिखास्य मनस्तमोलक्षणं भित्त्वा तमोऽतमाविष्टमागच्छत्यथाविष्टं भित्त्वाऽलातचक्रमिव स्फुरन्तमादित्यवर्णमूर्जस्वन्तं ब्रह्म तमसः पर्यमपश्यद्यदमुष्मिन्नादित्ये

पूर्वोक्तप्रकारेण यथानिर्दिष्टं ब्रह्मोपासितवतो गतिं साधनविशेषोपदेशपूर्वकमाह, यद्वा 'द्वे वाव ब्रह्मणी अभिध्येये' इत्यस्मिन्ननुवाके स्वमतेन शब्दब्रह्म प्रणवाख्यमुक्तं तन्निष्ठायां प्रकारविशेषमुपदिशन्नुपासनाफलप्रकारमाह "अथान्यत्राप्युक्तं धनुः ० क एव भः" इति। धनुः कोदण्डः प्रसिद्धं शरीरं, ओमित्येतदक्षरं शरः, अस्य शरस्य शिखा अग्रं शल्यस्थानीयं मनः, तमो भ्रान्तिज्ञानं लक्षणं सद्भावज्ञापकं यस्य तत् तमोलक्षणं, तमो मूलाज्ञानं भित्त्वा शरप्रयोगेण लक्ष्यतमोभेदनं कृत्वाऽतमाविष्टं सन्धिः कान्दसः, अतमश्चाविष्टं तमआवेशनरहितं सङ्घातादिविक्तमात्मानमागच्छति, मनोरूपं शराग्रं तस्मिन्निवेशयतीत्यर्थः। एतदुक्तं भवति 'सम आसन आसीनः सममूर्द्धं धृतं शरीरं धनुरिव किञ्चिदवनम्य चिबुकारोपणेनायम्य तस्मिन् प्रणवं घोषवन्तं शरमिवाविष्कृत्य तस्य नादलयस्थाने मनः शरशल्यमिव बद्धा तेन प्रणवशराग्रेण मनसा आवरणं सविक्षेपमज्ञानं विदार्य तदाश्रयविषयतयोपलक्षितमात्मानं प्रवेशयेत् तन्मनः' इति। अथानन्तरमाविष्टं पूर्वम-

ऽथ सोमेऽग्नौ विद्युति विभात्यथ खल्वेनं दृष्ट्वाऽमृतत्वं गच्छतीत्येवं ह्याह ।

ध्यानमन्तः परे तत्त्वे लक्ष्येषु च निधीयते ।

अतोऽविशेषविज्ञानं विशेषमुपगच्छति ॥

ज्ञानाविष्टमात्मानमहङ्कारास्पदं भित्त्वा द्रष्टृरूपं दृश्यमापेत्तं विदार्य ब्रह्मापश्यदिति सम्बन्धः। तस्य ब्रह्मण आत्माभेदत्व-ख्यापनाय पुंलिङ्गैर्विशेषणैस्तद्विशिनष्टि, अलातेत्यादिना। अख-ण्डाकारस्फुरणेऽलातचक्रदृष्टान्तः। आदित्यवर्णमिति सर्वदृश्या-भिभावकप्रकाशात्मत्वमादित्यरूपसादृश्यमुच्यते। ऊर्जस्वन्तमूर्जो रसस्तद्वन्तं, आनन्दरसमिति यावत्, तथा च श्रुतिः 'रसो वै सः। रसं ह्येवायं लब्ध्वानन्दी भवति' (तैत्तिरीयो०) इति। तमसः पर्य-मिति परञ्चेतं पर्यं पारं तमसः परस्तादतमस्कमित्यर्थः। एवं भूतमात्मानं ब्रह्मापश्यत् पश्यतीत्यर्थः। 'यदादित्यगतं तेजो जगद्भासयतेऽखिलं। यच्चन्द्रमसि यच्चाग्नौ तत्तेजो विद्धि माम-कं' (गी०) इति स्मृतेर्मूलभूतेन वाक्येन प्रकाशमात्रमस्य स्वाभा-विकं स्वरूपं सर्वत्रोपलक्षणीयमित्यभिप्रेत्याह, यदमुष्मिन्निति। अथैवं ब्रह्मात्मदर्शनसमये खल्वेनमात्मानं दृष्ट्वा ब्रह्माभेदेन साक्षात्कृत्याऽमृतत्वं गच्छति मुक्तो भवतीत्येवं ह्याह इति पूर्व-वत्। अन्तःप्रतीचि सर्वान्तरे परे तत्त्वे परे ब्रह्मणि ध्यानं धीयते लक्ष्येषु च प्रथमं शरीरप्रणवमनस्तत्त्वयस्थानेषु च ध्यानं धी-

मानसे च विलीने तु यत् सुखं चात्मसाक्षिकं।
तद्ब्रह्म चामृतं शुक्रं सा गतिर्लोक एव सः॥ २४॥

अथान्यचाप्युक्तं निद्रेवान्तर्हितेन्द्रियः शुद्धितमया धिया स्वप्न इव यः पश्यतीन्द्रियबिलेऽविवशः प्रणवाख्यं

यते क्रियते कुर्यादित्यर्थः। अतो ध्यानादविशेषविज्ञानमस्फुटोऽनुभवो विशेषं स्फुटत्वमुपगच्छति। स्फुटतरसाक्षात्कारोदये सति यदात्मनावस्थानं सा मुक्तिरित्येतदाह, मानस इति। मानसे मनःपरिणामरूपेऽहङ्कारग्रन्थौ विलीने प्रलयङ्गते, चकारात् तद्वासनायां च विलीनायां, तु शब्दः सुषुप्तेर्विशेषणार्थः। यत् सुखं, चकाराद्धेतुमत्त्वशङ्का व्यावर्त्यते, नित्यं यत् सुखमात्मसाक्षिकं स्वयमेव स्फुरत्, न वेद्यमिति यावत्, तदेव ब्रह्म चकारादात्मा च, कीदृशममृतमविनश्वरं, शुक्रं दीप्तिमत् ज्ञानस्वभावं, यदेवंविधं ब्रह्मात्मतत्त्वं सा गतिः पुरुषार्थः, स एव लोकः फलं सर्वसाधनानामित्यर्थः॥ २४॥

इदानीमुक्तां विद्यामनूद्य तद्वन्तं प्रशंसन् विद्यामेव महीकरोति "अथान्यच्चाप्युक्तं ० इत्यभिधीयते" इति। निद्रेव निद्रित इव सुषुप्त इव चान्तर्हितेन्द्रियः प्रविलीनेन्द्रियवृत्तिर्न निद्रावानित्यर्थः। तथा स्वप्न इव स्वप्नदृगिव इन्द्रियबिले इन्द्रियाणां निवासस्थाने देहे अविवशः स्थूलदेहाभिमानशून्य इति यावत् न लयं स्वप्नदृगेवेत्यर्थः। अनेनैव देहाभिमान-

प्रणेतारं भारूपं विगतनिद्रं विजरं विमृत्युं विशोकञ्च सोऽपि प्रणवाख्यः प्रणेता भारूपो विगतनिद्रो विजरो विमृत्युर्विशोको भवतीत्येवं ह्याह।

राहित्येन जाग्रदप्ययं नेत्युक्तप्रायं द्रष्टव्यं, तथा चैवमवस्थात्रयातीतो लयविक्षेपरहिततया शुद्धितमयाऽतिशयेन शुद्धिमत्या धिया प्रसन्नबुद्ध्या यः प्रणवाख्यं प्रणवैकात्मतामापन्नं प्रणेतारं पश्यति सोऽपि तदात्मा भवतीति योजना, 'तं यथा यथोपासते तदेव भवति' इति श्रुतेः। प्रणेताऽन्तर्यामीश्वरः तं प्रणेतारमन्तर्यामित्वेनोपलक्षितमित्यर्थः। भारूपं ज्ञानप्रकाशस्वरूपमित्यनेन स्वरूपलक्षणमुक्तं, विगतनिद्रमित्यविद्यातत्कार्यरूपावरणविक्षेपाज्ञानरहिततया कूटस्थत्वमुच्यते। विजरं विमृत्युमिति स्थूलसङ्घातधर्मवत्त्वनिरासेन ततो विविक्तत्वमुच्यते। विशोकमिति अन्तःकरणधर्मराहित्यं, चकारात् प्राणधर्मक्षुत्पिपासाराहित्यं गृह्यते, एतेन सूक्ष्मसङ्घातादपि विविक्ततोक्ता। तथा च कार्यकारणप्रपञ्चातीतं यथोक्तविशेषणं लयविक्षेपरहिततयाऽवस्थात्रयातीतया बुद्ध्या योऽनुभवति सोऽपि प्रणवाख्य इत्याद्युक्तात्मको भवतीत्येवं ह्याह। किं, एवं यथोक्तप्रकारेण प्राणप्रणेतारमात्मानं, अथ तथा ओङ्कारमोङ्कारात्मनैकोक्तं तत्त्वं प्रति यस्मादनेकधाऽनेकप्रकारं स्थूलसूक्ष्मकारणात्मकं सर्वं जगद्युनक्ति योजयति प्रविलापयति कश्चित्, युञ्जते वाऽपि स्वयमेव वा विलीयमानं युञ्जते योजयन्ति वा

एवं प्राणमथोङ्कारं यस्मात् सर्वमनेकधा ।
युनक्ति युञ्जते वापि तस्माद्योग इति स्मृतः ॥
एकत्वं प्राणमनसोरिन्द्रियाणां तथैव च ।
सर्वभावपरित्यागो योग इत्यभिधीयते ॥ २५ ॥

अथान्यत्राप्युक्तं यथा वाप्सु चारिणः शाकुनिकः सूत्रयन्त्रेणोद्धृत्योदरेऽग्नौ जुहोत्येवं वाव खल्विमान्

केचित्, तस्मादियं निष्ठा योग इति स्मृतः कथितो योगज्ञैरित्यर्थः । सिद्धनिष्ठां फलरूपं योगमुपलक्ष्य तत्साधकनिष्ठां साधनरूपं योगं लक्षयत्येकत्वमिति, प्राणादीनामेकत्वं, एकविषयप्रवणतया प्रत्यक्प्रवाहकरणं । सर्वभावपरित्यागः सर्वेषु क्रियाकारकफलेषु भावपरित्यागः सत्त्वबुद्धित्यागः, अथवा सर्वविषयको यो भावो भावनासंस्कारस्तस्य परित्यागः, अविषयात्मतत्त्वज्ञानाभ्यासेन बाह्यविषयवासनाभिभव इत्यर्थः॥ ॥ २५ ॥

पुनः प्रकारान्तरेण प्रणवनिष्ठायां भावनाविशेषं योगान्तरमाह "अथान्यत्राप्युक्तं ० यथा क्रमेण" इति । यथा वा लोके कश्चिच्छाकुनिकः शकुनोपजीवी किरातकैवर्तादिरप्सु चारिणो मत्स्यादीन् सूत्रयन्त्रेण जालसूत्रेणोद्धृत्योदरे उदरस्थेऽग्नौ जुहोति जाठराग्निसात्करोति एवं वाव एवमेव खलु इमान् प्राणान् जलचरस्थानीयान् देहान्तर्विच-

प्राणानोमित्यनेनोद्धृत्यानामयेऽग्नौ जुहोत्यतस्तप्तोर्वीव सोऽथ यथा तप्तोर्वि सर्पिस्तृणकाष्ठसंस्पर्शेनोज्ज्वलतीत्येवं वाव खल्वसावप्राणाख्यः प्राणसंस्पर्शेनोज्ज्वलत्यथ यदुज्ज्वलत्येतद्ब्रह्मणो रूपञ्चैतद्विष्णोः परमं

रतः सर्वानेव मुख्यामुख्यरूपानोमित्यनेनाक्षरेण जालसूत्रस्थानीयेन सर्वार्थसङ्ग्रहसमर्थेनोद्धृत्य पृथक्कृत्यानामये निर्दोषे ब्रह्मात्माग्नौ जुहोति तदात्मसात्करोति इत्यर्थः। उद्धृत्य होमे दृष्टान्तमुक्त्वा कृतस्याऽग्नियत्नस्तयाग्निमयत्वे दृष्टान्तमाह, अतस्तप्तोर्वीव स इति। अतो होमानन्तरं स आत्मरूपोऽनामयोऽग्निस्तप्तोर्वीव उर्वीशब्देनोर्वीजं भाण्डमुच्यते यथा घर्मे महावीराख्यं भाण्डं तप्तं तादृशः स इत्यर्थः। दृष्टान्तं विवृणोति, अथ यथेति। तप्ता उर्वी आधारो यस्य तत् तप्तोर्वि तच्च तत् सर्पिश्चेति विग्रहः। तद्यथा तृणादिसंस्पर्शेनोज्ज्वलत्यूर्द्ध्वज्वालं जायते एवमित्यादिदार्ष्टान्तिकोक्तिः, एवं वावैवमेव खल्वसावप्राणाख्यः प्राणादिसङ्घातादिविक्तया प्राणाख्यामलभमान आत्माग्निः प्राणसंस्पर्शेनोज्ज्वलति प्रकटीभवतीत्यर्थः। एतदुक्तं भवति यथा सन्तप्ते भाण्डे विद्यमानोऽप्यग्निर्न स्वरूपेण संदृश्यते घृतेनोद्दीपितः संस्तदक्तृणादिसम्बन्धे यथावद्दृश्यते एवमसावात्मा देहसंस्थो न यथावदवभासते प्राणादिप्रपञ्चप्रविलापने सति विलीयमानप्रपञ्चानगतचि-

यच्चैतद्रुद्रस्य रुद्रत्वमेतत्तदपरिमितधा चात्मानं विभज्य पूरयतीमान् लोकानित्येवं ह्याह।

वह्नेश्च यद्वत् खलु विष्फुलिङ्गाः
सूर्यान्मयूखाश्च तथैव तस्य।
प्राणादयो वै पुनरेव तस्मा-
दभ्युच्चरन्तीह यथाक्रमेण॥ २६॥

दाभासद्वारा यथावदवभासत इति। अथेत्र पूर्वोक्तस्यात्मनो यदग्निरूपकत्वमुक्तं तद्दृष्टान्तेन प्रपञ्चयति, तप्तोर्वीव स इत्यादिना। तप्तोर्विशब्देन तप्तं घृतं लक्ष्यते, तद्यथा स्वोर्व्या सह तप्यमानं स्वसंसर्गि सर्वं तृणादिकं सन्तपदभिज्वलति एवमयमप्राणाख्य आत्मा चिदाभासव्याप्तं देहद्वयं सन्तपंस्तत्संसृष्टं सर्वमेव जगदभिज्वलयति प्रकाशयतीत्यग्नित्वेन रूपकमुक्तमिति। अस्यैव सर्वोत्पत्तिस्थितिलयकारणत्वेन सर्वात्मत्वमाविष्करोति, अथ यदुज्ज्वलतीति। एतद्ब्रह्मणो हिरण्यगर्भस्य स्रष्टुः रूपं स्वरूपं, विष्णोः पालकस्य परमं पदं स्वरूपं, एतदेव च रुद्रस्य संहर्तुः रुद्रत्वं स्वरूपं, एतदेव तदात्मरूपं ब्रह्माऽपरिमितधा चात्मानं विभज्य देवतिर्यङ्मनुष्यादिभेदेनाविद्ययात्मानमनेकधा विभज्येमान् लोकान् पूरयतीत्येवं ह्याह, वह्नेश्च यद्वदिति। पूर्वार्द्धं स्पष्टार्थं। प्राणादयो वै प्रसिद्धाः पुनरेवेति सुषुप्तिप्रलययोः प्रलीनाः पुनः पुनस्तस्मादभ्युच्चरन्तीह प्रबोधसृष्ट्योर्यथाक्रमेण पूर्वसृष्टिक्रमेणेत्यर्थः। तथा च श्रुत्यन्तरे

U 2

अथान्यत्राप्युक्तं ब्रह्मणो वावैतत्तेजः परस्यामृतस्याशरीरस्य *यच्छरीरस्यौष्ण्यमस्यैतत् घृतमथाविः-

---

'यथाग्नेः क्षुद्रा विस्फुलिङ्गा व्युच्चरन्त्येवमेवास्मादात्मनः सर्वे प्राणाः सर्वे लोकाः सर्वे देवाः सर्वाणि भूतानि व्युच्चरन्ति' (वृहदा० अ० ४) इति ॥ २६ ॥

इदानीं प्रकारान्तरेण हृद्यन्तर्ज्योतिषमात्मानमुपलम्भयन् सफलामात्मनिष्ठामुपदिशति "अथान्यत्राप्युक्तं ० तेजस्यैवाग्निसूर्ययोः" इति। ब्रह्मणो वाव परमात्मन एवैतद्वक्ष्यमाणं तेजः, किंलक्षणस्य परस्य सर्वदृश्यस्वभावातीतस्यात एवामृतस्य जन्मादिमरणान्तविक्रियारहितस्येति यावत्। स्वतः परममृतमपि ब्रह्मतेजः शरीरसम्बन्धात् विपरीतं स्यादित्यतो विशिनष्टि, अशरीरस्येति। शरीरसम्बन्धरहितस्य, न हि निरवयवस्यासङ्गस्य जतुकाष्ठवत् शरीरसंश्लेषोऽस्तीति भावः। एवंविधस्य ब्रह्मणो वावैतत्तेज इति सम्बन्धः। किं तदित्याह। यच्छरीरस्यौष्ण्यं शरीरसम्बन्ध्याग्नेयं यदौष्ण्यमुपलभ्यते स्पर्शनेन प्रत्यक्षेण तद्ब्रह्मणस्तेज इत्यर्थः। तथा च छान्दोग्ये 'यदतः परो दिवो ज्योतिर्दीप्यते' इत्युपक्रम्य 'इदं वाव तद्यदिदमस्मिन्नन्तःपुरुषे ज्योतिस्तस्यैषा दृष्टिर्यत्रैतदस्मिञ्छरीरे संस्पर्शेनोष्णिमानं विजानाति' इति। अस्य तेजस एतत् प्रसिद्धं शरीरं घृतं, अनेन हि तद्ब्रह्मतेजोऽन्यत्राप्रकाशमानमग्निरिव घृतेन दीप्यते।

---

* यत्प्रशरीरस्येति लिखितं।

सन्नभसि निहितं वैतदेकाग्रेणैवमन्तर्हृदयाकाशं वि-नुदन्ति यत्तस्य ज्योतिरिव सम्पद्यतीत्यतस्तद्भावम-चिरेणैति भूमावयस्पिण्डं निहितं यथाऽचिरेणैति

एवं सामान्येन देहगतौष्ण्यात्मना ब्रह्मतेजः सम्भावनापदं नीतमिदानीं तस्य साक्षात्कारपदवीमुपदिशति, अथाविः सन्निति। अथैवं सम्भावितं तत्तेजः आविः प्रकटं सन्नभसि हृदयाकाशे निहितं स्थितं वै निश्चितं सर्वश्रुतिष्वेतदित्यर्थः । तथा च मुण्डके 'आविः सन्निहितं गुहाचरं नाम महत्पदं' इति । तत्तेज एवमुक्तप्रकारमुद्दिश्यान्तर्हृदये हृदयपुण्डरीके यदाकाशं तदेकाग्रेण चित्तसमाधानेन विनुदन्ति विशेषेण नुदन्ति हृदयपुण्डरीकविकासनेन तत्स्थमाकाशमाविष्कुर्वन्तीत्यर्थः। एवं क्रियमाणे तस्याकाशस्य सम्बन्धि यज्ज्योतिरिव प्रकाश इव नित्यसिद्धमप्यावरणतिरोधानमात्रापेक्षयोद्भूतप्रकाश इव सम्पद्यति सम्पद्यते अभिव्यक्तं जायत इत्यर्थः । इति यतः स्वतः सिद्धं तेजोऽभिव्यज्यतेऽतस्तद्भावं तस्य तेजसो भावं स्वभावमचिरेणाल्पकालेन सद्य एव एति प्राप्नोत्युपासकः। तस्य प्रत्यग्रूपत्वेन नित्यप्राप्तत्वात्, तदावरणतिरोधानमात्रमपेक्ष्य प्राप्तिरुपचर्यत इति भावः। तत्रोपाध्याकारप्रतिबन्धनिवृत्त्याऽचिरेण स्वस्वरूपापत्तौ दृष्टान्तमाह, भूमाविति। भूमौ निहितमन्तर्भूमौ निक्षिप्तमयस्पिण्डं पिण्डी-

भूमित्वं मृद्वत्संस्थमयस्पिण्डं यथाग्न्ययस्कारादयो नाभिभवन्ति प्रणश्यति चित्तं तथाश्रयेण सहैवमित्येवं ह्याह।

भूतमयो यथाऽचिरेण भूमित्वं मृद्भावमुपैति गच्छति मृदेव भवतीत्यर्थः, तथा सम्यक् स्वरूपापन्नस्य पुनरनुत्थानमेवेति, अत्रापि दृष्टान्तमाह, मृद्वत्संस्थमिति। मृद्वत् साचात् मृत्तिकेव संस्था स्थितिर्यस्य तन्मृद्वत्संस्थं, अत्र वतिप्रयोग उक्तिभङ्गीमात्रो मृदात्मना स्थितमित्यर्थः। यथा मृदात्मतां गतमयस्पिण्डमग्न्ययस्कारादयो नाभिभवन्ति अग्निना प्रागयस्पिण्ड इव तस्मिन्नभिव्यक्तप्रकाशेन न दह्यते न वाऽयस्कारैर्लौहकारैर्विकारीक्रियत इत्यर्थः। दार्ष्टान्तिकमाह, प्रणश्यति इति। यथेमौ दृष्टान्तौ तथा चित्तं चित्तस्थश्चिदाभासो जीवाख्य आश्रयेणोपाधिना चित्तेन सह प्रणश्यति निराभासज्योतीरूपमापद्यते इत्यर्थः। यद्वा चित्तं साभासमन्तःकरणं आश्रयेण वासनात्मकलिङ्गेन सह प्रणश्यति प्रकर्षेण नश्यति उच्छिन्नसंस्कारं भवति पुनर्नोत्पत्त्यर्हं भवतीत्यर्थः। एवमेवैतन्नान्यथेत्येवमर्थमाह श्लोक इत्यर्थः। हृद्याकाशमयं आकाशवदसङ्गं यद्वा हृदये यदाकाशं तत्स्वरूपं हृद्याकाशमयं, कोशो भाण्डाकारस्तद्वत् सर्ववस्त्वाश्रयत्वात् कोशमिव कोशं, लिङ्गव्यत्ययः छान्दसः। तथा च हार्दाकाशं प्रकृत्य श्रुत्यन्तरं 'उभे अस्मिन् द्यावापृथिवी अन्तरेव समाहिते उभावग्निश्च वायुश्च सूर्याचन्द्रमसा-

ह्यद्याकाशमयं कोशमानन्दं परमालयं ।

स्वं योगश्च ततोऽस्माकं तेजश्चैवाग्निसूर्ययोः ॥ २७ ॥

अथान्यत्राप्युक्तं भूतेन्द्रियार्थानतिक्रम्य ततः प्रव्रज्याज्यं धृतिदण्डं धनुर्गृहीत्वाऽनभिमानमयेन चैवे-

---

वुभौ विद्युन्नक्षत्राणि यच्चास्येहास्ति यच्च नास्ति सर्वं तदस्मिन् समाहितं' (छां॰अ॰८) इति। आनन्दयतीत्यानन्दं 'एष ह्येवानन्दयाति' इति श्रुतेः। परमालयं आसमन्ताल्लीयतेऽस्मिन् सर्वमित्यालयं परमं च तदालयं च परमालयं मुक्तिरूपमित्यर्थः। एवम्भूतं यद्ब्रह्मरूपं तेजस्तदस्माकं स्वं स्वरूपं योगश्च, युज्यत इति योगः, फलं पुरुषार्थः सोऽप्येतदेवेति योजना। यत एवमतोऽस्य सर्वात्मकत्वादग्निसूर्ययोश्च तेज एतदेवेत्यर्थः। तथा च भगवद्वचनं।

अविभक्तञ्च भूतेषु विभक्तमिव च स्थितं ।

भूतभर्तृ च तज्ज्ञेयं ग्रसिष्णु प्रभविष्णु च ॥

ज्योतिषामपि तत् ज्योतिस्तमसः परमुच्यते। इति ॥२७॥

इदानीमुक्तस्य ब्रह्मतेजस उपलम्भे योगविशेषमुपदिशति "अथान्यत्राप्युक्तं ० न कदाचन" इति। भूतपदेन ततसङ्घातो देहो गृह्यते, इन्द्रियाणि प्रसिद्धानि, अर्थाः शब्दादयो विषयाः। देहेन्द्रियविषयानतिक्रम्य तेष्वहंममाभिमानं त्यक्त्वा ततोऽनन्तरं प्रव्रज्या सन्यास एव ज्या यस्य तत्प्रव्रज्याज्यं, धृतिर्धैर्यं

पुणा तं ब्रह्मद्वारपारं निहत्याद्यं सम्मोहमौली तृष्णे-
र्ष्याकुण्डली तन्द्रीराघवेत्र्यभिमानाध्यक्षः क्रोधज्यं प्र-
लोभदण्डं धनुर्गृहीत्वेच्छामयेन चैवेषुणेमानि खलु

दण्डः काण्डं यस्य तद्धृतिदण्डं, एवंविधं धनुर्गृहीत्वा धैर्यमास्थाय तस्मिन्नसङ्गतालक्षणां ज्यामारोप्येत्यर्थः। तस्मिन् धनुषि संहितेनानभिमानमयेन चकाराद्विवेकशितेन चेषुणेव विद्याचारकुलादिनिमित्ताभिमानपरित्यागात्मकेन दृग्दृश्यविवेकोपकृतेन च यथोक्तानभिमानमयेन यथोक्तविवेकतीक्ष्णेनेषुणेति यावत्। तमाद्यमिति सम्बन्धः। तं प्रसिद्धमाद्यं सर्वानर्थकारणमहङ्काराख्यं ब्रह्मद्वारपारं हार्दस्य ब्रह्मणः प्राप्तिद्वारस्य पारं पालं, रलयोरभेदात्, द्वारनिरोधकरमित्यर्थः। एवम्भूतं निहत्य हत्वा ब्रह्मशालां विशेदित्युत्तरत्र सम्बन्धः। सङ्क्षेपेणोक्तं विवृण्वती श्रुतिरहङ्कारस्य हन्तव्यत्वे हेतुं सूचयति, सम्मोहेत्यादिना। सम्मोहो मिथ्याज्ञानं मौलिरुष्णीषमस्यास्तीति सम्मोहमौली। तृष्णा विषयचापलं, ईर्ष्या परोत्कर्षासहनञ्च कुण्डले यस्य विद्येते स तृष्णेर्ष्याकुण्डली। तन्द्री सत्कर्मस्वालस्यं, द्रा निद्रा, अघं पापं चेत्येतानि वेत्रं यष्टिविशेषो यस्य स तन्द्रीराघवेत्री। अभिमानः स्वोत्कर्षाभिनिवेशस्तस्याध्यक्षोऽधिष्ठाय प्रवर्तयिता प्रागुक्तोऽहङ्कारः साभासः सः। क्रोधज्याकं प्रलोभदण्डं धनुर्गृहीत्वा

भूतानि हन्ति तं हत्वोङ्कारप्लवेनान्तर्हृदयाकाशस्य पारं तीर्त्वाविर्भूतेऽन्तराकाशे शनकैरवटैवावटकृद्धातुकामः संविशत्येवं ब्रह्मशालां विशेत् ततश्चतुर्जालं ब्रह्मकोशं प्रणुदेद्गुर्वागमेनेत्यतः शुद्धः पूतः शून्यः शान्तोऽप्राणो निरात्माऽनन्तोऽक्षय्यः स्थिरः शाश्वतोऽजः स्व-

---

दृच्छामयेन स्वच्छन्दापरपर्यायवाच्यरूपेण चकाराद्विवेकनिशितेन चैवेषुणेमानि प्रसिद्धानि खलु भूतानि स्थावरजङ्गमात्मकानि हन्ति पीडयति, तमेनं सर्वपीडाकरत्वाद्धन्तव्यं हत्वा उन्मूल्योङ्कारप्लवेन तरणसाधनेनान्तर्हृदयाकाशस्य सर्वजगदाश्रयतयाऽव्याकृताख्यस्य पारं परतीरं तदधिष्ठानं सर्वसाक्षिभूतं तीर्त्वा प्राप्य, आविर्भूतेऽन्तराकाशे ब्रह्माकारेऽभिव्यक्ते सति शनकैः शनैरसंभ्रमेण ब्रह्मशालां विशेदिति सम्बन्धः। शनैस्तदनुप्रवेशे दृष्टान्तमाह, अवटैवेति। सन्धिश्छान्दसः। अवट इवेत्येतत्। यथा कश्चिद्धातुकामः सुवर्णादिधातूनन्तर्भूमौ निहितान् कामयमानोऽवटकृद्गर्तकर्ताऽवटे तस्मिञ्छनैः संविशति प्रकटीभूतं धातुं पश्यन्नेवं प्रादुर्भूतब्रह्मशालां ब्रह्मप्रकाशस्थानं साक्षित्वेनावशेषितं प्रत्यगेकरसमात्मानं विशेत्, ततस्तत्प्रवेशानन्तरं चत्वारि जालान्युपर्युपरि वेष्टनानि यस्मिंस्तच्चतुर्जालं ब्रह्मकोशं ब्रह्मणः कोशवदाच्छादकमन्नमयप्राणमयमनोमयविज्ञानमयाख्यैश्चतुर्भिः कोशैः परिवेष्टितमानन्दमयकोशं प्रणुदेत् प्रेरयेद्भिन्द्यादिति यावत्। केन

x

तन्त्वः स्वे महिम्नि तिष्ठत्यतः स्वे महिम्नि तिष्ठमानं
दृष्ट्वाऽऽवृत्तचक्रमिव सञ्चारचक्रमालोकयतीत्येवं ह्याह।

षड्भिर्मासैस्तु युक्तस्य नित्यमुक्तस्य देहिनः।
अनन्तः परमो गुह्यः सम्यग्योगः प्रवर्तते॥
रजस्तमोभ्यां विद्धस्य सुसमिद्धस्य देहिनः।
पुत्रदारकुटुम्बेषु सक्तस्य न कदाचन॥ २८॥

साधनेन गुर्वागमेन गुरूपदिष्टेनागमेन वेदान्तवाक्येनानन्दमयकोशाश्रयं ब्रह्मैव प्रत्यगात्मेत्यागमाचार्याभ्यां निश्चित्य कोशेष्वात्माभिमानं त्यजेदित्येष क्रम इत्यर्थः। अतोऽनन्तरमतः कारणात् सर्वप्रतिबन्धनिवृत्तेरिति वा, शुद्धः पूत इत्यादिविशेषणः स्वे महिम्नि तिष्ठति, अतोऽनन्तरं स्वे महिम्नि स्वस्वरूपे तिष्ठमानमवतिष्ठमानमात्मानं दृष्ट्वा आवृत्तचक्रमिव परावृत्तचक्रमिव संसारचक्रमालोकयति यथा रथादुत्तीर्णो रथचक्रं परावृत्तव्यापारं दूरत एवावेक्षते कश्चित् तथा विद्वान् ब्रह्मसम्पन्नः संसारचक्रं दूरादेवावलोकयति न पूर्ववत् स्वसम्बन्धितयेत्यर्थः। इत्येवं ह्याह, श्लोकाभ्यामुक्तमर्थजातमित्यर्थः। नित्यमुक्तस्य जितेन्द्रियस्य अभिमानशून्यस्य षड्भिर्मासैस्तु युक्तस्य योगनिरतस्य प्रागुक्तवर्त्मना प्रणवाभ्यासं कुर्वतो देहिनोऽनन्तः परमो गुह्यः सम्यग्योगः परमात्मसम्पत्तिलक्षणः प्रवर्तते सिद्ध इत्यर्थः। सुसमिद्धस्य विद्याविनयाचारैः सुदीप्तस्याऽपि देहिनो

एवमुक्त्वाऽन्तर्हृदयः शाकायन्यस्तस्मै नमस्कृत्वाऽनया ब्रह्मविद्यया राजन् ब्रह्मणः पन्थानमारूढाः पुत्राः प्रजापतेरिति सन्तोषं द्वन्द्वतितिक्षां शान्तत्वं योगाभ्यासादवाप्नोतीत्येतद्गुह्यतमं नापुत्राय नाशि-

---

रजस्तमोभ्यां गुणाभ्यां विद्रुतस्य परवशस्य तावमुञ्चतः पुत्रादिष्वत एव सक्तस्य न कदाचन सम्यग्योगः प्रवर्तत इत्यर्थः॥ ॥ २८ ॥

इदानीं वालखिल्याख्यायिकामुपसंहरन्नुक्तयोः सगुणनिर्गुणविद्ययोः सम्प्रदानविशेषमुपदिशति शाकायन्य इत्याह। "एवमुक्त्वाऽन्तर्हृदयः ० सम्पन्नाय दद्यात्" इति। एवममुना प्रकारेण ब्रह्मविद्यामनेकप्रकारां दृढ्रथायोक्त्वाऽन्तरेव प्रत्यक्त्वे हृदयं बुद्धिर्यस्य सोऽन्तर्हृदयः शाकायन्यः ऋषिस्तस्मै ब्रह्मणे स्वगुरवे वा नमस्कृत्वाऽनया मया तुभ्यमुक्तया ब्रह्मविद्यया परापरब्रह्मविषयया हे राजन् ब्रह्मणो यथोक्तस्य पन्थानं ब्रह्मप्राप्तिमार्गमारूढाः प्रजापतेः क्रत्वाख्यस्य पुत्रा वालखिल्यसञ्ज्ञिता मुनय इत्युवाचेति योज्यं। योगाभ्यासात् सन्तोषाद्यवाप्नोतीत्येवं चोवाचेत्यध्याहारः। एतदुक्तं ब्रह्मज्ञानं गुह्यतममतिगोप्यं रहस्यतममपुत्राय न कीर्तयेन्नोपदिशेत्, तथा अशिष्याय शिष्यवृत्तिरहिताय न कीर्तयेत्। शिष्यत्वे पुत्रत्वे च यद्यशान्तः साभिमानस्तस्मै अशान्ताय न कीर्तयेत्, तस्माच्छान्ताय शिष्याय पुत्राय वा कीर्तयेन्नान्यस्मै कस्मैचनेत्यर्थः।

ष्याय नाप्रशान्ताय कीर्तयेदित्यनन्यभक्ताय सर्वगुण-
सम्पन्नाय दद्यात् ॥ २९ ॥

ओम् शुचौ देशे शुचिः सत्त्वस्थः सदधीयानः सद्वा-
दी सद्ध्यायी सद्याजी स्यादित्यतः सद्ब्रह्मणि सत्यभिला-

तथा चोक्तं श्रुत्यन्तरे 'वेदान्ते परमं गुह्यं पुराकल्पप्रचोदितं। नाप्रशान्ताय दातव्यं नापुत्राशिष्याय वा पुनः' (श्वे०) इति। फलितमाह। अनन्यभक्तायाचार्यैकभजनपराय सर्वगुणसम्पन्नाय दद्यादिदं ज्ञानमित्यर्थः। शिष्यगुणास्तु श्रुतिस्मृतिपुराणसिद्धाः संगृह्य भगवत्पादैराचार्यैरुक्ताः 'प्रशान्तचित्ताय जितेन्द्रियाय प्रहीणदोषाय यथोक्तकारिणे। गुणान्वितायानुगताय सर्वदा प्रदेयमेतत् सततं मुमुक्षवे' इति ॥ २९ ॥

इदानीमध्यायशेषेण प्रकीर्णानि कानिचित् साधनानि साधारणानि क्वचिदसाधारणानि चोपदेष्टुं प्रवर्तते श्रुतिः "ओम् शुचौ देशे शुचिः० परमां गतिं" इति। शुचौ देशे गिरिनदीपुलिनगुहादिशुद्धस्थाने उपविश्येति योज्यं, शुचिः बाह्याभ्यन्तरशुद्धिसम्पन्नः, सत्त्वस्थः सत्त्वगुणस्थः प्रसन्नचित्त इति यावत्। सदधीयानः सदध्यात्मशास्त्राद्यभ्यसन्, सद्वादी सद्ब्रह्मतद्वदनशीलः। सद्ध्यायी ब्रह्मध्यानपरायणः, सद्याजी ब्रह्मयजनशीलः, यजनं तस्येश्वररूपस्य मानसैरुपचारैरभ्यर्चनं। एवं कुर्वन् स्यात् भवेत् मुमुक्षुरिति शेषः। इति यतोऽतः सद्ब्रह्म-

षिणि निर्वृत्तोऽन्यस्तत्फलच्छिन्नपाशोऽनिराशः परेष्वा-
त्मवद्विगतभयो निष्कामोऽक्षय्यमपरिमितं सुखमाक्रम्य
तिष्ठति परमं वै शेवधेरिव परस्योद्धरणं यत् निष्कामत्वं
स हि सर्वकाममयः पुरुषोऽध्यवसायसङ्कल्पाभिमान-

णि निर्वृत्तोऽपरिमितं सुखमाक्रम्य तिष्ठतीति सम्बन्धः। सदेव सोम्येदमिति ब्रह्मणि सच्छब्दश्रवणात् सदाख्यं ब्रह्म, तस्मिन् सदाख्ये ब्रह्मणि किंलक्षणे, सति अभिलाषिणि सति मद्धर्मनिरते पुंस्यभिलाषवति मदनुग्रहेच्छावतीति यावत्, निर्वृत्तो निष्पन्नो ब्रह्मणि सम्पन्नो ब्रह्मात्मभावमुपगतोऽत एवान्यः सङ्घाताभिमानिनो जीवरूपादन्योऽपरिच्छिन्नः, तत्फलच्छिन्नपाशस्तस्य ब्रह्मणो यत्फलं स्फूर्तिः प्रतिभासस्तेन छिन्नसंसारवासनापाशोऽत एव निराशः प्राप्तव्यविषयाशाशून्यः सर्वात्मब्रह्मरूपत्वात् परेषु जीवान्तरेष्वात्मवदात्मनीव विगतभयो निरातङ्कः न चास्य द्वितीयदर्शननिमित्तं भयं भवतीत्यर्थः, आत्मा ह्येषां स भवतीति श्रुत्यन्तरात्। यतो निष्कामः, कामवतो हि तदुपघातनिमित्तं भयं भवति, कामस्य देहाद्यभिमानपुरःसरः, तद्रहितोऽयं निष्कामत्वात् निर्भय इत्यर्थः। अतोऽक्षय्यं क्षेतुमशक्यमविनाशीति यावत्, अपरिमितमपरिच्छिन्नं वैषयिकसुखविलक्षणमित्येतत्, एवंविधं सुखमाक्रम्यात्मसात्कृत्वा तिष्ठति परमानन्दमश्नुत इत्यर्थः। निष्कामत्वमस्तौति तस्य सर्वसाधनेभ्यः श्रैष्ठ्यं द्योत-

लिङ्गो बद्धोऽतस्तद्विपरीतो मुक्तोऽचैक आहुर्गुणः प्रकृतिभेदवशादध्यवसायात्मबन्धमुपागतोऽध्यवसायस्य दोषक्षयाद्धि मोक्षो मनसा ह्येव पश्यति मनसा शृणोति कामः सङ्कल्पो विचिकित्सा श्रद्धाऽश्रद्धा धृतिरधृति-

---

यितुं परमं वा इति। यत् निष्कामत्वं तत् शेवधेर्निधेरिव परस्य परमात्मनः परमं सर्वोत्तममुद्धरणं प्रकटीकरणं वै प्रसिद्धं विद्वज्जनेष्वित्यर्थः। एतच्च दुर्घटमिति द्योतयन् पुंसः स्वभावं सङ्कीर्तयति, स हीत्यादिना। हि यस्मात् स पुरुषः स्वभावतः सर्वकाममयः सर्वविषयकामाकुलः यतोऽध्यवसायसङ्कल्पादिलिङ्गस्तद्वत्तया काममयत्वमवगम्यत इत्यर्थः। अत एवायं बद्धो यतः काममयो बद्धोऽतस्तद्विपरीतोऽकाममयो मुक्त एवेत्यकामात्मता सम्पाद्या मुमुक्षुणेति भावः। इदानीमत्र मतान्तरं साङ्ख्यदृष्टिविषयमुत्थापयति स्वमतपरिशुद्धये, अचैक आहुरिति। गुणो गुणकार्यं महदाख्यं बुद्धितत्त्वं प्रकृतिभेदवशात् पूर्ववासनात्मकस्वभावविशेषवशादध्यवसायात्मबन्धं विषयाध्यवसायादिरूपं बन्धनमुपागतः, न चिदात्मेत्यर्थः। अध्यवसायस्य यो दोषो बहिर्विषयप्रवणता तस्य क्षयान्नाशाद्विषयवासनाविच्छेदाद्धि मोक्षः पूर्वोक्तस्य गुणस्यैवेत्यर्थः। अचेतिशब्दोऽध्याहार्यो मोक्ष इति इत्येक आहुरिति सम्बन्धः। उत्थापितं मतं व्युत्थापयति, मनसा हीति। अन्तःकरणाभिमतस्य बुद्धि-

ह्रीर्धीर्भीरित्येतत्सर्वं मन एव गुणौघैरुह्यमानः कलु-
षीकृतश्चास्थिरश्चञ्चलो लुप्यमानः सस्पृहो व्यग्रश्चाभि-
मानित्वं प्रयाता इत्यहं सो ममेदमित्येवं मन्यमानो
निबध्नात्यात्मनात्मानं जालेनेव खचरोऽतः पुरुषोऽध्यव-

तत्त्वस्य करणविभक्त्या परामर्शात् सर्वश्रुतिषु न तस्य कर्तृत्वम-वगन्तुं शक्यं, यतो मनसैव हि पश्यति लोकश्चक्षुषा यद्रूपं पश्यति तन्मनसैव पश्यति, मनोव्यासङ्गे सति चक्षुः सम्बद्धस्याप्यप्रतिभा-सात्, 'अन्यत्रमना अभूवं नादर्शमन्यत्रमना अभूवं नाश्रौषमिति मनसा ह्येव पश्यति' (बृहदा०) इत्यन्वयव्यतिरेकाभ्यां श्रुत्यन्तरे मनोबुद्ध्यहङ्कारशब्दवाच्यस्यान्तरात्मनः करणत्वावधारणात् न तस्य कर्तृत्वमिति तात्पर्यार्थः । विचिकित्सा संशयः, प्रसिद्धार्थ-मन्यत्, एतत् सर्वं मन एव मनोविकारत्वात्, सुवर्णं कुण्डल-मितिवन्मनोऽभेदेन तद्धर्मत्वं कामादीनामवधार्यते, कर्तृ-धर्मत्वभ्रान्तिव्यावृत्तय इत्यर्थः । ननु यद्येते कामादयो न कर्तृधर्माः कथं तर्हि कर्त्राश्रयतयाऽहं कामीत्यादिरूपेण प्रति-भास इति चेन्नायं दोषोऽन्तःकरणोपाधिनिबन्धनत्वात्, कर्तृ-त्वस्य चात्मना तादात्म्याध्यासाधीनत्वादेव प्रतिभासोपपत्तिः स्फटिकमणेरिवोपाधिको लौहित्यप्रतिभास इत्यभिप्रेत्याह, गुणौघैरुह्यमान इति । गुणानां सत्त्वादीनां मायागुणाना-मोघाः प्रवाहा देहद्वयतद्धर्मरूपाः, तैरुह्यमानः परवशीक्रिय-

साध्यवसायसङ्कल्पाभिमानलिङ्गो बद्धोऽतस्तद्विपरीतो मुक्त-स्तस्मात् निरध्यवसायो निःसङ्कल्पो निरभिमानस्ति-ष्ठेदेतन्मोक्षलक्षणमेषात्र ब्रह्मपदव्येषोऽत्र द्वारविवरोऽ-

---

माणोऽभिमानित्वं प्रयात इत्यन्वयः। जालेनेव खचर इत्यन्तं तृतीयप्रपाठके द्वितीयानुवाके व्याख्यातं। यस्मादेवमचेतनस्य बुद्धितत्त्वस्य स्वसत्तास्फुर्त्योरस्वतन्त्रस्य कर्तृत्वबन्धमोक्षभाक्त्व-मनुपपन्नं, कूटस्थस्याऽपि चिदात्मनः परोपाधिवशात् प्राति-भासिकं तत् सर्वमुपपन्नमतोऽस्माद्धेतोः पुरुषोऽध्यवसायेत्या-दिप्रासङ्गिकार्थोपसंहारः स्पष्टार्थः। प्रकृतमुपसंहरति, तस्मात् निरध्यवसाय इति। मुमुक्षुरेदकामः सन् विषयाध्यवसायादि-रहितः स्यादित्यर्थः। एतद्यदकामादिलक्षणमवस्थानमेतन्मो-क्षलक्षणं मोक्षसाधनं यत एषात्र श्रेयोमार्गेषु मध्ये ब्रह्मपदवी साक्षाद्ब्रह्मप्राप्तिमार्गः, एषोऽत्र द्वारविवरो मोक्षद्वारस्योद्घाटन-मित्यर्थः। त्रिधेयाविष्टलिङ्गभेदैर्निरध्यवसायाद्यात्मना अकामा-त्मत्वावस्थानं निर्दिश्यते। किं बहुनाऽनेनाकामात्मत्वावस्थानेनास्य संसाररूपस्य तमसः पारं परतीरं विष्णोः परमं पदं गमिष्यति अचिरेणैवात्मतत्त्वज्ञानेनोपैष्यतीत्यर्थः। एतां पदवीमधिगतस्य न पुनः प्राप्तव्यमवशिष्यत इत्याह, अत्र हीति। तथा च श्रुतिस्मृती 'यो वेद निहितं गुहायां परमे व्योमन् सोऽश्नुते सर्वान् कामा-न्सह' (तैत्तिरीयो०) इति, 'यावानर्थ उदपाने सर्वतः संप्लुतोदके तावान् सर्वेषु वेदेषु ब्राह्मणस्य विजानतः' (गी०) इति। अत्रोक्तेऽर्थे

नेनास्य तमसः पारं गमिष्यत्यत्र हि सर्वे कामाः समाहिता इत्यत्रोदाहरन्ति ।

यदा पञ्चावतिष्ठन्ते ज्ञानानि मनसा सह ।
बुद्धिश्च न विचेष्टते तामाहुः परमां गतिं ॥

एतदुक्त्वान्तर्हृदयः शाकायन्यस्तस्मै नमस्कृत्वा यथा-

निरभिमानस्य ब्रह्मपदप्राप्तिरित्यत्र उदाहरन्ति कठाः (कठोप० ६) इति शेषः। यदा यस्मिन् काले पञ्च ज्ञानानि ज्ञानेन्द्रियाणि श्रोत्रादीनि मनसा सह मनःसहितानि सर्वेन्द्रियाणीति यावत् अवतिष्ठन्ते निश्चलानि भवन्ति बुद्धिश्चाध्यवसायलक्षणा न विचेष्टते नेङ्गते, किन्तु निर्वातदेशस्थप्रदीपवन्निश्चलीभवति इत्यर्थः। येयमिन्द्रियमनोबुद्धीनां निश्चलावस्था तां परमां गतिं परमं ब्रह्मप्राप्तिसाधनमाहुर्ब्रह्मविद इत्यर्थः। इदानीं शाकायन्यस्य वृत्तान्तं कथयन्ती श्रुतिः सगुणब्रह्मोपासकानां ब्रह्मप्राप्तिद्वारमुपदिशति तच्चिन्तनार्थं "एतदुक्त्वान्तर्हृदयः ० आदित्य इति" इति। एतदुक्तं सर्वं दर्शनं समाधनमुक्त्वा-ऽन्तर्हृदयोऽन्तरात्मनि हृदयं बुद्धिर्यस्य सोऽन्तर्हृदयः शाकायन्य उपररामेत्यध्याहारः। मरुन्मरुन्नामा बृहद्रथस्तस्मै शाकायन्याय नमस्कृत्वा यथावदुपचारी यथाशास्त्रं शुश्रूषापूजाद्युपचारपरः कृतकृत्योऽवाप्तकाम उत्तरायणं ब्रह्मपथं गतः सगुणनिर्गुणब्रह्मज्ञानमुपगत इत्यर्थः। न ह्यत्रोक्ततत्त्वनिष्ठायामद्वर्त्मनोन्मार्गेण तिर्यगादिमार्गेण गतिर्गमनमस्तीति शेषः।

वदुपचारी कृतकृत्यो मरुदुत्तरायणं गतो न ह्यत्रो-द्वर्त्मना गतिरेषोऽत्र ब्रह्मपथः सौरं द्वारं भित्त्वोर्द्धेन विनिर्गता इत्यत्रोदाहरन्ति।

यत एष उक्तविद्यारूपोऽर्थोऽत्र श्रेयोमार्गेषु ब्रह्मपथो ब्रह्मप्राप्ति-मार्ग इत्यर्थः। अत्र 'न तस्य प्राणा उत्क्रामन्ति अत्रैव समवनी-यन्ते ब्रह्मैव सन् ब्रह्माप्येति' (शत०ब्रा०का०१४।अ०७) इति श्रुते-र्निर्गुणब्रह्मात्मतत्त्वविदो नोत्क्रमणमस्तीत्येतत्सिद्धवत्कृत्य स-गुणब्रह्मविदो ब्रह्मलोकमार्गं क्रममुक्तेर्द्वारं विस्पष्टमाह श्रुतिः, सौरमिति। सौरं द्वारं सूर्यमण्डलमध्यगतमविदुषामभेद्यं द्वारं भित्त्वा विदार्य ऊर्द्धेनोपरितनेन विद्युदादिना विनिर्गता उपासका इत्यत्रास्मिन्नर्थे रश्मिविशेषनिर्द्धारणार्थमुदाहरन्ति श्लोकानिति शेषः। अथवा मरुदुत्तरायणं गत इति मरुन्नाम्नो राज्ञ एव वृत्तान्तः कथ्यते। तथा चायमर्थः, उत्तरायणं देवयानं पन्थानं गतः कालेनारूढो न साक्षात् कैवल्यमत्रैव गत इत्यर्थः। यदि साक्षान्मुक्तिं न प्राप तर्हि भोगान्ते संसारः स्यादित्यत आह, न ह्यत्रेति। अत्रोपासनायां सत्यामुद्वर्त्म-ना संसारमार्गेण पुनर्गतिर्गमनं न ह्यस्ति 'न हि कल्याणकृत् कश्चित् दुर्गतिं तात गच्छति' इति भगवत्स्मरणात्। यत एष देवयानोऽत्रोपासनायां ब्रह्मपथो ब्रह्मणः परस्याऽपि क्रमेण प्रापकत्वात् ब्रह्मपथ इत्यर्थः। सौरद्वारं भित्त्वोर्द्धेन विनि-र्गतो मरुन्नामा राजर्षिः, अत्रोदाहरन्ति इति पूर्ववत्। तस्य

अनन्ता रश्मयस्तस्य दीपवद्यः स्थितो हृदि।
सितासिताः कद्रुनीलाः कपिला मृदुलोहिताः॥
ऊर्द्धमेकः स्थितस्तेषां यो भित्त्वा सूर्यमण्डलं।
ब्रह्मलोकमतिक्रम्य तेन यान्ति परां गतिं॥

रश्मयो निर्गमननाड्यश्चिदाभासव्याप्ता अनन्ताः, कस्य, यो हृदि ध्यानकाले दीपवत् प्रकाशमान आत्मा स्थितस्तस्येत्यर्थः। आत्मनिर्गमननाड्यन्तर्गतानां रसानां वातपित्तकफानां समन्यूनाधिकभाववशात् सितादिवर्णास्तासु भवन्ति, तद्धात्पादर्शं तु वैद्यके सिद्धं, तदेतदाह सितेति। सिताश्चासिताश्च सितासिताः कफबाहुल्ये सिताः वायुबाहुल्ये त्वसिता इत्यर्थः। कद्रवश्च नीलाश्च कद्रुनीलाः वायुकफयोः कुपितयोः सङ्करे कद्रवः कद्रुवर्णा ईषच्छ्यामा इत्यर्थः। पित्तवाय्वोः सङ्करे नीलवर्णाः, पित्ताधिक्ये कपिलाः, मृदवश्च ते लोहिताश्च मृदुलोहिताः, उद्रिक्तेन पित्तेनांशतो वायुकफयोर्योगात् मृदुलोहिता रश्मयो नाड्यन्तर्गता भवन्तीत्यर्थः। तथा च श्रुत्यन्तरं 'तस्मिञ्छुक्लमुत नीलमाहुः पिङ्गलं हरितं लोहितं च' (वृहदा० अ० ६) इति। तथा नाडीः प्रकृत्य 'ताः पिङ्गलस्याणिम्नस्तिष्ठन्ति शुक्लस्य नीलस्य पीतस्य लोहितस्य पूर्णाः' (छान्दो० अ० ८) इति च। तेषां रश्मीनां मध्ये एको रश्मिः सुषुम्नाख्य ऊर्द्धं ब्रह्मरन्ध्रपर्यन्तं स्थितः, कोऽसौ यः सुषुम्नाख्येन सूर्यरश्मिविशेषेणैकीभूतत्वात् सूर्यमण्डलं भित्त्वा स्थितः स इत्यर्थः। तेन रश्मिमार्गेण कार्यब्रह्मलोकं गत्वा तत्र

यदस्यान्यद्रश्मिशतमूर्द्ध्वमेव व्यवस्थितं।
तेन देवनिकायानां स्वधामानि प्रपद्यते॥
ये नैकरूपाश्चाधस्ताद्रश्मयोऽस्य मृदुप्रभाः।
इह कर्मोपभोगाय तैः संसरति सोऽवशः॥

भोगान्ते तमतिक्रम्य परां गतिं तद्विष्णोः परमं पदं शाश्वतं परं ब्रह्म यान्त्युपासका इत्यर्थः। 'शतं चैका च हृदयस्य नाड्यस्तासां मूर्द्धानमभिनिःसृतैका तयोर्द्ध्वमायन्नमृतत्वमेति विष्वङ्ङन्या उत्क्रमणे भवन्ति' (कठो॰६) इत्यस्मिन् मन्त्रे तासां मूर्द्धानमभिनिःसृतैका तयोर्द्ध्वमायन्नमृतत्वमेति इति पादद्वयस्यार्थमुक्त्वा प्रथमपादोपात्तशतरश्मुप्रयोगमाह, यदस्येति। अस्य हृदयस्य सम्बन्धि यद्रश्मिशतमस्ति तदप्यूर्द्ध्वमेवोर्द्ध्वगतिहेतुभूतमेव व्यवस्थितं, तेन रश्मिशतेन निर्गतो देवनिकायानां देववृन्दानां स्वधामानि तत्तद्देवस्थानानि प्रपद्यते, देवनिकायमध्ये यं देवविशेषं यः कर्मणा विद्यया चोपास्ते स रश्मिशतस्यैकेन केनचिद्रश्मिना तस्य देवस्य पदं यातीत्यर्थः। विष्वङ्ङन्या उत्क्रमणे भवन्तीति चतुर्थपादार्थमाह ये नैकरूपा इति। ये तस्य हृदयस्य रश्मयोऽनेकरूपा अधस्तादधोमुखा मृदुप्रभा अत्यल्पप्रकाशास्तमोबहुला रश्मयस्तैर्निर्गतः स विहितज्ञानकर्मसाधनरहितः पुमान् दुःखकर्मोपभोगाय इहैव भ्रमावेशावशः सन् संसरति दुःखमनुभवतीत्यर्थः। तथा च श्रुत्यन्तरं 'य एतौ पन्थानौ न विदुस्ते कीटाः पतङ्गा यदिदं दन्दशूकं'

तस्मात् सर्गस्वर्गापवर्गहेतुर्भगवानसावादित्य इति ॥ ३० ॥

किमात्मकानि वा एतानीन्द्रियाणि प्रचरन्त्युद्गन्ता

(बृहदा० अ० ८) इति। सूर्यमण्डलान्तर्गतब्रह्मोपासनमुपसंहारव्याजेन प्रशंसति तस्मादिति। असावादित्यो भगवानादित्यात्मनाभिव्यक्त ईश्वरोऽनुपासितः सन् सर्गहेतुः उपासितस्तु स्वर्गापवर्गयोर्हेतुः, देवताबुद्ध्योपासितः स्वर्गहेतुर्ब्रह्मात्मनोपासितोऽपवर्गहेतुरिति विभागः ॥ ३० ॥

समाप्ता शाकायन्यबृहद्रथाख्यायिका। इदानीं श्रुतिरेव प्रश्नप्रतिवचनरूपेण स्वरूपेण चेन्द्रियादितत्त्वं नामरूपात्मककार्यतत्त्वमित्याद्यनेकानर्थान् प्रागनुक्तानुपदेष्टुं प्रवर्तते "किमात्मकानि ० रश्मिभिर्विषयानत्ति" इति। एतानि ज्ञानकर्मार्थानीन्द्रियाणि किमात्मकानि वै किमुपादानकानीत्यर्थः, प्रचरन्ति स्वस्वविषयेष्विति शेषः। एषामिन्द्रियाणामुद्गन्तोद्गमनकर्ता च निमित्तभूतोऽधिष्ठाता च क इत्यर्थः। इह व्यवहारसमये को वैतेषामिन्द्रियाणां नियन्ता तैर्व्यवहर्ता वा को भवतीत्याह कश्चित्प्रष्टेत्यध्याहारः। कश्चिदन्यः प्रत्याह प्रत्युत्तरमाह प्रश्नक्रमेणेत्यर्थः। आत्मात्मकानि आत्मा वक्ष्यमाणलक्षणस्तदात्मकानि तदुपादानकानीत्यर्थः। इतीत्थमात्मा हि एव एषामिन्द्रियाणामुद्गन्ता नियन्ता च नान्यस्य घटादेरिवेत्यर्थः। अप्सरस इति विषया उच्यन्ते, शब्दादयो हि

चैतेषामिह को नियन्ता वेत्याह प्रत्याहात्मात्मकानी-
त्यात्मा ह्येषामुद्गन्ता नियन्ता वाप्सरसो भानवीयाश्च
मरीचयो नामाथ पञ्चभी रश्मिभिर्विषयानत्ति।

विषयाः कामिनामप्सरस इव विषयिणामभिलाषगोचरा भवन्ति तेऽपीन्द्रियाणां नियन्तारः, तथा च बृहदारण्यके ग्रहातिग्रहशब्दाभ्यामिन्द्रियाणि विषयांश्चोक्त्वा 'श्रोत्रं वै ग्रहः स शब्देनातिग्रहेण गृहीतः' इत्यादिनातिग्रहशब्दवाच्यविषयनियम्यत्वं ग्रहशब्दवाच्यानामिन्द्रियाणां समाम्नायते। तथा च विषयाश्चेन्द्रियाणां नियन्तार इत्यर्थः। भानवीयाश्च मरीचयः सूर्यकिरणाश्चेन्द्रियाणां नियन्तार इति नाम प्रसिद्धमेतदित्यर्थः। भानुशब्द उपलक्षणं सर्वेन्द्रियदेवतानां दिगाद्यानां। तैस्तैर्देवताविशेषैः केनचिद्द्वारेणानुगृहीतानीन्द्रियाणि स्वं स्वं विषयं ग्राहयन्तीति देवा अपि नियन्तार इत्यर्थः। अथ एवं सति पञ्चभिः श्रोत्रादिभिर्ज्ञानेन्द्रियैरश्मिभीरश्मिशब्दनिर्दिष्टैः विषयान् शब्दादीनत्ति भुङ्क्तेऽयमात्मेति सिद्धमित्यर्थः। कर्मेन्द्रियैर्हयशब्दनिर्दिष्टैर्विषयान् प्राप्नोति इत्यपि द्रष्टव्यं। तथा चोक्तं प्राग् द्वितीये प्रपाठके 'बुद्धीन्द्रियाणि यानीमान्येतान्यस्य रश्मयः कर्मेन्द्रियाण्यस्य हयाः' इति एतदुक्तं भवति। इन्द्रियाणामचेतनानां भौतिकत्वेऽपि चेतनैकायत्तत्वं परमार्थत इत्यात्मात्मकानीत्याचष्टे व्यवहारतस्तु विषयालोकाद्यधीनत्वेन

कतम आत्मेति। योऽयं शुद्धः पूतः शून्यः शान्तादि-लक्षणोक्तः स्वकैर्लिङ्गैरुपग्राह्यः। तस्यैतल्लिङ्गमलिङ्ग-स्याग्नेर्यदौष्ण्यमाविष्टञ्चापां यः शिवतमो रस इत्येके

तन्नियम्यता चेति। यदधीनत्वमित्थमिन्द्रियाणामुक्तं स आत्मा कतम इति पृच्छति "कतम आत्मेति" इति। देहेन्द्रिय-मनोबुद्धिप्राणेष्वहमहमित्युल्लिख्यमानेषु कतमः किं तेष्वन्य-तमः किं वान्य एव तेभ्य इति प्रश्नार्थः। उत्तरमाह "योऽयं शुद्धः ० स्वकैर्लिङ्गैरुपग्राह्यः" इति। योऽयमात्मा शुद्धः पूतः शून्यः शान्त इत्यादिना द्वितीयप्रपाठके शुद्ध-त्वादिलक्षण उक्तः स्वकैरसाधारणैर्लिङ्गैः स्वरूपसद्भावसाध-कैरुपग्राह्यो देहादिप्राणान्तेषु सङ्घातात्मकेषु उप समीपे तत्सन्निहितरूपतया ग्राह्य इत्यर्थः। सङ्घातादन्योऽचेतनसङ्घातं चेतयमानोऽतस्तत्साक्षितया भासमान आत्मेत्युत्तरमुक्तं भव-ति। स्वकैर्लिङ्गैरुपग्राह्य इत्युक्तं तत्र कानि स्वकानि लिङ्गा-नीति जिज्ञासायां तानि मतभेदेनानेकधोपदिशति "तस्यै-तल्लिङ्गं ० प्रज्ञा तदित्येके" इति। तस्यात्मनोऽलिङ्गस्य पर-मार्थतो निर्धर्मकत्वेन लिङ्गरहितस्यैतद्वक्ष्यमाणं लिङ्गं, लिङ्ग्यते ज्ञाप्यतेऽनेनेति लिङ्गं ज्ञापकमित्यर्थः। किं तदित्यपेक्षायां दृष्टान्तोक्त्यैव तदाह, अग्नेरिति। यत् यदौष्ण्यमग्नेर्लिङ्गं तन्नोदकादिगतेनौष्ण्येन यथा तत्राग्निर्लिङ्ग्यते, आविष्टं चेन्ध-नावेशादिनिमित्तं धूमादि च लिङ्गमग्नेः, यथा चापां लिङ्गं

ऽथ वाक् श्रोत्रं चक्षुर्मनः प्राण इत्येकेऽथ बुद्धिर्धृतिः स्मृतिः प्रज्ञा तदित्येके। अथ ते एतस्यैवं यथैवेह

यः शिवतमो निरुपाधिमधुरो रसः चीरादिष्वप्युपलभ्यमानः। रसस्य हि स्वाभाविकं स्वरूपं माधुर्यमेव अन्यथात्वं तु तस्य पार्थिवेषु परिणामविशेषोपाधिकृतमिति मधुररसो यत्र क्वाप्युपलभ्यमानोऽपां सद्भावज्ञापक इत्यर्थः। तथात्मनोऽचेतनेषु देहादिषूपलभ्यमानं चैतन्यं देहद्वयावेशकृतं प्राणादिकं च लिङ्गमिति दार्ष्टान्तिकं योज्यं। इत्येके शाखिनो वदन्तीत्यर्थः। तथा च श्वेताश्वतराणां मन्त्रोपनिषत् 'नित्यो नित्यानां चेतनश्चेतनानां' इति। वागादिकमात्मनो लिङ्गमित्येके 'श्रोत्रस्य श्रोत्रं मनसो मनो यद्वाचो ह वाचं स उ प्राणस्य प्राणश्चक्षुषश्चक्षुरतिमुच्य धीराः' इति तलवकारादयः श्रोत्रादिप्रकाशकतयात्मानं साधयन्तीत्यर्थः। अथैके बुद्ध्यादि यत् तल्लिङ्गमात्मन इति वर्णयन्तीत्यर्थः, 'न विज्ञातेर्विज्ञातारं विजानीया एष त आत्मा सर्वान्तरः' इति बृहदारण्यके (अ॰५)। 'तदेतत् सञ्ज्ञानमाज्ञानं विज्ञानं प्रजानं मेधा दृष्टिर्धृतिः स्मृतिः' इत्यादि 'प्रज्ञानस्य नामधेयानि भवन्ति' इत्यन्तं 'प्रज्ञानेत्रो लोकः' इति ऐतरेयकोपनिषत्सु। उक्तानां धर्माणामात्मविशेषणत्वाभावेऽपि तत्कार्यतया स्वनिमित्तभूतात्मलिङ्गत्वं सम्भवतीत्येतद् दृष्टान्तेनोपपादयति "अथ ते एतस्यैवं ॰ एवाग्नेस्त्वेत्यत्रोदाहरन्ति" इति। अथायमपेक्षितार्थविशेषः कथ्यते ते वै उक्ता

बीजस्याङ्कुरा वाथ धूमार्चिर्विष्फुलिङ्गा इवाग्नेस्तेत्य-
थोदाहरन्ति ।

वह्नेश्च यद्वत् खलु विष्फुलिङ्गाः
सूर्यान्मयूखाश्च तथैव तस्य ।
प्राणादयो वै पुनरेव तस्मा-
दभ्युच्चरन्तीह यथाक्रमेण ॥ ३१ ॥

तस्माद्वा एतस्मादात्मनि सर्वे प्राणाः सर्वे लोकाः सर्वे वेदाः सर्वे देवाः सर्वाणि च भूतान्युच्चरन्ति

लिङ्गविशेषा एतस्यात्मन एवं ज्ञापका इति शेषः। कथं यथैवेह व्यवहारभूमौ बीजस्य भूम्यन्तर्गततयाऽदृश्यस्य सद्भावज्ञापका अङ्कुरा वाऽथवा अग्नेश्च सद्भावसाधका धूमादय इवेति। अत्र चैतन्याभासाश्चैतन्यस्यावस्थाविशेषा अङ्कुरा इव चिदात्मानं ज्ञापयन्ति। वाक्चक्षुर्बुद्धिधृत्यादयस्तु धूमादय इवाग्नेः स्वप्रवृत्त्यादिनात्मानं तद्धेतुभूतं कल्पयन्तीति विभागः। अत्रास्मिन्नुक्तेऽर्थे श्लोकमुदाहरन्ति। तमेवाह "वह्नेश्च यद्वत् ० यथाक्रमेण" इति। स्पष्टार्थः ॥ ३१ ॥

प्राणादयोऽस्मादात्मनः कथं क्रमेणाभ्युच्चरन्तीत्यपेक्षायां तदुपपादयति "तस्माद्वा ० सत्यमिति" इति। तस्मात् शुद्धः पूत इत्याद्युक्तलक्षणात् वै एव एतस्मादुक्तानेकलिङ्गानुमितसद्भावात् आत्मनि स्वस्वरूपे स्थितादविकृतादिति यावत्। सर्वे प्राणा

Z

तस्योपनिषत् सत्यस्य सत्यमिति । अथ यथार्द्रैधाग्ने-रभ्याहितस्य पृथग्धूमा निश्चरन्त्येवं वा एतस्य महतो

वागादयः, सर्वे लोकास्तेषां विषयाः । सर्वे वेदा वेदनानि तत्तद्विषया बुद्धिवृत्तयः, सर्वे देवा इन्द्रियाधिष्ठातारोऽग्न्यादयः, सर्वाणि च भूतानि भूतसङ्घातोपाधिकानि भोक्तृरूपाणि स्थावरजङ्गमात्मकानि चोच्चरन्ति व्युच्चरन्ति विविधमुत्तिष्ठन्ति पूर्वकृतप्रज्ञाकर्मवासनानुसारेणोद्भवन्तीत्यर्थः । यस्मादेते व्युच्चरन्ति तस्यात्मन उपनिषदुपनिगमयितृत्वात् साक्षाद्रहस्यं नाम । किं । सत्यस्य सत्यमिति यदेतत् तस्योपनिषदिति योजना । सदिति पृथिव्यप्तेजांसि त्रीणि भूतानि त्यदिति वाय्वाकाशौ द्वे भूते सच्च त्यच्च सत्यमितिव्युत्पत्त्या पञ्च भूतानि स्वविकारैः सह सत्यमुच्यन्ते, तस्य सत्यं परमार्थरूपमधिष्ठानं 'वाचारम्भणं विकारो नामधेयं मृत्तिकेत्येव सत्यं' (छान्दो०) इति श्रुत्यन्तरादनृतस्य पञ्चभूतात्मकप्रपञ्चस्याधिष्ठानमात्मा सत्यस्य सत्यमित्युच्यत इत्यर्थः । तदेवं वाच्यस्य जगत आत्मविवर्ततामुक्त्वा वाचकस्य तस्योत्पत्तिं वेदोत्पत्तिकथनेनाह "अथ यथा ० विश्वा भूतानि" इति । अथ नाम सृष्टिकथनोपक्रमे दृष्टान्तो यथा लोके आर्द्रैधाग्नेरार्द्रमेधो यस्य स आर्द्रैधाः, स चासावग्निश्चेत्यार्द्रैधाग्निः, तस्य आर्द्रैधोऽग्नेरित्येतत्, अभ्याहितस्य संधुक्षितस्य पृथगनेकप्रकारा धूमा धूमज्वाला विष्फुलिङ्गा

भूतस्य निश्वसितमेतद्यदृग्वेदो यजुर्वेदः सामवेदोऽथर्वाङ्गिरसा इतिहासः पुराणं विद्या। उपनिषदः

विनिश्चरन्ति अग्न्यात्मान एव सन्तः उपाधिकृताकारभेदेन प्रभवन्तीत्यर्थः। एवं वै एवमेव एतस्य प्रकृतस्यात्मनो महतोऽपरिच्छिन्नस्य भूतस्य सिद्धस्य यथाभूतस्य परमार्थस्य निश्वसितं निश्वसितमिव निश्वसितमबुद्धिपूर्वकमप्रयत्नकृतमेतत्। किं। य ऋग्वेद ऋग्वेदादिरूपं यदस्ति एतदिति योजना। अथर्वणा चाङ्गिरसा च दृष्टा मन्त्रा अथर्वाङ्गिरसः। ऋग्वेदादिशब्दैर्मन्त्रभागश्चतुर्णां वेदानां गृह्यते। इतिहासादिशब्दैस्तेषामेवाष्टविधं ब्राह्मणमभिधीयते। तत्रेतिहासः पुरावृत्तकथनं 'हरिश्चन्द्रो ह वै नाम राजासीत्' इत्यादि। यथाचैव 'वालखिल्या इति श्रूयन्तेऽथ क्रतुं प्रजापतिमब्रुवन्' इति। तथा 'जानश्रुतिर्ह पौत्रायणः श्रद्धादेयो बहुदायी बहुपाक्य आस' इत्यादि। 'ते ह समित्पाणयो भगवन्तं पिप्पलादमुपसन्नाः' इत्यादि। पुराणं सृष्ट्यादिवाक्यसन्दर्भः 'तस्माद्वा एतस्मादात्मनि' इत्यादि। विद्या उपासनविद्यावाक्यसन्दर्भः। उपनिषदः 'तस्योपनिषत् सत्यस्य सत्यं' इत्याद्या रहस्योपदेशवाक्यरूपाः। श्लोकाः 'अत्रोदाहरन्त्येवं ह्याहाचित्तं चित्तमध्यस्यं' इत्येवमादयः। सूत्राणि वस्तुसङ्ग्रहवाक्यानि 'अयं वाव खल्वात्मा ते' इत्येवंविधानि। अनुव्याख्यानानि तत् सूत्रमनु तस्य विस्-

z 2

श्लोकाः सूत्राण्यनुव्याख्यानानि व्याख्यानान्यस्यैवैतानि विश्वा भूतानि ॥ ३२ ॥

पञ्चेष्टको वा एषोऽग्निः संवत्सरस्तस्येमा इष्टका यो वसन्तो ग्रीष्मो वर्षाः शरद्धेमन्तः स शिरःपक्षसो-

---

ष्टार्थं कथनानि यथानन्तरमेव 'अथ य एषोच्छ्वासाविष्टम्भनेन' इत्येवमादीनि। व्याख्यानानि तस्य सूत्रार्थस्योपपादनपराणि वाक्यानि अत्रैव वालखिल्यक्रतुसंवादप्रबन्धेन प्रवृत्तानीति। अथवा ऋग्वेदादिशब्दैर्मन्त्रब्राह्मणात्मको वेदशब्दवाच्यः सर्व एव गृह्यते, इतिहासादिशब्दैस्तु महाभारतादिः प्रसिद्ध एव ग्रन्थसन्दर्भोऽभिधीयते। ब्रह्मण एव प्रत्यगात्मनस्तत्तद्बुद्ध्याद्यात्मनाभिव्यज्य व्यवस्थितस्येतिहासादिकर्तृत्वोपगमात् 'यद्यद्विभूतिमत् सत्त्वं श्रीमदूर्जितमेव वा तत्तदेवावगच्छ त्वं मम तेजोऽंशसम्भवं' इति भगवद्वचनात्। सर्वज्ञेश्वरतन्त्र एव सर्वो व्यवहार इति तात्पर्यार्थः। एतदेवोपसंहारव्याजेनाहाऽस्यैवैतानि विश्वानि भूतानि सवाचकानीत्यर्थः ॥ ३२ ॥

ब्रह्मविद्यायां वक्तव्यं विशेषमुक्त्वा पुनः संवत्सरात्मकालावयवानग्न्यवयवेषु समाधायोपासनविशेषं पूर्वत्रानुक्तमनुक्रामति। खिलरूपत्वादस्य नात्रातीवसङ्गत्यादर इति "पञ्चेष्टको ० आनन्दी मोदी भवति" इति। अग्निहोत्र्यधिकारकमिदमुपासनमुपदिश्यते, सोऽग्निहोत्रहोमकाले गार्हपत्यादिष्वग्निषु क्रमेणैत-

पृष्ठपुच्छवानेषोऽग्निः पुरुषविदः सेयं प्रजापतेः प्रथमा चितिः करैर्यजमानमन्तरिक्षमुत्क्षिप्ता वायवे प्राय- च्छत् प्राणो वै वायुः प्राणोऽग्निस्तस्येमा इष्टका यः प्राणो व्यानोऽपानः समान उदानः स शिरःपक्षसी-

---

श्चिन्तयेत् तद्यथा पञ्चेष्टको वक्ष्यमाणाभिः पञ्चभिरिष्टका- भिश्चीयमान एषोऽग्निर्गार्हपत्याख्यो वै संवत्सरः संवत्सरात्म- त्वेन ध्येय इत्यर्थः, तस्य संवत्सरात्मनोऽग्नेरिमा अनन्तरमेव वक्ष्यमाणा इष्टकाः वसन्तादयः । तत्र वसन्तः शिरः ग्रीष्मो दक्षिणः पक्षः वर्षा उत्तरः पक्षः शरत् पृष्ठं हेमन्तशिशिरा- वृतू एकीकृत्य पुच्छमित्येवं विभागमभिप्रेत्याह, शिरः पक्षौ इत्यादि । शिरः पूर्वभागः पक्षौ पक्षौ दक्षिणोत्तरभागौ पुच्छं पश्चाद्भागः पृष्ठं मध्यभागः, एतदङ्गवानेषोऽग्निः, पुरुष- विदः पुरुषं विराजमात्मानं वेत्ति उपास्ते इति पुरुषवित् तस्य पुरुषविदः प्रजापतेः संवत्सरात्मनो विराजो या प्रथमा चितिः सा इयं पृथिवीति योजना । अयं गार्हपत्योऽग्निः पृथिवी- संवत्सरात्मा विराड् वसन्तादीष्टकाभिश्चितः शिरःपक्षपुच्छपृष्ठ- वानहमस्मीति ध्यायेदिति तात्पर्यार्थः । पुरुषविध इति पाठे पुरुषाकार एषोऽग्निरित्यर्थः । एवं ध्यायतो यजमानस्यैतद- ग्निकृतमुपकारमाह, करैरिति । यजमानस्य परलोकगमना- वसरे तं यजमानमग्निहोत्रिणमुपासकं करैर्हस्तैरन्तरिक्षं प्र-

पृष्ठपुच्छवानेषोऽग्निः पुरुषविदस्तदिदमन्तरिक्षं प्रजापतेर्द्वितीया चितिः करैर्यजमानं दिवमुत्क्षिप्त्वेन्द्राय प्रायच्छदसौ वा आदित्य इन्द्रः सैषोऽग्निस्तस्येमा इष्टका यदृग्यजुःसामाथर्वाङ्गिरसा इतिहासः पुराणं

त्युत्क्षिप्योत्क्षिप्य वायवे हिरण्यगर्भाय सूत्रात्मने प्रायच्छत् प्रयच्छतीत्येतत्। स्थूलवायुशङ्कां वारयति, प्राणो वै वायुरिति। प्राणश्च हिरण्यगर्भः सर्वश्रुतिषु प्रसिद्धः। इति गार्हपत्याग्निविषयं ध्यानं फलञ्चोक्तं। इदानीं हिरण्यगर्भप्राणदृष्ट्या दक्षिणाग्निध्यानप्रकारमाह, प्राणोऽग्निरिति। तस्य प्राणरूपस्य दक्षिणाग्नेरिमा इष्टकास्ताः का इति ता आह, प्राणादयः पञ्च वायवः शरीराभ्यन्तरचारिणो यथाक्रमं शिरश्चाद्यवयवतया चितेष्टकारूपा इत्ययमप्यग्निः शिरःपक्षपुच्छपृष्ठवानित्यादि सर्वं पूर्ववद्योज्यं। तदिदमन्तरिक्षमन्तरिक्षात्मको दक्षिणाग्निः प्रजापतेर्द्वितीया चितिः। करैरित्याद्यपि पूर्ववत्। कोऽसाविन्द्र इत्येतदाह असौ वै प्रसिद्ध आदित्य इन्द्रः परमेश्वरः सैषोऽग्निः स एष इन्द्रोऽग्निराहवनीयस्तस्येमा इष्टकाः सेतिहासपुराणाश्चत्वारो वेदाः पूर्ववत्क्रमेण शिरःप्रभृत्यवयवात्मना चितेष्टकारूपा ध्येयाः इहापीतिहासपुराणयोरेकत्वं द्रष्टव्यं। सैषा द्यौर्दिवात्मकोऽयमाहवनीयोऽग्निः प्रजापतेस्तृतीया चितिः। अयं पुनरिन्द्रः सविता दिवाहवनीयाग्नि-

स शिरःपक्षसोपुच्छपृष्ठवानेषोऽग्निः पुरुषविदः सैषा द्यौः प्रजापतेस्तृतीया चितिः करैर्यजमानस्यात्मविदेऽवदानं करोत्यथात्मविदुत्क्षिप्य ब्रह्मणे प्रायच्छत् तत्रानन्दी मोदी भवति ॥ ३३ ॥

पृथिवी गार्हपत्योऽन्तरिक्षं दक्षिणाग्निर्द्यौराहवनीयस्तत एव पवमानपावकशुचय आविष्कृतमेतेनास्य

रूपो यजमानस्यात्मविदे, त्रैलोक्यात्मकः प्रजापतिर्यजमानस्यात्मवित् यजमानेन त्रिष्वग्निष्वात्मत्वेन भावितस्तस्मै, अवदानमवदानवत् तत्प्रीतिकरं यजमानं करोति तदात्मसात्करोतीत्यर्थः। अथ च आत्मविदे, पूर्वोपासकः फलावस्थ आत्मवित् तस्मा आत्मविदे यजमानस्यावदानं करोतीति सम्बन्धः, यजमानं तस्मै समर्पयतीत्यर्थः। अथानन्तरमात्मविद्यजमानमुत्क्षिप्य ब्रह्मणे समष्टिसूत्रात्मने कार्यावस्थाय प्रायच्छत् प्रत्तवान्, तत्र ब्रह्मणि स्थितो यजमान आनन्दी मोदी सामान्यतो विशेषतश्च यथासङ्कल्पमानन्दवान् भवतीत्यर्थः। अस्या ब्रह्मप्राप्तेर्गत्यायत्तत्वान्नात्र ब्रह्मशब्दः परब्रह्मविषयः। 'कार्यं बादरिरस्य गत्युपपत्तेः' (शा० सू० अ० ४।पा० ३।सू० ७) इति न्यायात् ॥ ३३ ॥

पुनः प्रकारान्तरेण गार्हपत्याद्यग्निविषये सम्पाद्यविशेषमुपदिशन्नुपासनान्तरमाह "पृथिवी गार्हपत्यः ० विचिनोति" इति। गार्हपत्यादिष्वग्निषु यथानिर्देशं पृथिव्यादिदृष्टिर्वि-

यज्ञं यतः पवमानपावकशुचिसङ्घातो हि जाठरस्तस्मादग्निर्यष्टव्यश्चेतव्यः स्तोतव्योऽभिध्यातव्यो यजमानो हविर्गृहीत्वा देवताभिध्यानमिच्छति।

धीयते, तत एवेति त एवेत्येतत्, पवमानपावकशुचयोऽग्निविशेषा ये प्रसिद्धास्त एत एव गार्हपत्यः पवमानो दक्षिणाग्निः पावक आहवनीयः शुचिरिति भेदः। अस्य गार्हपत्यादिसङ्घातस्य सम्बन्धि यज्ञं यजमानमेतेन पवमानादिदेवतासङ्घातेनाविष्कृतं प्रवर्तितमित्यर्थः। आधानेनाग्निषु संस्कृतेषु प्रथमं पवमानादयो होष्टाः सन्तोऽग्नीनामुत्तरकत्वङ्गतां सम्पादयन्ति तस्मात् पवमानादिरूपा एते ध्येया इत्यभिप्रायः। तथा जाठरोऽपि योऽग्निः सोऽपि पवमानादिसङ्घात एवेति ध्येयत्वमभिप्रेत्याह, पवमानपावकेति। यस्मादेवमध्यात्ममधिभूतमधिदैवमधियज्ञञ्चाग्निराहवनीयादिरूपस्तस्मादग्निर्यष्टव्यः पय आदिभिर्हविर्भिः,चेतव्य इष्टकाभिरधियज्ञमध्यात्मञ्च यथाशास्त्रं, स्तोतव्य उपस्थानादिमन्त्रैः, अभिध्यातव्य आभिमुख्येन प्रत्यगात्मतया ध्यातव्य इत्यग्निप्रशंसया तन्निष्ठता कर्तव्योपदिष्टा। इदानीं होमकालेऽग्नौ चिन्तनीयं मन्त्रेणोपदेष्टुं तत् प्रसञ्जयति यजमानो हविर्गृहीत्वेति। इच्छति इच्छेत् कुर्वीतेत्यर्थः। हिरण्यवर्ण इति मन्त्रः हिरण्यवत्प्रकाशमानः शकुनः पक्षी पक्षीव नीडस्थो नीडादन्यो देहसङ्घातादिलक्षणः हृदि

हिरण्यवर्णः शकुनो हृद्यादित्ये प्रतिष्ठितः ।
मद्गुर्हंसस्तेजोवृषः सोऽस्मिन्नग्नौ यजामहे ॥

इति चापि मन्त्रार्थं विचिनोति । तत् सवितुर्वरेण्यं भर्गोऽस्याभिध्येयं यो बुद्ध्यन्तस्थो ध्यायीह मनःशान्तिपदमनुसरत्यात्मन्येव धत्तेऽत्रेमे श्लोका भवन्ति ।

अन्तर्हृदये आदित्ये सवितृमण्डले च प्रतिष्ठितो वर्तते । केन केन रूपेणेत्यपेक्षायामाह, मद्गुः जलचरः पक्षी, स यथा जले निमग्न इव गच्छति तथा ह्यात्मा जीवरूपः सम्पूर्णोऽपि यथावदनवभासनान्मद्गुसदृशः । हंसो मानससरोऽम्भोरुहवनविहारी पक्षिविशेषः, स यथा शुद्धस्तथा आदित्ये पुरुषो ब्रह्मरूपो यतः स तेजोवृषस्तेजसा श्रेष्ठस्तेजोबहुल इत्यर्थः । तमेव पुरुषमुभयत्र वर्तमानमित्यध्याहारः, अस्मिन्नग्नौ यथोपदिष्टस्वरूपे यजामहे वयं पूजयाम इति मन्त्रस्यार्थः । इतिशब्दो मन्त्रसमाप्त्यर्थः । इति च मन्त्रमुच्चार्य अपि, मन्त्रार्थमपीति योजना, विचिनोति विचारयति चिन्तयतीत्यर्थो धातूनामनेकार्थत्वात्, यद्वा विचिनोति विशेषेण मन्त्रतात्पर्यसम्बन्धितया चिनोति सङ्घट्टयतीत्यर्थः । तमेव तात्पर्यमुपन्यस्यति "तत् सवितुः ० भवन्ति" इति । सवितुरादित्यस्य सम्बन्धि तत् स्वरूपं वरेण्यं वरणीयं सम्भजनीयं, कीदृशं तत् भर्गः 'भाभिर्गतिरस्य हि' इत्यादिना (खं०७) पूर्वञ्च व्याख्यातरूपं, अस्य यजमानस्या-

यथा निरिन्धनो वह्निः स्वयोना उपशाम्यते।
तथा वृत्तिक्षयाच्चित्तं स्वयोना उपशाम्यते॥
स्वयोना उपशान्तस्य मनसः सत्यकामतः।
इन्द्रियार्थविमूढस्यानृताः कर्मवशानुगाः॥
चित्तमेव हि संसारं तत्प्रयत्नेन शोधयेत्।
यच्चित्तस्तन्मयो भवति गुह्यमेतत् सनातनं॥

भिध्येयं, यो बुद्ध्यन्तस्थो ध्यायी ध्याता हृदि प्रतिष्ठितो ध्यातेति चिन्तयेदित्यर्थः। एवं कुर्वन्निह मनःशान्तिपदं मनसो विक्षेपपरित्यागेन शान्तिपदमालम्बनमनुसरति प्राप्नोति यत आत्मन्येव प्रतीचि ध्येयं रूपं धत्ते अनुसन्धत्ते इत्यर्थः। अत्रोक्तेऽस्मिन्नर्थे इमे वक्ष्यमाणाः श्लोका भवन्ति। “यथा निरिन्धनो ० उपशाम्यते”। स्वयोनौ भूतसूक्ष्मलक्षणे स्वकारणे, तथा चित्तं स्वयोनौ स्वाधिष्ठाने साभासाज्ञानोपलक्षिते उपशाम्यते शाम्यतीत्यर्थः। “स्वयोनौ ० कर्मवशानुगाः”। इन्द्रियार्थविमूढस्य मनसः कर्मवशानुगा अनृता मिथ्याप्रवृत्तयो यास्ताः सत्यकामतो यथार्थात्मवस्तुन्युपरागात् स्वयोनावुपशान्तस्य पुनर्न प्रभवन्तीत्यध्याहारेण योजना। यस्मादेवं तस्मात् “चित्तमेव ० सनातनं”। संसरत्यनेन पुमानिति वा संसरति पुरुषमभिभूय प्रवर्तत इति वा चित्तमेव संसारं, तत्संसर्गं विना पुरुषस्य संसारादर्शनादित्यर्थः। तत्प्रयत्नेन शास्त्रोक्तशुभविषयनिवेशनं कृत्वा शोधयेच्चित्वृत्ताशुभवासनं सम्पादयेत्। यतो यच्चित्तो

चित्तस्य हि प्रसादेन हन्ति कर्म शुभाशुभं ।
प्रसन्नात्मात्मनि स्थित्वा सुखमव्ययमश्नुते ॥
समासक्तं यथा चित्तं जन्तोर्विषयगोचरे ।
यद्येवं ब्रह्मणि स्यात् तत् को न मुच्येत बन्धनात् ॥
मनो हि द्विविधं प्रोक्तं शुद्धञ्चाशुद्धमेव च ।
अशुद्धं कामसम्पर्कात् शुद्धं कामविवर्जितं ॥
लयविक्षेपरहितं मनः कृत्वा सुनिश्चलं ।
यदा यात्यमनीभावं तदा तत् परमं पदं ॥
तावन्मनो निरोद्धव्यं हृदि यावत् क्षयं गतं* ।
एतज्ज्ञानञ्च मोक्षञ्च शेषान्ये ग्रन्थविस्तराः ॥

यस्मिन्निवेशितचित्तः पुरुषः स तन्मयस्तत्स्वभावो भवतीत्येतदुक्तं प्राकृतबुद्ध्यगम्यं सनातनमव्यभिचारीत्यर्थः । "चित्तस्य ० अव्ययमश्नुते" । प्रसन्नात्मा प्रसन्नचित्तः, आत्मनि प्रत्यक्स्वरूपे । सुगममन्यत् । "समासक्तं ० बन्धनात्" । स्पष्टार्थः । "मनो हि ० विवर्जितं" । तस्मात् कामस्त्याज्य इत्यर्थः । "लयविक्षेपरहितं ० परमं पदं" । लयो निद्रा, विक्षेपो बहिर्विषयस्तत्यादिः । अमनीभावः आत्मनो मनउपाधिप्रवेशकृतविशेषपरित्यागः, तं यदा याति तदा तदेव निरुपाधिकस्वरूपं परमं पदं याति । न पुनरप्राप्तप्राप्तिरस्येत्यर्थः । "तावन्मनो०

---

* गतक्षयमिति व्याख्यानुसारी पाठः ।

2 B 2

समाधिनिर्धौतमलस्य चेतसो
निवेशितस्यात्मनि यत् सुखं भवेत्।
न शक्यते वर्णयितुं गिरा तदा
स्वयं तदन्तःकरणेन गृह्यते॥
अपामापोऽग्निरग्नौ वा व्योम्नि व्योम न लक्षयेत्।
एवमन्तर्गतं यस्य मनः स परिमुच्यते॥
मन एव मनुष्याणां कारणं बन्धमोक्षयोः।
बन्धाय विषयासङ्गि मोक्षो निर्विषयं स्मृतं॥ इति।

ग्रन्थविस्तराः"। हृदि हृदयसाक्षिणि। गतः प्राप्तः क्षयो विनाशो येन तत् तथा। उत्तरार्द्धं स्पष्टार्थं। "समाधि ० करणेन गृह्यते"। आत्मनि निवेशितस्य सत इत्यर्थः। अन्तःकरणेनान्तःकरणावस्थासाक्षिणा गृह्यते स्वानुभवमात्रसिद्धं तन्नान्यस्मै वक्तुं शक्यमित्यर्थः। "अपामापो ० परिमुच्यते"। यथेत्यध्याहारः, अपामिति षष्ठी सप्तमीत्वेन विपरिणेया, प्रथमास्य द्वितीयात्वेन। तथा चाप्सु यथा निक्षिप्ता अपः पृथङ् न लक्षयेत् कश्चिदग्नौ वाग्निं व्योम्नि वा प्रविष्टं घटाकाशादि, एवं यस्य मनोऽन्तर्गतमात्मैकतां गतं स परिमुच्यते सर्वसंसारबन्धनादित्यर्थः। किं बहुना मनःकृतः संसारस्तद्विलयनाच्च मोक्ष इति निश्चित्य तन्निरोधे यत्नः कार्य इत्यभिप्रेत्योपसंहरति "मन एव ० स्मृतमिति" इति। स्पष्टार्थः। मनोनिरो-

अतोऽनग्निहोत्र्यनग्निचिदज्ञानभिध्यायिनां ब्रह्मणः पदव्योमानुस्मरणं विरुद्धं तस्मादग्निर्यष्टव्यश्चेतव्यः स्तोतव्योऽभिध्यातव्यः॥ ३४॥

नमोऽग्नये पृथिवीक्षिते लोकस्मृते लोकमस्मै यजमानाय धेहि नमो वायवेऽन्तरिक्षक्षिते लोकस्मृते

धस्य चोपायं व्यतिरेकोक्तिपूर्वकं विदधती प्रकृतमुपसंहरति "अतोऽनग्निहोत्रि ० अभिध्यातव्यः" इति। अतो यस्मादनग्निहोत्रिणां यथोक्तत्रिधाग्निहोत्रहीनानां, अनग्निचितां पञ्चेष्टक इत्याद्युक्तप्रकाराग्निचयनमकुर्वतां, अज्ञानां चित्तवृत्तान्तं संसारमोक्षहेतुमजानतां, अनभिध्यायिनां पूर्वोक्तषविह्नमण्डलस्थात्माभिध्यानरहितानां पुंसां ब्रह्मणः पदमात्मतत्त्वं तदेव व्योम व्योमवन्निराकारत्वात्, तस्यानुस्मरणमनुसन्धानं विरुद्धं विशेषेण रुद्धं, चित्ताशुद्धित्रयाभावात् ब्रह्मानुसन्धानमशक्यमित्यर्थः। तस्मादित्यादि व्याख्यातं॥ ३४॥

इदानीं पूर्वोक्ताग्निहोत्रमग्निचयनञ्चानुतिष्ठतो ध्यायिनः स्तोतव्य इत्युक्तमग्न्यादित्योपस्थानं कैर्मन्त्रैः कार्यमित्यपेक्षायां तान् मन्त्रान् पठति "नमोऽग्नये ० सर्वमस्मै यजमानाय धेहि"। एतेऽग्न्युपस्थानमन्त्रा गार्हपत्यादिक्रमेण त्रयो योज्यास्तुर्यस्तु सर्वाग्निसाधारणोऽन्ते सकृत् प्रयोज्यः। पृथिवीक्षिते पृथिवीलोकनिवासाय, लोकस्मृते पृथिवीलोकस्य स्मर्त्रे यजमानार्थं

लोकमस्मै यजमानाय धेहि नम आदित्याय दिवि-
क्षिते लोकस्पृते लोकमस्मै यजमानाय धेहि नमो
ब्रह्मणे सर्वक्षिते सर्वस्पृते सर्वमस्मै यजमानाय धेहि।

हिरण्मयेन पात्रेण सत्यस्याभिहितं मुखं।
तत् त्वं पूषन्नपावृणु सत्यधर्माय विष्णवे॥

योऽसा आदित्ये पुरुषः सोऽसा अहं। एष ह वै

चिन्तयतेऽग्नये गार्हपत्यात्मने नमः प्रह्वीभावोऽस्तु, अस्मै यज-मानाय मह्यं लोकं पृथिवीलोकं धेहि मदर्थं धारयाहमु-त्तरकाले त्वदात्मा सन्निमं लोकं प्राप्स्यामीत्यर्थः। एवमेवो-त्तरे मन्त्रा योज्याः। आदित्योपस्थानमन्त्रान् पठति "हिर-ण्मयेन ० असा अहं" इति। हिरण्मयेन ज्योतिर्मयेन पात्रेण मण्डलरूपेणामत्रेण सत्यस्य सत्यात्मनो ब्रह्मणो मुखं प्राप्ति-द्वारमभिहितमपिहितमाच्छादितं वर्तते, हे पूषन् श्रीसूर्य त्वं तदपावृणु तद्द्वारमुद्घाटय, किमर्थं सत्यधर्माय, किंलक्षणाय विष्णवे व्यापनशीलाय। व्याख्यास्यमानसत्यधर्मविष्णुस्वरूप-प्राप्तय इत्यर्थः। योऽसौ परोक्ष आदित्ये मण्डलोपलक्षिते देवतात्मनि पुरुषः पूर्णोऽन्तर्यामी सोऽसौ स एवाहं, नाहं तस्मादन्य इत्यर्थः। यद्वेत्थं योजना, य आत्मनि पुरुषोऽसावा-दित्ये पुरुष आत्मा यस्यासौ आदित्ये पुरुषः सोऽहमात्मनि पुरुषः, अतोऽन्तःकरणोपलक्षितस्यादित्यदेवतोपलक्षितस्य पा-

सत्यधर्मा यदादित्यस्यादित्यत्वं तच्छुक्लं पुरुषमलिङ्गं नभसोऽन्तर्गतस्य तेजसोऽंशमात्रमेतद्यदादित्यस्य मध्य इवेत्यक्षिण्यग्नौ चैतद्ब्रह्मैतदमृतमेतद्भर्ग एतत् सत्यधर्मा नभसोऽन्तर्गतस्य तेजसोऽंशमात्रमेतद्यदादि-

---

वयोर्न भेदोऽस्तीत्यर्थः, इतिशब्द उपस्थानमन्त्रसमाप्त्यर्थः। सत्यधर्मपदस्यार्थमाह "एष ह वै० उदाहरन्ति" इति। एष ह एव वै प्रसिद्धः, सत्यधर्मः, कः आदित्यस्यादित्यत्वमिति यत् एष हीति योजना, आदाय यातीत्यादित्यः, तथा च श्रुत्यन्तरे निर्वचनं 'यदिदं सर्वमाददाना यन्ति तस्मादादित्याः' (बृहदा० अ० ५) इति। तथा च भौमानां रसानामुत्तरायणे आदानं ग्रहणं कुर्वन् दक्षिणायने वृष्टिरूपेण तान् रसान् आ समन्तादददच्च परिभ्रमन् यदादित्यशब्देन निरुच्यते एतदेव सत्यधर्मत्वमेष आदित्य एव सत्यधर्म इत्यर्थः। तदादित्यात्मत्वं शुक्लं शुद्धं भास्वरमिति वा, पुरुषं पुरुषाकारं 'य एषोऽन्तरादित्ये हिरण्मयः पुरुषः' (छान्दो० अ० १) इति श्रुतेः। अलिङ्गं स्वतोलिङ्गवर्जितं स्त्रीपुन्नपुंसकादिभेदरहितं 'नैव स्त्री न पुमानेष न चैवायं नपुंसकः। यद्यच्छरीरमादत्ते तेन तेन स युज्यते' (श्वे० अ० ५) इति श्रुतेः। इदानीं विष्णुत्वमस्योपपादयति, नभस इत्यादिना। नभसोऽन्तर्गतस्य दिङ्मण्डलव्यापिनस्तेजसः प्रकाशस्यांशमात्रं लेशमात्रमेतद्यदादित्यस्य मध्य इवादित्यमण्डलस्थमिव न तु तत् तत्रैव वर्तते

त्यस्य मध्ये अमृतं यस्य हि सोमः प्राणा वा अप्यय-
ङ्कुरा एतद्ब्रह्मैतदमृतमेतद्भर्ग एतत् सत्यधर्मो नभसो
ऽन्तर्गतस्य तेजसोऽंशमात्रमेतद्यदादित्यस्य मध्ये यजु-

किन्तु सर्वव्यापीत्यर्थः, इति एवम्प्रकारेण अर्चिषि सर्वप्राणिचक्षुर्देशे अग्नौ च प्रसिद्धेऽस्यैव तेजसोऽंशमात्रमित्यर्थः। किं तत्तेजः, एतद्ब्रह्म परिपूर्णं, अत एवैतदमृतमनागमापायि नित्यमिति यावत्। एतदेव भर्गः सर्वकारणत्वादिरूपं पूर्वं व्याख्यातं। तेजस्तेजस्विनामहमिति भगवद्वचनात् सर्वत्रव्यापि तेजोरूपं ब्रह्मामृतं विष्णुरित्युक्तं भवति। इदानीमुक्तमेव स्वरूपमनूद्य तस्य सर्वात्मत्वमाविष्कुर्वती ध्येयविशेषमर्थादुपदिशति, एतत् सत्यधर्म इत्यादिना। किं तत्सत्यधर्मपदाभिधेयं तदाह, यदादित्यस्य मध्ये अमृतमिति। किं तदमृतं तदाह, यस्येति। सोमश्चन्द्रमाः, प्राणाः प्राणिनां जीवनाख्याः प्राणादिवृत्तयः, वाशब्दात् प्राणस्थित्यर्थमन्नं गृह्यते, एते सर्वेऽप्यमृतरूपाः पदार्था यस्याङ्कुराः कार्याणि अमृताङ्कुरकारणत्वादमृतमित्यर्थः। अप्ययङ्कुरा इति यकारः प्रमादपतितः। एतद्ब्रह्मेत्याद्युक्तार्थं। अमृतात्मत्वमुपपाद्यास्य पुनरपि यजुरात्मत्वमाहैतत् सत्यधर्म इति। यदादित्यस्य मध्ये यजुर्दीप्यति दीप्यते, किं तद्यजुरिति तदाहोमाप इति। ॐकारोऽनुज्ञापनात्, आप्यायनादापः, प्रकाशनाज्ज्योतिः, रसः सर्वकर्मपरि-

दीप्यत्योमापो ज्योतीरसोऽमृतं ब्रह्म भूर्भुवः स्वरोम्।
अष्टपादं शुचिं हंसं त्रिसूत्रमणुमव्ययं।
द्विधर्मोऽन्धं तेजसेन्धं सर्वं पश्यन् पश्यति॥

पाकनिर्वृत्तत्वादादित्यस्य रसत्वं सर्वकर्मफलाश्रय इत्यर्थः, अमृतं देवानां मोदनहेतुत्वात्, ब्रह्म भूर्भुवःस्वरोमिति त्रैलोक्यमोङ्कारार्थभूतमोङ्कारश्च सर्वमेतदेवेत्यर्थः। एतत् सर्वं छान्दोग्ये 'असौ वा आदित्यो देवमधु' इत्यत्र मधुविद्यायां स्पष्टमाम्नातं। अत्रैष श्लोकः अष्टपादमिति। अष्टौ दिशः पादा यस्य सोऽष्टपादस्तं। सविता ह्यन्तरिक्षस्थः पादैरिव दिग्भिः प्रतितिष्ठतीव विभाव्यते। यद्वा 'आरोगो भ्राजः पटरः पतङ्गः स्वर्णरो ज्योतिषीमा विभासः कश्यपोऽष्टमः स महामेरुं न जहाति' इति तैत्तिरीयारण्यकोक्ता आरोगादयोऽष्टौ पादा ज्ञेयाः। शुचि शुद्धमलेपकमित्येतत्। हंसं हन्ति गच्छतीति हंसः, परिभ्रमन्तमिति यावत्। अथ वा हंस इति सूर्यनाम 'हंसः शुचिषत्' इति, 'असौ वा आदित्यो हंसः शुचिषत्' इति ब्राह्मणदर्शनात्। त्रिसूत्रं त्रीणि सूत्राणि सूचकानि बन्धनानि वा यस्य स त्रिसूत्रस्तं, ऋग्यजुःसामभिर्हि प्रतिपाद्यते सविता त्रय्यात्मकमण्डलनिबद्धश्च। तथा च श्रुतिः 'सैषा त्रय्येव विद्या तपति' इति। अणुं सूक्ष्ममिन्द्रियागोचरं। अव्ययं शाश्वतं। द्विधर्मोऽन्धं द्वाभ्यां पुण्यपापाभ्यामन्धमनवभासमानं पुण्यपापरहितमित्यर्थः। धर्मोऽन्धमिति छान्दसः। तेजसेन्धं तेज-

नभसोऽन्तर्गतस्य तेजसोऽंशमात्रमेतदादित्यस्य मध्ये उदुत्वा मयूखे भवत एतत् सवित् सत्यधर्म एतद्यजुरेतत् तप एतदग्निरेतद्वायुरेतत् प्राण एतदाप एतच्चन्द्रमा एतच्छुक्रमेतदमृतमेतद्ब्रह्मविषयमेतद्भानु-

मेद्धं दीप्तमतितेजस्विनमित्यर्थः। एवंविधमीश्वरं सवितारं पश्यन् सर्वं पश्यति तदात्मभावनां कुर्वन् सर्वज्ञो भवतीत्यर्थः। किं बहुनाऽयमेव सर्वात्मको नातःपरमस्तीति तं मद्दीकर्तुं पुनरुपादत्ते नभसोऽन्तर्गतस्येति। किं तद्यदादित्यस्य मध्ये उदित्वोद्गम्य मयूखे अंशू भवतः प्रभवतः समर्थौ भवतः, जगत् प्रकाशयितुमित्यर्थः। द्विवचनं प्राधान्याभिप्रायं। उदुत्वा मयूखे इति पाठे उत् उत्वा उद्गम्य मयूखे उत्प्रभवत इत्यन्वयः। उदयाचलमारूढे सवितरि ततः प्रथमं निर्गते मयूखे मण्डलमतिक्रम्य ब्रह्माण्डमण्डलमखिलमवभासयती उच्चैः प्रसर्पत इत्यर्थः। यदेतन्मयूखद्वयं प्राधान्येनोक्तमेतत् सवित् सवितृरूपं, सत्यधर्मः मयूखोपलक्षितं सवितृस्वरूपं सत्यधर्म इत्यर्थः। एतद्यजुरित्याद्यस्य महिमोपन्यासः स्पष्टार्थः। एतद् ब्रह्मविषयमिति ब्रह्म विषयो यस्मिन् तत् तथा ब्रह्मप्राप्तिद्वारमित्यर्थः। एतद्भानुरर्णव इत्येकं पदं तेजोराशिरित्यर्थः। यद्वा भानुः प्रकाशस्वभावोऽर्णवोऽर्ण उदकं वहति प्रापयति वृष्टिद्वारेणेत्यर्णव इत्यर्थः। तस्मिन्नर्णव एव यजमानाः कर्मि-

रर्णवस्तस्मिन्नेव यजमानाः सैन्धव इव ल्लीयन्त एषा वै ब्रह्मैकताच हि सर्वे कामाः समाहिता इत्यत्रोदाहरन्ति । अंशुधारय इवाणुवातेरितः संस्फुरत्यसावन्तर्गः सुराणां । यो हैवंवित् स सवित् स द्वैतवित्

एतद्विरोधेनोपासकाश्च, सैन्धव इव सैन्धवखिल्य इवोदके निक्षिप्तः, लीयन्ते विलीयन्ते तदात्मतां गच्छन्तीत्यर्थः। यदेवमस्मिन् यजमानानां विलयनमेषा वै एषैव ब्रह्मैकता कार्यब्रह्मसायुज्यप्राप्तिरेवोपासनाफलं न परब्रह्मसायुज्यमित्यभिप्रायः। तत्र हेतुश्च हि यस्मात् सर्वे कामाः काम्यमाना विषयाः समाहिताः स्थिताः सन्तीत्यर्थः। कार्यब्रह्मलोके हि सङ्कल्पमात्रसिद्धाः पित्रादिलक्षणाः कामाः श्रूयन्ते 'स यदि पितृलोककामो भवति सङ्कल्पादेवास्य पितरः समुत्तिष्ठन्ति तेन पितृलोकेन सम्पन्नो महीयते' (छान्दो० अ० ८) इत्यादौ। इतिशब्दो महिमोपवर्णनसमाप्त्यर्थः। अत्रोक्तफले उदाहरन्ति ऋषय इत्यर्थः। "अंशुधारय ० कृष्णवर्त्मनः" इति। असौ सवितारमोशं प्रविष्टो मुक्तो यजमानः सुराणां सर्वेषां देवानामन्तर्गोऽन्तर्गतः संस्फुरति सर्वदेवतात्मा भवति, क इवेत्युच्यते, अणुवातेरितो ऽल्पवायुना प्रेरितोऽंशुधारय इव अंशून् धारयतीत्यंशुधारः, अंशुधार एवांशुधारयः प्रदीपः। धर्ता च विधर्ता च विधारय इतिवत् प्रयोगः। यो हैवंवित् स सवित्, विदा ज्ञानेन सह वर्तत इति सवित् विद्वानित्यर्थः। स द्वैतवित् द्वैतं परापर-

२ c 2

सैकधामेतः स्यात् तदात्मकश्च। ये बिन्दव इवाभ्युच्च-रन्त्यजस्रं विद्युदिवाभ्रार्चिषः परमे व्योमन्। ते ऽर्चिषो वै यशस आश्रयवशाज्जटाभिरूपा इव कृष्ण-वर्त्मनः॥ ३५॥

ब्रह्मभेदं वेत्तीति द्वैतवित्। यद्वा जीवानां द्वैतं भेदतत्त्वं वेत्तीति द्वैतवित्। स विद्वानेकधाम एकं मुख्यं धाम इतः प्राप्तः स्यात् भवेत्। यस्य धाम प्राप्नोति तदात्मकश्च तत्स्वरूपश्च भवेत् ब्रह्मैव क्रमेण स भवतीत्यर्थः। द्वैतवित्त्वं प्रपञ्चयति, ये बिन्दव इवेति। ये महासमुद्राद्बिन्दव इव वायूद्भूताः परमात्मनः सकाशादविद्याकार्योद्भूता अजस्रं पुनः पुनर्जागरितादावभ्युच्चरन्ति पृथगुत्तिष्ठन्ति, तेऽर्चिषो वै इत्युत्तरेणान्वयः। पृथग्भावावभासमात्रांशे दृष्टान्तमुक्त्वा पृथग्भूतस्यैव सतः पृथक्परिच्छेदप्रतिभासे दृष्टान्तमाह, विद्युदिवाभ्रार्चिषः परमे व्योमन् इति। परमे व्योम्नि महाकाशे यथाऽभ्रार्चिषोऽभ्रान्तर्गतस्याखण्डस्यार्चिषो विद्युद् विद्युदाकारावभासः, तथा ते जीवात्मानो यशसः परमात्मनः, 'तस्य नाम महद्यशः' इति श्रुतेर्यशः परमात्मा, तस्य यदर्चिश्चैतन्यप्रकाशस्तस्य वै आश्रयवशाच्चैतन्याभासखचितत्वात् तत्प्रतिबिम्बाधारत्वाद्वा अविद्याकार्यदेहद्वयरूपा विविक्ता जीवा इति व्यपदिश्यन्त इति योज्यं। यथा कृष्णवर्त्मनोऽग्नेरभिरूपा जटा ज्वाला स्फुलिङ्गाः प्रकाशाश्रय-

द्वे वाव खल्वेते ब्रह्मज्योतिषो रूपके शान्तमेकं समृद्धञ्चैकमथ यच्छान्तं तस्याधारं खमथ यत् समृद्ध-मिदं तस्यान्नं तस्मान्मन्त्रौषधाज्यामिषपुरोडाशस्था-लीपाकादिभिर्यष्टव्यमन्तर्वेद्यामास्यवसृष्टैरन्नपानैश्चा-

---

त्वादनेकाग्नित्वमापद्यन्ते स्फुलिङ्गादिव्यपदेशभेदञ्च तथेत्यर्थः ॥ ॥ २५ ॥

जीवद्वैततत्त्वमेवमाविष्कृत्य जीवेश्वरद्वैतमाविष्करोति "द्वे वाव ० अत्रोदाहरन्ति" इति । ब्रह्मज्योतिषो ब्रह्मात्मकस्य चित्प्रकाशस्य द्वे वाव खलु रूपके ज्ञापके, एकं शान्तं समृद्धं चैकं। ते एवाश्रयभेदनिर्देशेन विभजते। अथ तयोर्मध्ये यच्छान्तं तस्य खमाकाशं आधारमाश्रयः, क्लीवं छान्दसं, खे व्याप्य व्यवस्थितोऽखण्डप्रकाशः। शान्तं रूपकमीश्वरस्याभोक्तुः स्वरूपज्ञापकमित्यर्थः। अथ यत् समृद्धं तस्येदमन्नमाधार इत्यनुवर्तते, अन्ने भोक्तृत्वेन व्यवस्थितं ब्रह्मज्योतिस्तस्य जीवत्वज्ञापकं, भोक्ता जीव इत्यर्थः। तथा च मन्त्रः 'द्वा सुपर्णा सयुजा सखाया समानं वृक्षं परिषस्वजाते। तयोरन्यः पिप्पलं स्वाद्वत्त्यनश्नन्नन्यो अभिचाकशीति' (ऋग्० मं०१। सू०१६४) इति। विभागनिर्देशप्रयोजनमाह, तस्मादिति। यस्मादेवं ब्रह्मैव जीवेश्वररूपेण विभक्तं वर्तते तस्मान्मन्त्रौषधाज्यादिभिर्मन्त्रोपबृंहितैरौषधादिभिर्हविर्भिरन्तर्वेद्यां चेताविहितायां गृह्योक्तायामपि स्थण्डिलादि-

---

* यच्छान्तमिति लिखितपूर्वमस्ति ।

स्यमाहवनीयमिति मत्वा तेजसः सम्टद्धौ पुण्यलोक-
विजित्यर्थायामृतत्वाय चाचोदाहरन्ति । अग्निहोत्रं
जुहुयात् स्वर्गकामो यमराज्यमग्निष्टोमेनाभिजयति*

रूपायां यष्टव्यमोश्वरात्मकब्रह्मयजनं कर्तव्यमित्यर्थः । औषधं चरुधानादि, आमिषं पश्वङ्गावदानं, पुरोडाशो मन्त्रसंस्तुतः पिष्टपाकविशेषः । स्थालीपाकः स्मार्तश्चरुः । आदिशब्दात् पयःसोमादि गृह्यते । तथा जीवरूपब्रह्मयजनमपि कार्यमित्यभिप्रेत्याह, आस्यवशिष्टैरिति । अवशिष्टैरन्नपानैश्च महायज्ञाद्यवशिष्टैः स्वभोजनत्वेन पश्चाद्विहितैरिति वाऽन्नपानैरास्ये आस्ये यष्टव्यमिति पूर्वेणान्वयः । यस्मिन्नास्येऽन्नपानाभ्यां जीवरूपब्रह्मयजनं क्रियते तदास्यमाहवनीयं मत्वा आस्यात्मकेऽस्मिन्नाहवनीयेऽग्नौ प्रत्यग्रूपाय वैश्वानरात्मने हविरिदं हूयते मयेति चिन्तयन् भुञ्जीतेत्यर्थः । किमर्थमेवं कार्यमिति तत्राह, तेजस इति । तेजो ज्ञानबलादिनिमित्तं प्रागल्भ्यं, तद्वृद्ध्यर्थमास्याहवनीये यजनं, पुण्यलोकस्य स्वर्गादेर्विजितिर्विजयस्तदर्थाय तत्प्रयोजनाय श्रौतस्मार्तयजनं कार्यमित्यर्थः । एतदेव श्रौतादिकर्म सकामस्य पुण्यलोकजयहेतुरपि निष्कामस्य मोक्षहेतुर्भवति, अतो मुमुक्षुभिरपि यष्टव्यमित्यभिप्रेत्याह, अमृतत्वाय चेति । कुतः प्रमाणात् । पुण्यलोकसाधनं कर्मेत्यवगतमित्यत आह, अत्रोदाहरन्तीति । विधिवाक्यानि श्रूयन्त इत्यर्थः ।

* अभियजतीति मूले लिखितं ।

सोमराज्यमुक्थेन सूर्यराज्यं षोडशिना स्वाराज्यमतिरात्रेण प्राजापत्यमासहस्रसंवत्सरान्तक्रतुनेति।
वर्त्याधारस्नेहयोगाद्यथा दीपस्य संस्थितिः।
अन्तर्याण्डोपयोगादिमौ स्थितावात्मशुची तथा ॥३६॥

तान्येव वाक्यानि पठति "अग्निहोत्रं ० क्रतुनेति" इति। अत्राग्निहोत्रादिशब्दाः कर्मनामधेयानि। अग्निहोत्रग्रहणञ्च सर्वहविर्यज्ञानामुपलक्षणं। अग्निष्टोमः सर्वसोमयागानां प्रथमो यज्ञः 'एष वै प्रथमो यज्ञो यज्ञानां यदग्निष्टोमः' इति श्रुतेः। यमराज्यं यमाधिष्ठितः स्वर्गविशेषः। एवमेव सोमराज्यमित्यादि योज्यं। स्वाराज्यमिन्द्राधिष्ठितो लोकविशेषः। एतच्चात्यग्निष्टोमवाजपेयाप्तोर्यामाणां बृहस्पतिसवादीनामेकाहानामुपलक्षणं। प्राजापत्यं प्रजापतिनाधिष्ठितं स्थानं, तत् द्वादशरात्रप्रभृतिसहस्रसंवत्सरसंज्ञान्तो यः क्रतुसमुदायः सत्रात्मकस्तेन जयतीत्यर्थः। एतेनाहीना अप्युक्ता वेदितव्याः। "वर्त्याधार ० आत्मशुची तथा" इति। पूर्वार्धः स्पष्टार्थः। अन्तरे भवमन्तर्यमन्तरीयं ब्रह्माण्डान्तर्वर्ति व्यष्टिशरीरं अण्डं ब्रह्माण्डञ्च अन्तरीयाण्डे, तयोरुपयोगात् स्वीकारादिमौ आत्मा च शुचिश्चात्मशुची पुरुषादित्यौ तथा स्थितौ। वर्त्याधारस्थस्नेहसमाप्तिपर्यन्तं दीपस्थितिवत् पिण्डब्रह्माण्डगतवासनाक्षयपर्यन्तं पुरुषादित्यरूपेण ब्रह्मज्योतिषो भेदेनावस्थानं भवतीत्यर्थः॥ ३६ ॥

तस्मादोमित्यनेनैतदुपासीतापरिमितं तेजस्तत् त्रेधाभिहितमग्नावादित्ये प्राणेऽथैषा नाड्यन्नबहुमित्येषाग्नौ हुतमादित्यं गमयत्यतो यो रसोऽस्रवत् स उद्गीथं वर्षति तेनेमे प्राणाः प्राणेभ्यः प्रजा इत्यत्रोदाहरन्ति यद्धविरग्नौ हूयते तदादित्यं गमयति तत्

इदानीं यथोक्तानि कर्माणि प्रणवोपबृंहितान्यनुष्ठेयानि कर्मसाद्गुण्यायेति विधानपूर्वकं तादृगनुष्ठितकर्ममाहात्म्यं प्रपञ्चयति "तस्मादोम् ० प्रजाः" इति। यस्मादुक्तानि कर्माण्यभीष्टफलदानि तस्मात् तेषां वीर्यवत्तरत्वायोमित्यनेन मन्त्रेण आदावुच्चारितेनैतत् कर्मजातमुपासीत तात्पर्येणानुतिष्ठेदित्यर्थः। तथा चाह भगवान्,

'तस्मादोमित्युदाहृत्य यज्ञदानतपःक्रियाः।
प्रवर्तन्ते विधानोक्ताः सततं ब्रह्मवादिनां'॥ इति।

यतोऽपरिमितं तेजोऽस्येति शेषः। अस्योङ्कारस्य तेजः प्रभावो ऽनवधीत्यर्थः। ब्रह्मरूपत्वात् तस्येति भावः। तत् तेजस्त्रेधाऽभिहितं अभितो हितं निहितं कथितमिति वा। अग्नौ होमाद्याधारतया कर्मनिर्वर्तके, आदित्ये देवतात्मनि, प्राणे च कर्मफलभोक्तरि यजमाने चेति त्रेधा विहितमित्यर्थः। एतत्कथनोपयोगमाहाऽथैषेति। अथैवं सति एषा शास्त्रसिद्धा नाडी द्वाररूपा अन्नं बहुलयतीत्यन्नबहुः, प्रथमार्थे द्वितीया, इत्येवंविधेषा

सूर्यो रश्मिभिर्वर्षति तेनान्नं भवत्यन्नाद्भूतानामुत्पत्तिरित्येवं ह्याह।

अग्नौ प्रास्ताहुतिः सम्यगादित्यमुपतिष्ठते।
आदित्याज्जायते वृष्टिर्वृष्टेरन्नं ततः प्रजाः॥ ३७॥

अग्निहोत्रं जुह्वानो लोभजालं भिनत्त्यतः सम्मोहं छित्त्वा न क्रोधान् स्तुन्वानः काममभिध्यायमानस्तत-

---

ऽग्नौ कृतं हविरादित्यं गमयति, अतो हविष आदित्य प्रविष्टाद्यो रसो रश्मिपरिपाकतोऽस्रवत् स रस उद्गीथं यथा स्यात् तथा वर्षति, उच्चैः शब्दं कुर्वन् वर्षतीत्यर्थः। तेन वर्षणेन वर्षणनिष्पन्नेनान्नेनेत्येतत्, इमे प्रसिद्धाः प्राणाः स्थिरा भवन्तीत्यर्थः। प्राणेभ्यः प्रजाः जीवद्भ्यो हि बलवद्भ्यः प्रजा भवन्ति इत्यत्रोक्तेऽर्थे उदाहरन्ति, उदाहरणवाक्यं निगदव्याख्यानं। एवं हि आह, मनुरपीति शेषः। 'यद्वै किञ्च मनुरवदत् तद्भेषजं' इति श्रुत्यैव मनोः प्रशंसनात् प्रायः श्रुतिरेव मनुवचनमिति गम्यते। यद्वाग्नौ प्रास्ताहुतिः सम्यगिति वचनं क्वचिच्छाखान्तरगतमेवेदं मनुना निबद्धमिति न मनुप्रणीतमतोऽनादिसिद्धया श्रुत्या कथमर्वाग्भाविस्मृतिवचनमुदाह्रियत इति न शङ्कास्पदं। श्लोक उक्तार्थः॥ ३७॥

इदानीं पृथिवी गार्हपत्य इत्यादिनोक्तप्रकारेणाग्निहोत्रं जुह्वतः फलप्राप्तिं सोपस्करामाह "अग्निहोत्रं ० अर्चिंदा-

2 n

श्चतुर्जालं ब्रह्मकोशं भिन्ददतःपरमाकाशमत्र हि सौरसौम्याग्नेयसात्त्विकानि मण्डलानि भित्त्वा ततः शुद्धः सत्त्वान्तरस्थमचलममृतमच्युतं ध्रुवं विष्णुसञ्ज्ञितं सर्वापरं धाम सत्यकामसर्वज्ञत्वसंयुक्तं स्वतन्त्रं चैतन्यं स्वे महिम्नि तिष्ठमानं पश्यत्यत्रोदाहरन्ति ।

हरन्ति” इति । यथोक्तप्रकारमग्निहोत्रं जुह्वानः कालेन शुद्ध्युपेतान्तःकरणः सन् लोभमयं जालं श्रेयोमार्गनिरोधकं भिनत्ति विदारयति, अतोऽनन्तरं लोभमूलं मोहमविवेकलक्षणं छित्त्वा विवेकेनोत्कृत्य क्रोधान् क्रोधमयान् भावान् न स्तुन्वानोऽस्तुन्वानो न प्रशंसन् तान् परित्यजन्निति यावत् । कामं मोक्षलक्षणमभिध्यायमानो मोक्ष एव मे फलमस्त्विति मनसाभिलषन्नित्यर्थः । ततः एवं सम्यग्विशुद्धेऽन्तःकरणे सति चतुर्जालं ब्रह्मकोशं चतुर्भिरन्नमयप्राणमयमनोमयविज्ञानमयाख्यैर्जालैः परिवेष्टितं ब्रह्मकोशं ब्रह्मणः परस्याच्छादकं मायामयमानन्दमयाख्यं तस्मिन् हि ब्रह्म निहितं श्रूयते (तै०उ०) ‘यो वेद निहितं गुहायां परमे व्योमन्’ ‘ब्रह्म पुच्छं प्रतिष्ठा’ इति च । तं कोशं भिन्दत् साक्षिसाक्ष्यविवेकलक्षणेन तत्त्वज्ञानेन भिन्ददुन्मूलयन् प्रत्यगर्थमुद्धरन्नित्यर्थः । अतःपरमाकाशं सच्छब्दवाच्यं कारणोपाधिकं ‘आकाशो वै नाम नामरूपयोर्निर्वहिता ते यदन्तरा तद्ब्रह्म’ इत्येतल्लक्षणं (छान्दो० अ०८) प्रविशेदिति शेषः ।

**रविमध्ये स्थितः सोमः सोममध्ये हुताशनः।
तेजोमध्ये स्थितं सत्त्वं सत्त्वमध्ये स्थितोऽच्युतः॥**

अत्र हि आकाशे ब्रह्मणि उपासनार्थं यानि सूर्यसोमाग्नीनां मण्डलानि सात्त्विकानि सत्त्वगुणात्मकानि कल्पितानि तानि भित्त्वा सूर्यादिदेवतादिक्रममखिलं प्रपञ्चं परे कारणे ब्रह्मणि प्रविलाप्येत्युक्तं भवति, तत उपास्योपासकभेदप्रतिभासहेत्वभावात् शुद्धः प्रत्यगात्ममात्रतया स्थितो विद्वान् सत्त्वान्तरस्थं शुद्धसत्त्वमयान्तःकरणवृत्तावभिव्यक्तिं गतमचलमित्याद्यनेकविशेषणैरुपलक्षितं ब्रह्म पश्यति साक्षादुपलभते मुच्यत इत्यर्थः। अत्र सत्यकामसर्वज्ञत्वसंयुक्तमिति ब्रह्मविशेषणेन कारणे ब्रह्मणि प्रथमं प्रविश्य ततः कालेन शुद्धं ब्रह्म प्रविशतीति गम्यते, उपासनाप्रकरणात्। अत एव सर्वापरं धामेति विशेषणं। सर्वमपरं निकृष्टं यस्मात् तत् सर्वापरं धाम स्थानं, कारणमित्यर्थः। न चैवं सति चतुर्जालं ब्रह्मकोशं भिन्द्दित्यनुपपन्नमिति शङ्क्यं, तस्य क्रमप्राप्यपरममुक्त्यपेक्षत्वात्। प्राक् कृतो हि विवेकः प्रारब्धप्रतिबन्धक्षये स्वफलं करिष्यतीति सर्वमनवद्यं। अत्रोक्तेऽर्थे उदाहरन्ति ऋषय इत्यर्थः। उदाहरणं पठति "रविमध्ये ० स्थितोऽच्युतः"। तेजोऽग्निः। स्पष्टार्थमन्यत्। मण्डलभेदक्रमेण ब्रह्मप्रवेशनमुदाहृत्य कोशभेदनेन ब्रह्मदर्शनमुक्तमनूद्य तत्राप्युदाहरणमाह "शरीरे ०

2 D

शरीरप्रादेशाङ्गुष्ठमात्रमणोरप्यण्व्यं ध्यात्वातःपरमतां गच्छत्यत्र हि सर्वे कामाः समाहिता इत्यत्रोदाहरन्ति । अङ्गुष्ठप्रादेशशरीरमात्रं प्रदीपप्रतापवत्

ब्रह्मणे नमः" इति। शरीरे प्रादेशमात्रपरिमितं हृदयं, तत्राङ्गुष्ठमात्रं कमलं, तदिदं शरीरप्रादेशाङ्गुष्ठमात्रमित्युच्यते। तादृगङ्गुष्ठमात्रकमलान्तरभिव्यक्तत्वादात्माऽप्यङ्गुष्ठमात्रस्तं, अणोरप्यण्व्यं अतिसूक्ष्मादपि सूक्ष्मतरं दुर्लक्ष्यं, एवंविधमात्मानं ध्यात्वाऽतोऽनन्तरं चतुर्जालं ब्रह्मकोशं भिन्दन् परमतां परमात्मभावं गच्छति यथोपासितं परमात्मानमनुभवतीत्यर्थः। अत्र हि परमात्मनि सर्वे कामाः स्वमनोमात्रसङ्कल्पसाधनाः समाहिताः स्थिताः 'सर्वं तदत्र गत्वा विन्दते' इति श्रुत्यन्तरात्। इत्यत्रास्मिन्नुक्तेऽर्थे उदाहरन्ति। अङ्गुष्ठपरिमितकमलयुक्तं प्रादेशशरीरमात्रं प्रादेशपरिमितहृदयान्तःशरीराभिव्यक्तमिति यावत्। प्रदीपप्रतापवत् प्रदीपशिखावत् द्विस्त्रिधा द्विस्त्रिप्रकारं मन्दमध्यमोत्तमप्रकारं तैलवर्त्यादितारतम्यवशात् प्रदीपप्रकाश इवाभिव्यञ्जकान्तःकरणशुद्धितारतम्यादभिव्यक्तितारतम्यवत् तद्ब्रह्मान्तर्यामित्वलक्षणमभिष्टूयमानमभितः स्तूयमानं प्रशस्ततयोपलभ्यमानं महो देवो महान् देवोऽखण्डचिदात्मको भुवनान्याविवेश, यदेवंविधमात्मतत्त्वं तदेव महा यच्चेदं ब्रह्म तदेव महान् देवो भुवनानि स्थावरजङ्ग-

द्विस्त्रिधा हि । तद्ब्रह्माभिष्टूयमानं महो देवो भुव-
नान्याविवेश । ओम् नमो ब्रह्मणे नमः ॥ ३८ ॥

इति मैत्र्युपनिषदि षष्ठः प्रपाठकः ॥

मादिजीवरूपेणाविवेश, तस्मादात्मैव ब्रह्म ब्रह्मैवात्मेत्यभेदेन ध्यानं प्रशस्तं तत् कर्तव्यमिति भावः । ॐ नमो ब्रह्मणे नम इति शान्तिपाठो मङ्गलार्थः ॥ ३८ ॥

इति मैत्रोशाखोपनिषद्दीपिकायां षष्ठः प्रपाठकः ॥

अग्निर्गायत्रं त्रिवृद्रथन्तरं वसन्तः प्राणो नक्षत्राणि वसवः पुरस्तादुद्यन्ति तपन्ति वर्षन्ति *स्तुवन्ति पुनर्विशन्त्यन्तर्विवरेणेक्षन्त्यचिन्त्योऽमूर्तो गभीरो गुप्तोऽनवद्यो घनो गहनो निर्गुणः शुद्धो भास्वरो गुणभुग् भयो

सप्तमोऽप्ययं प्रपाठकः प्रकीर्णानेकोपदेशपरः। तत्रादितः सप्तभिरनुवाकैः सवित्राश्रयमुपासनं स्वतन्त्रं सविस्तरं सफलमात्मपर्यवसितमुपदिशति, अग्निर्गायत्रमित्यादिना। "अग्निर्गायत्रं ० अन्तरान्तरः" इति। अग्निर्देवता, गायत्रं छन्दः, त्रिवृत् स्तोमः, रथन्तरं साम, वसन्त ऋतुः, प्राणः प्राणनवृत्तिरनः, नक्षत्राण्यश्विन्यादीनि, वसवो देवगणविशेषः। एते सर्वे मूर्तिमन्तः सवितुः पुरस्तात् पुरोभागे उद्यन्ति, एतैः पुरोभागे परिवृतः सविता ध्येय इति विवक्षितं। तापकाले एते तपन्ति, वर्षासु वर्षन्ति, तत्तदवसरे सवितारं स्तुवन्ति पुनरस्तं गच्छन्ति, सवितर्यन्तर्विशन्ति, अथवा भोगकाले सविचाश्रितममृतं भोक्तुमन्तर्विशन्ति सवितृमण्डलमनुप्रविशन्ति। विवरेण द्वारेण किरणप्रवृत्तिमार्गेणेक्षन्ति भोज्यममृतमीक्षन्ते पश्यन्ति। अथवा विवरेण समयविशेषेण भोगप्रतीक्षां कुर्वन्तीत्यर्थः। एतदपि अग्न्यादीनां वृत्तान्तं ध्येयं वेदितव्यं। एवंविधैः पुरोवर्तिभिः †स्तूयमानं साविचं स्वरूपं ध्येयं निर्दिशति, अचिन्त्य

---

* स्तुवन्तीत्युत्तमपुस्तके सर्वत्र लिखितं, अधमे तु क्वचित् क्वचित् इत्थमेवापीये च पुस्तके सर्वत्र स्तुवन्तीति।

† स्तूयमानमिति पाठान्तरं।

ऽनिर्वृत्तिर्योगीश्वरः सर्वज्ञो मघोऽप्रमेयोऽनाद्यन्तः श्रीमानजो धीमाननिर्देश्यः सर्वस्रक् सर्वस्यात्मा सर्वभुक् सर्वस्येशानः सर्वस्यान्तरान्तरः ॥ १ ॥

इन्द्रस्त्रिष्टुप् पञ्चदशो बृहद्ग्रीष्मो व्यानः सोमो रुद्रा दक्षिणत उद्यन्ति तपन्ति वर्षन्ति स्तुवन्ति पुनर्विशन्त्यन्तर्विवरेणेक्षन्त्यनाद्यन्तोऽपरिमितोऽपरिच्छिन्नोऽपरप्रयोज्यः स्वतन्त्रोऽलिङ्गोऽमूर्तोऽनन्तशक्तिर्धाता भास्करः ॥ २ ॥

इत्यादिना। अमूर्त इति छेदः, अचिन्त्यो मनसोऽगोचरः, अमूर्तोऽपरिच्छिन्नः, गभीरो दुरवगाहः कर्मेन्द्रियागोचर इत्यर्थः, गुप्तो ज्ञानेन्द्रियाविषयः, अनवद्यः पुण्यपापरहितः, घनोऽभेद्यः, गहनो दुर्विवेकः, निर्गुणो रूपादिगुणरहितः, शुद्धो निर्लेपः, भास्वरः सर्वावभासकभारूपः, गुणभुक् त्रिगुणविकारसाक्षी, बिभेत्यस्मात् सर्वमिति भयः कालरूपः, अनिर्वृत्तिरकार्यरूपः, यद्वा निर्वृत्तिः सर्वसिद्धिरूपः। प्रसिद्धार्थमन्यत्। मघो मघवानिन्द्रः पूज्य इत्यर्थः। सर्वस्यान्तरो भोक्ता जीवस्तस्याप्यान्तर आन्तरान्तरोऽन्तर्यामीत्यर्थः॥ १ ॥

इन्द्रस्त्रिष्टुबित्यादि समानं। "इन्द्रस्त्रिष्टुप् ० भास्करः" इति। अनाद्यन्त इत्यादि विशेषणानि सवितुः पूर्ववद्व्याख्यानार्थानि यथाशब्दं विज्ञेयानि॥ २ ॥

मरुतो जगती सप्तदशो वैरूपं वषा अपानः शुक्र
आदित्याः पश्चादुद्यन्ति तपन्ति वर्षन्ति स्तुवन्ति पुन-
र्विशन्त्यन्तर्विवरेणेक्षन्ति तच्छान्तमशब्दमभयमशोक-
मानन्दं तृप्तं स्थिरमचलममृतमच्युतं ध्रुवं विष्णु-
सञ्ज्ञितं सर्वापरं धाम ॥ ३ ॥

विश्वे देवा अनुष्टुबेकविंशो वैराजः शरत् समानो
वरुणः साध्या उत्तरत उद्यन्ति तपन्ति वर्षन्ति स्तुव-
न्ति पुनर्विशन्त्यन्तर्विवरेणेक्षन्त्यन्तःशुद्धः पूतः शून्यः
शान्तोऽप्राणो निरात्मानन्तः ॥ ४ ॥

मित्रावरुणौ पङ्क्तिस्त्रिणवत्रयस्त्रिंशौ शाक्वररैवते
हेमन्तशिशिरा उदानोऽङ्गिरसश्चन्द्रमा ऊर्द्धा उद्य-
न्ति तपन्ति वर्षन्ति स्तुवन्ति पुनर्विशन्त्यन्तर्विवरेण-
क्षन्ति प्रणवाख्यं प्रणेतारं भारूपं विगतनिद्रं विजरं
विमृत्युं विशोकं ॥ ५ ॥

मरुतो जगतीत्यादि समानं। "मरुतो जगती ० परं धाम" इति ॥ ३ ॥

विश्वे देवा इत्यादि समानं। "विश्वे देवा ० आत्मानन्तः" इति ॥ ४ ॥

मित्रावरुणौ पङ्क्तिरित्यादि समानं। "मित्रावरुणौ ० विशोकं" इति ॥ ५ ॥

शनिराहुकेतूरगरक्षोयक्षनरविहगशरभेभादयो-ऽधस्तादुद्यन्ति तपन्ति वर्षन्ति सुवन्ति पुनर्विशन्त्यन्त-र्विवरेणेक्षन्ति यः प्राज्ञो विधरणः सर्वान्तरोऽक्षरः शुद्धः पूतो भान्तः क्षान्तः शान्तः ॥ ६ ॥

एष हि खल्वात्मान्तर्हृदयेऽणीयानिद्धोऽग्निरिव विश्वरूपोऽस्यैवान्नमिदं सर्वमस्मिन्नोता इमाः प्रजा एष

एवं पञ्चसु दिक्षु क्रमेण ध्येयविशेषानुपदिश्याधोभागे च ध्येयविशेषमुपदिशति "शनिराहुकेतू ० चान्तः शान्तः" इति। विधरणो विधारको वर्णाश्रममर्यादाया इत्यर्थः। भान्तो भाषा युक्तः, चान्तः चमावान्, तथा शान्त इत्यर्थः ॥ ६ ॥

एवमधिदैवं ध्येयं सविस्तरमुपदिश्य तदनूद्य तस्याध्यात्मं ध्येयं स्वरूपमुपदिशति "एष हि ० हिताय नमः" इति। योऽधिदैवतमादित्यमण्डले उपास्य उक्तः एष हि एव खलु आत्माऽन्तर्हृदये हृदयस्यास्य स्थानस्याणीयस्त्वादणीयानतिसूक्ष्मः, अग्निरिव दीपशिखेवेद्धो दीप्यमान इत्येतत्। विश्वरूपः सर्वरूपो वैश्वानरो भोक्तेति यावत्। अतोऽस्यैवान्नमिदं सर्वं अविशेषेण सर्वप्राणिभिरद्यमानमिदमन्नमस्यैव वैश्वानरात्मनोऽन्नमिति दृष्टिर्विधीयते। अस्मिन् वैश्वानरात्मनि इमाः प्रसिद्धाः प्रजाः स्थावराद्या ओता आश्रिताः पट इव *तन्तुजातमाश्रित्य स्थिता इत्यर्थः। सर्वात्मको वैश्वानरो भोक्ता

---

* तन्तूतेनमाश्रित्येति भ्रान्तलिखितं।

आत्मापहतपाप्मा विजरो विमृत्युर्विशोको विचिकित्सोऽविपाशः सत्यसङ्कल्पः सत्यकाम एष परमेश्वर एष भूताधिपतिरेष भूतपाल एष सेतुर्विधरण एष हि खल्वात्मेशानः शम्भुर्भवो रुद्रः प्रजापतिर्विश्वसृक् हिरण्यगर्भः सत्यं प्राणो हंसः शास्ताऽच्युतो विष्णुर्नारा-

---

तस्यैवेदं सर्वैरद्यमानं सर्वप्रकारमन्नमिति ध्यात्वा प्राप्तमन्नं भुञ्जानोऽन्नदोषैर्न लिप्यत इत्येतमर्थं सूचयन्तो आत्मानं विशिनष्टि, एष इति । अपहतपाप्मा पुण्यपापलेपरहित इत्यर्थः, पुण्यमप्यत्र पापशब्देन गृह्यते तस्यापि पापवत् संसारबन्धहेतुत्वात् 'उभे ह्येवैष एते तरति न सुकृतं न दुष्कृतं सर्वे पाप्मानोऽतो निवर्तन्ते' इति च श्रुतेः । विजरो विमृत्युरिति जरामृत्युधर्मकात् स्थूलदेहाद्विविच्यते । विशोक इति शोकादिधर्मकादन्तःकरणात् । विविधा चिकित्सा विचिकित्सा सहजस्य क्षुद्व्याधेर्निवर्तनं, सा यस्यास्ति स विचिकित्सोऽन्नोपष्टब्धजीवनः प्राणः, तस्मादन्योऽयमात्मा अविचिकित्सः, अत एवात्र शाखान्तरेऽविजिघत्स इति पठ्यते । खादितुमिच्छा जिघत्सा तया रहितोऽविजिघत्स इत्यर्थः । अविपाश इति वर्णव्यत्ययेनापिपासः पिपासारहितः पिपासाधर्मकात् प्राणादन्य इत्यर्थः । स्थूलसूक्ष्मदेहोपाधिनिषेधे तद्दोषानास्कन्दितत्वात् सत्यसङ्कल्पः सत्या अवितथाः सङ्कल्पा यस्य सः, अत एव सत्य-

यत्रो यश्चैषोऽग्नौ यश्चायं हृदये यश्चासा आदित्ये स एष एकस्तस्मै ते विश्वरूपाय सत्ये नभसि हिताय नमः ॥ ७ ॥

कामः, काम्यन्त इति कामाः सत्या यथासङ्कल्पमवश्यम्भाविनो यस्य स सत्यकामः । यत एवमयमुपाधेरुद्धृतोऽत एष एव परमेश्वर एष भूताधिपतिर्भूतानां स्वामी एष भूतपालः पालयिता यत एष सेतुर्जगन्मर्यादोत्तम्भको यतो विधरणो विधारको वर्णाश्रमादिधर्माणां तद्धेतूनाञ्चेति शेषः । इदानीमुक्तगुणमात्मानं स्तौति, एष हि खल्वात्मेशानो य उक्तः स एव शम्भ्वादिशब्दवाच्यो नान्य इत्यर्थः । उक्तयोरध्यात्माधिदैवोपाधिकयोरात्मनोरुपाधिद्वयापोहेनैकत्वं वास्तवं रूपमुपदिशत्यद्वैतत्वाय यश्चैषोऽग्नावित्यादिना । अग्निग्रहणमधिदेवस्यादित्यस्य प्रकाशोपजीविसर्वविभूतिग्रहणोपलक्षणार्थं । यश्चायं हृदये प्रत्यङ् पुरुषः, यश्चासावादित्ये परोक्षः स आदित्यस्थः एष हृदयस्थश्च एक एव नानयोर्वस्तुतत्त्वे भेदोऽस्तीत्यर्थः । एवमनुसन्धायोपास्यस्वरूपं मन्त्रमिममुदीरयेदित्यभिप्रेत्याह, तस्मै त इति । सत्ये नभसि ब्रह्माकाशे हिताय निहिताय स्वस्वरूपे स्थितायेत्यर्थः ॥ ७ ॥

तदेवं श्रेयोऽर्थिनामुपादेयं साधनजातं सोपस्करं सफलमनेकधोपदिश्येदानीं श्रेयोमार्गविघातकं परिहरणीयं सम्यग्

अथेदानीं ज्ञानोपसर्गा राजन्मोहजालस्यैष वै योनिर्यदस्वर्ग्यैः सह स्वर्ग्यस्यैष वाट्ये पुरस्तादुक्तेऽप्यधःस्तम्बेनाश्लिष्यन्त्यथ ये चान्ये ह नित्यप्रमुदिता नित्यप्रवसिता नित्ययाचनका नित्यं शिल्पोपजीविनोऽथ

व्युत्पादयति "अथेदानीं ० विद्यान्तरन्तु यत्" इति। अथोपादेयविध्यर्थनिरूपणानन्तरमिदानीं हेयनिषेधार्थकथनावसरे प्राप्ते ज्ञानोपसर्गाः ज्ञानोत्पत्तिविघातका हेतवः प्रस्तूयन्त इति शेषः। राजन्निति सम्बोधनं प्रदर्शनार्थमयमुपदेशप्रकार एवाख्यायिकायाः पुरा समापनात्। के ते ज्ञानोपसर्गा इत्याकाङ्क्षायां यन्मोहजालं वस्तुतत्त्वाविवेकनिबन्धनमित्युत्तरं पूरणीयं। पुनः कुतो मोहजालप्रसर इत्याकाङ्क्षायामाह, मोहजालस्यैष वक्ष्यमाणो वै प्रसिद्धो योनिः प्रसरणस्थानं। कोऽसौ यदस्वर्ग्यैः स्वर्गानर्हैर्नास्तिकादिभिः सह स्वर्ग्यस्य स्वर्गार्हस्य वैदिकस्य संसर्ग इत्यध्याहारः। पुनरेष इति पूर्वोक्तस्यैवाकर्षणमन्वयस्पष्टीकरणार्थं। तत्र निदर्शनं लुप्तोपमाव्यञ्जकमाह, वाट्य इति। वाटीमर्हतीति वाट्यो महाशाखाप्रपनसादिः, तस्मिन् पुरस्तात् पुरःस्थितत्वेन केनचिदाप्तेनोक्तेऽपि तमनादृत्याधःस्तम्बेन क्षुद्रेण तृणशलाकया सहाश्लिष्यन्ति तत्प्रभवं छायाफलादिकं बहु मन्यन्त इत्यर्थः। एष दृष्टान्तो मोहस्येत्येषपदस्यैव वान्वयः। अथ पुनर्ये च येऽप्यन्ये इह-

ये चान्ये ह पुण्याचका अयाज्ययाजकाः शूद्रशिष्याः शूद्राश्च शास्त्रविद्वांसोऽथ ये चान्ये ह चाटजटनटभट-प्रव्रजितरङ्गावतारिणो राजकर्मणि पतितादयोऽथ ये चान्ये ह यक्षराक्षसभूतगणपिशाचोरगग्रहादीनामर्थं पुरस्कृत्य शमयाम इत्येवं ब्रुवाणा अथ ये चान्ये ह वृथा

लोके नित्यप्रमुदिता ऐहिकैरेव लाभैः सदा सन्तुष्टाः, ये च नित्यप्रवसिताः सदा परप्रेष्याः, नित्ययाचनकाः सदा दीनाः, नित्यं शिल्पोपजीविनः कारुकर्मकौशलेन जीवननिरता इत्यर्थः। अथ ये चान्ये ह पुण्याचका नगरभिक्षवः, ये चायाज्यान् याजनानर्हान् याजयन्ति तेऽयाज्ययाजकाः, ये चान्ये शूद्र-शिष्याः शूद्राद् यां कामपि विद्यां गृहीतवन्तो ब्राह्मणादयस्ते शूद्रशिष्याः, ये च शूद्राः शास्त्रं श्रुतिस्मृतिपुराणलक्षणं वि-दन्ति पठन्ति पाठयन्ति वा ते शास्त्रविद्वांसः। अथ ये चान्ये ह चाटाः पिशुनाः, जटा अपरिच्छिन्नासभ्यवदनपराः, नटा नर्तनोपजीवनाः, भटा योधास्तस्करा वा, प्रव्रजिताः का-र्पटिका अभिक्षवो भिक्षुवेषधारकाः, रङ्गावतारिणोऽनेकवेष-भाषाविशेषैर्नाटकनाट्यजीविनः, राजकर्मणि राज्ये ये नियुक्ता इत्यध्याहारः, राष्ट्रसंरक्षणे चोरशासनादावधिकृता इत्यर्थः। ये च पतिता महापातककृतो राष्ट्रान्निःसारिताः स्थिता वा, आदिपदादभिशस्ता गृह्यन्ते। अथ ये चान्ये ह यक्षेति,

कषायकुण्डलिनः कापालिनोऽथ ये चान्ये ह वृथातर्कदृष्टान्तकुहकेन्द्रजालैर्वैदिकेषु परिस्थातुमिच्छन्ति तैः सह न संवसेत् प्राकाश्यभूता वै ते तस्करा अस्वर्ग्या इत्येवं ह्याह।

नैरात्म्यवादकुहकैर्मिथ्यादृष्टान्तहेतुभिः।
भ्राम्यन् लोको न जानाति वेदविद्यान्तरन्तु यत्॥ ८॥

ग्रहादीनामिति कर्मणि षष्ठी। अर्थं पुरस्कृत्य धनादिकं स्वजीवनमुद्दिश्य ये यक्षादीन् प्राणिपीडकान् शमयाम उच्चाटनादिभिर्निवारयाम इत्येवं ब्रुवाणा मन्त्रयन्त्रपरा इत्यर्थः। अथ ये चान्ये वृथा मिथ्या कषायवाससः कुण्डलिनः शङ्खादिशकलकृतकुण्डलधारिणः कापालिनः कपालभिक्षवः। अथ ये चान्ये वृथातर्कोऽनुग्राह्यप्रबलप्रमाणशून्यः स्वबुद्धिकल्पितः दृष्टान्तः प्रायोदृष्टस्योदाहरणं क्वचिददृष्टस्य वोदाहरणं दृष्टान्तः, कुहकं छलग्रहः प्रतारणं वा, इन्द्रजालं प्रत्यक्षतो मिथ्यार्थप्रदर्शनं। एतैर्द्वारैर्ये वैदिकेषु वेदोक्तमार्गैकनिरतेषु परिस्थातुं परिपन्थितया स्थातुमिच्छन्ति तैः सह न संवसेत्, ये च पूर्वोक्तास्तैश्च न सह संवसेदित्यर्थः। तत्र हेतुमाह, ते वै निश्चितं प्राकाश्यभूता अपरोक्षा एव तस्कराश्चोराः परवित्तापहारिणः प्रसिद्धाः यावन्त उक्तास्ते अस्वर्ग्या यतः, अतो वैदिकानभिभूय ज्ञानमार्गमवरुन्धते इति वैदिकैर्वेदोक्तपुरुषार्थार्थिभिस्तत्सङ्गस्त्याज्य इत्यर्थः, इत्येवं ह्याह।

बृहस्पतिर्वै शुक्रो भूत्वेन्द्रस्याभयायासुरेभ्यः क्षया-येमामविद्यामसृजत् तया शिवमशिवमित्युद्दिशन्त्य-शिवं शिवमिति वेदादिशास्त्रहिंसकधर्माभिध्यानम-स्त्विति वदन्त्यतो नैनामभिधीयेतान्यथैषा वन्ध्येवैषा

नैरात्म्यवादः शून्यक्षणिकविज्ञानाद्यात्मवादः। वेदविद्यान्तर-मिति वेदं विद्यान्तरञ्चेत्यर्थः ॥ ८ ॥

इदानीं वेदविरोधिनां मार्गस्य प्रवृत्तिमूलमितिहासमाह "बृहस्पतिर्वै० इत्येवं ह्याह" इति। बृहस्पतिर्वै प्रसिद्धो देवपुरोहितः कदाचित् शुक्रो भूत्वा शुक्ररूपमास्थायेमा-मविद्यामसृजदिति सम्बन्धः। किमर्थं इन्द्रस्याभयाय चेमाया-सुरेभ्योऽसुराणां क्षयाय नाशाय, असुरान्मोहयित्वेन्द्रं रक्षि-तुमित्यर्थः। याऽविद्या बृहस्पतिना सृष्टा तया शिवं परिणामे सुखकरमशिवमकल्याणं दुःखमित्युद्दिशन्ति कथयन्ति ना-स्तिका इति शेषः। अशिवमकल्याणं शिवमिति चोद्दिशन्ती-त्यनुवर्तते। तेषामभिप्रायमाह, वेदेति। वेदस्मृतिपुराणादि-रूपशास्त्रस्य हिंसको यो धर्मः पाषण्डादिरूपस्तस्याभिध्यानं पुनः पुनरनुसन्धानमस्तु लोकस्येति शेषः। इति वदन्ति मूर्खा उपदिशन्ति। अतो नैनां विद्यां धर्मकञ्चुकैरवैदिकैर्नास्ति-कैश्च प्रसार्यमाणामभिधीयेत न पठेन्न शृणुयाच्चेत्यर्थः। अतोऽन्यथा विपरीतैषा विद्या महतः श्रेयसो विघातिनो स्व-

रतिमात्रं फलमस्या वृत्तच्युतस्येव नारम्भणीयेत्येवं ह्याह।

दूरमेते विपरीते विषूची
अविद्या या च विद्येति ज्ञाता।
विद्याभीप्सितं नचिकेतसं मन्ये
न त्वा कामा बहवो लोलुपन्ते॥

रूपतोऽपि वन्ध्येवैषा निष्फला। यतो रतिमात्रं तात्कालिकं फलमस्या न भाविशुभफलमस्तीत्यर्थः। वृत्तं पारम्पर्यक्रमागत आचारस्तस्मात् च्युतस्य भ्रष्टस्य यथेह परत्र वा न सुखं स्वजात्यपरिग्रहाद्यमयातनागोचरत्वाच्च, तद्वद्वेदविरुद्धागमाचारनिरतस्यापि इह शिष्टैः परित्यागात् परत्र च नरकगतित्वाच्च नारम्भणीयैषा बार्हस्पत्या विद्या इत्येवमस्मिन्नर्थे ह्याह विद्याविद्ययोर्विरोधं कठश्रुतिरित्यर्थः। "दूरमेते ० लोलुपन्ते" इति। या चाविद्या या च विद्या इति ज्ञाता निश्चिता पण्डितैरेते विद्याविद्ये दूरमत्यन्तं विपरीते विरुद्धस्वभावे विरुद्धविषयत्वात् स्थितिगतिप्रत्ययाविवेत्यर्थः। न केवलं स्वरूपतो विषयभेदादेव विरुद्धे अपि तु फलभेदादपीत्याह, विषूची विषूच्यौ विष्वञ्चनाद्विषूच्यौ नानागतो विरुद्धफले इत्यर्थः। एवं विद्याविद्ययोः स्वभावमभिधाय यमो नचिकेतसं प्रत्याह, विद्याभीप्सितमिति। विद्यैवाभीप्सिता यस्य स

विद्याञ्चाविद्याञ्च यस्तद्वेदोभयं सह ।
अविद्यया मृत्युं तीर्त्वा विद्ययामृतमश्नुते ॥
अविद्यायामन्तरे वेष्ट्यमानाः
स्वयन्धीराः पण्डितम्मन्यमानाः ।

विद्याभीप्सितस्त्वं नचिकेतस नचिकेतोनामानं त्वामहं मृत्युर्मन्ये जानामि यतस्त्वा त्वां बहवोऽपि मया दत्ताः कामा विषया न लोलुपन्ते त्वां न लोलुपितवन्तः आत्मोपभोगवाञ्छापादनेन श्रेयोमार्गाद्विच्छेदं न कृतवन्त इत्यर्थः । विद्याविद्ययोर्भिन्नफलत्वमात्रे ईशावास्याध्यायस्थ मन्त्रमुदाहरति "विद्याञ्चाविद्याञ्च ० विद्ययामृतमश्नुते" इति । विद्यां देवेश्वरात्मविषयां भावनां, अविद्यां तद्विपरीतां कर्मनिष्ठालक्षणां च, यस्तदुभयं सह समुच्चित्य वेद व्यवधानाव्यवधानाभ्यामविद्याविद्ये एकत्र पर्यवसिते अतः क्रमेणैकपुरुषेणानुष्ठेये इति यो वेद उपास्ते तत्परो भवति सोऽविद्यया कर्मनिष्ठया मृत्युं विद्योत्पत्तिप्रतिबन्धकं पापं तीर्त्वाऽतिक्रम्य विद्यया औपनिषदयाऽमृतत्वं मोक्षमश्नुते प्राप्नोति इति मन्त्राक्षरयोजना । तथा चाविद्याऽपि वेदविहिता विद्योपयोगिनी चेत् तदोपादेयाऽपीत्यत्रोदाहरणमुक्ता तद्विपरीता तु हेयैव, ताममुञ्चतोऽनर्थपरम्पराया अविच्छेद एव स्यादित्यस्मिन्नर्थे उदाहरणमाह "अविद्यायामन्तरे ० यथान्धाः" इति । अविद्या आत्मतत्त्वस्फुरणप्रतिबन्धात्मिका तद्विपरीतार्थसामीचीन्यावभासिनी च, तस्याम-

दन्द्रम्यमाणाः परियन्ति मूढा
अन्धेनेव नीयमाना यथान्धाः ॥ ९ ॥

न्तरेऽभ्यन्तरे तमसीव भुजङ्गतत्त्वावरणे रज्जुलावभासनिमित्ते वर्तमाना ये ते मूढा इति योजना। मोहव्याप्ताः सदसद्विवेकशून्याः ते किं परियन्ति संसारमण्डले परिभ्रमन्ति, नैषां श्रेयःप्राप्त्याशाऽस्तीत्यर्थः। किंलक्षणास्त इति तान् विशिनष्टि, वेष्ट्यमानाः पुत्त्रपशुधनक्षेत्रादितृष्णापाशशतैः संवेष्ट्यमानाः। अनेन तेषां संसारपरिभ्रमणाविच्छेदे कारणमुक्तं। तथा च श्रुत्यन्तरं 'कामान् यः कामयते मन्यमानः स कामभिर्जायते तत्र तत्र' इति। स्वयन्धीराः पण्डितम्मन्यमाना इति विशेषणान्तरं। वयमेव धीरा धीमन्तो विवेकिनः शास्त्रकुशला इत्यात्मानं पण्डितं मन्यमाना नतु सम्यक् पण्डितास्ते। अनेन तेषां सत्सङ्गदौर्लभ्यं दर्शितं। पुनस्तान् विशिनष्टि, दन्द्रम्यमाणाः कुटिलामनेकरूपां गतिं गच्छन्तः, जरामरणरोगादिदुःखशतैरुपद्रूयमाणा इति वा, अनेन तेषां पुण्यमार्गप्रवृत्त्यभावः सूचितः। तेषां मार्गप्रदर्शका अपि तादृशा एवेत्यभिप्रेत्य दृष्टान्तमाह, अन्धेनैवेति। एकेनाग्रयायिनाऽन्धेन नीयमाना देशाद्देशान्तरं प्रत्याकृष्यमाणा यथा बहवोऽन्येऽन्धाः पुरोऽन्धेन सह कूपकण्टकादिषु पतन्तो महान्तमनर्थं प्राप्नुवन्त्येवं वेदविरुद्धविद्वन्मन्यप्रदर्शितमार्गगा अपि तेनैव सह निरयप्राये संसारे पतन्तीत्यर्थः॥ ९॥

देवासुरा ह वै य आत्मकामा ब्रह्मणोऽन्तिकं प्रयातास्तस्मै नमस्कृत्वोचुर्भगवन् वयमात्मकामाः स त्वं नो ब्रूहीत्यतश्चिरं ध्यात्वाऽमन्यतान्यतात्मानो वै तेऽसुरा अतोऽन्यतममेतेषामुक्तं तदिमे मूढा उपजीवन्त्य-

---

इदानीं वेदैकविषयं सर्वशिष्टमतोपरोधनायेतिहासमवतारयति "देवासुरा ह वै ० स्यादिति" इति। देवाश्च असुराश्च देवासुराः, ह वै इत्यैतिह्यार्थौ निपातौ, ये बभूवुः पूर्वं देवाश्चासुराश्च ते आत्मकामा आत्मज्ञानकामाः सन्तो ब्रह्मणः स्वपितुः प्रजापतेरन्तिकं समीपं प्रयाताः, तस्मै ब्रह्मणे नमस्कृत्वा ऊचुर्हे भगवन् वयं ह्यात्मकामास्त्वामुपसन्नाः स त्वमस्माद्गुरुर्नोऽस्मभ्यं ब्रूहि आत्मतत्त्वमिति शेषः। इत्यूचुरिति सम्बन्धः। अतो यत आत्मतत्त्वं न सहसा वक्तुमुचितमतश्चिरं ध्यात्वा विचार्यामन्यत तत्कालोचितं वक्तव्यं विजज्ञौ। किं, अन्यतात्मानो वै तेऽसुराः, प्रसिद्धा असुरा अन्यतात्मानोऽन्यतायामन्यत्वे भेदवति देहादावात्ममतय इत्यर्थः। अयतात्मान इति क्वचित् पाठः सुगमः। तथा च देहात्मवादं प्रकृत्य छान्दोग्ये श्रूयते 'असुराणां ह्येषोपनिषत्' इति। अतःपरं श्रुतिवचनं। यतो दृढं भेददृष्टयोऽसुरा अतोऽन्यतमं देवेभ्य उक्तादत्यन्तमन्यदेतेषामसुराणामात्मतत्त्वं प्रजापतिनोक्तमित्यर्थः। यद्यपि प्रजापतिना देवानामसुराणां च साधारणमेवात्मतत्त्वमुक्तं तथापि

भिष्वङ्गिणस्तर्याभिघातिनोऽनृताभिशंसिनः सत्यमिवानृतं पश्यन्तीन्द्रजालवदित्यतो यद्वेदेष्वभिहितं तत् सत्यं यद्वेदेषूक्तं तद्विद्वांस उपजीवन्ति तस्माद्ब्राह्मणो नावैदिकमधीयीतायमर्थः स्यादिति ॥ १० ॥

स्वचित्तदोषवशादसुरैरन्यथावगतं, इदमेवात्मतत्त्वमस्माकं प्रजापतिनोक्तमिति मन्यमानैरिति भावः। तत् आसुरमात्मतत्त्वमिमे प्रत्यचा इदानीन्तना अपि मूढा अविवेकिन उपजीवन्ति आदरेण गृहीत्वा तिष्ठन्ति, अभिष्वङ्गिणोऽत्यासक्तास्तत्पराः सन्त इत्यर्थः। ते किंलचणास्तर्याभिघातिनः तीर्यतेऽनयेति तरिः संसारसागरातिक्रमणसाधनमात्मतत्त्वज्ञानं, तस्यां साधनत्वेन भवति इति वेदशास्त्रं तर्यं, तस्याभिहननशीलाः वेदमार्गविदूषका इत्यर्थः। अनृताभिशंसिनो ज्ञानादज्ञानाद्वापि मृषावदनशीलाः। यतस्तेऽनृतमेव सत्यमिव पश्यन्ति सत्यमेव पश्यन्तीत्यर्थः। अनृतस्य सत्यत्वेन दर्शने दृष्टान्तमाह, इन्द्रजालवदिति। यत एवं वेदविरुद्धः सम्प्रदाय आसुर एवासत्यमूलस्यातो यद्वेदेष्वभिहितमुक्तं तत्सत्यं यथार्थं तदुपादेयमित्यर्थः। यद्वेदेषूक्तं तदेव विद्वांसः सम्यक्पण्डिता उपजीवन्ति आदरेण गृह्णन्ति, न हेतुवादपटुभिरभिहितमित्यर्थः। अनयाऽऽख्यायिकयोपादेयमर्थमुपदिशति, तस्मादिति। ब्राह्मणग्रहणमुपलचणं, त्रैवर्णिको न कदाप्यवैदिकं वेदविरुद्धं वेदा-

एतद्वाव तत्स्वरूपं नभसः खेऽन्तर्भूतस्य यत् परं तेजस्त्रेधाभिहितमग्ना आदित्ये प्राण एतद्वाव तत्स्वरूपं नभसः खेऽन्तर्भूतस्य यदोमित्येतदक्षरमनेनैव तदुद्बुध्यत्युदयत्युच्छ्वसत्यजस्रं ब्रह्मधीयालम्भं वात्रैवैतत्

र्थज्ञानानुपायरूपं च शास्त्रान्तरमधीयीतेत्यर्थः। तादृक्शास्त्रान्तराध्ययने दोषं सूचयति, अयमर्थः स्यात्। अयमासुरदृष्टोपात्तोऽधःपातरूपोऽर्थः फलं स्यादिति भयादिति वाक्यशेषः॥ १०॥

यद्वेदेषूक्तं तत्सत्यमिति यदुक्तं तत्र वेद एव कथमिति जिज्ञासायां तस्य तत्त्वं वक्तुमुत्तरोऽनुवाकः प्रवर्तते एतद्वावेति। "एतद्वाव तत्स्वरूपं ० परिमितं तेजः" इति। एतद्वावैतदेव तस्य वेदस्य स्वरूपं यन्नभसो ब्रह्माकाशस्य खे हृदयसुषिरेऽन्तर्भूतस्य मध्ये सिद्धस्य, यत्परमलुप्यमानं तेजः सर्वावभासकं चैतन्यस्वरूपं तत्तेजस्त्रेधा प्राधान्यमाश्रित्याभिहितमुक्तं पूर्वं, अग्नौ आदित्ये प्राणे च विभाव्यमानमित्यर्थः। तथा च यदग्न्याद्यात्मना बहिरवभासकं तेजस्तदेव खेऽन्तर्भूतस्य नभसः परं तेजस्तदेव च वेदस्य स्वरूपमित्युक्तं भवति। तदेवैवंलक्षणं तेजः प्रथममोङ्कारात्मकमासीदित्याह, एतद्वावेति। यदोमित्येतदक्षरं प्रसिद्धमस्ति तदेतद्वाव खेऽन्तर्भूतस्य नभसो रूपमभिव्यक्तं रूपान्तरमित्यर्थः। कुत एतदित्यत आह, अनेनेति। एतत् तेजोऽनेनैवोमित्येवमात्मकेनाक्षरेण रूपेण तदुद्बुध्यत्यु-

समीरणे प्रकाशप्रक्षेपकौष्ण्यस्थानीयमेतद्धूमस्येव समीरणे नभसि प्रशाखयैवोत्क्रम्य स्कन्धास्कन्धमनुसर-

---

न्नतबुभ्रं भवति बीजस्येवोच्छूनता वेदस्याद्यावस्थारूपं जायत इत्यर्थः। तत उदयति उद्गच्छति अङ्कुर इवान्तर्नादरूपप्रणवाकारं भवति, ततः क्रमेणोच्छ्वसत्युच्छ्वास इव दीर्घस्वरेणोच्चारणस्थानं प्राप्याक्षररूपमवतिष्ठत इत्यर्थः। एवमभिव्यक्तप्रणवाकारब्रह्मतेजोरूपो वेदोऽजस्रं नैरन्तर्येण ब्रह्मधीयालम्बं, विश्लिष्टपाठः छान्दसः, ब्रह्मबुद्धेरुपासनात्मिकाया आलम्बनमित्यर्थः। वाशब्दात् ब्रह्मतत्त्वबुद्ध्यालम्बनं चेत्यर्थः। अधिकारिभेदात् बुद्धिद्वयालम्बनत्वविकल्पार्थो वा वाशब्दः। अत्रैवाऽस्यामेवावस्थायामेतत् तेजः प्रणवमात्राकारं सत् समीरणे कोष्ठगते प्राणे घोषवति सहकारिणि सम्पन्ने सति इतिशेषः। प्रकाशं प्रक्षिपति त्यजति इति प्रकाशप्रक्षेपकः, जठरकुहरचार्यग्निस्तस्यौष्ण्यस्थाने भवं प्रकाशप्रक्षेपकौष्ण्यस्थानीयं तत्तेजोऽनुप्रसरतीत्युत्तरत्रान्वयः। अनुप्रसरणप्रकारं दृष्टान्तेन स्पष्टयति, एतदिति। एतदनुप्रसरणं धूमस्येव द्रष्टव्यं, यथा धूमो नभसि समीरणे वायौ वाति सति प्रशाखयैव प्रकृष्टया शाखया शाखाकारया लेखयोत्क्रम्योर्द्ध्वदेशं गत्वा वृक्षस्य स्कन्धास्कन्धमनुसरति तत्तत्स्कन्धैरभिहन्यमानस्तत्तदाकारतामश्नुते, तथैतद्ब्रह्मतेजो मूलाधारोपर्यग्निमण्डले तत्रस्थेनाग्निना सन्तप्तेऽभिव्यक्तं घोषवतप्राणवायुनाम्नि धम्यमाने तमेव वायमग्निं

त्यप्सु प्रक्षेपको लवणस्येव घृतस्य चौष्ण्यमिवाभिध्यातुर्विस्तृतिरिवैतदित्यथोदाहरन्ति। अथ कस्मादुच्यते वै-

---

चोपाधिमवष्टभ्य प्रथमं नादमात्रप्रणवात्मनाविर्भूय क्रमेण हृत्कण्ठताल्वादिस्थानैः प्रसरणावच्छेदैरभिहन्यमानं नानावर्णात्मनोद्भूय नानावेदशाखात्मकं भवतीति दार्ष्टान्तिकं योज्यं। एवमेकरूपस्य चैतन्यज्योतिषोऽनेकरूपवेदात्मना प्रसरणे दृष्टान्तमुक्त्वा प्रसरणेनावस्थान्तरं गतस्यापि न स्वभावान्यत्वं स्वरूपविनाशो वेत्यत्र दृष्टान्तद्वयमाह, अप्सु प्रक्षेपक इति। प्रक्षेप एव प्रक्षेपकः, यथा लवणस्य पिण्डीभूतस्याप्सु प्रक्षेपो न लवणस्वभावहानिकरस्तदवस्थस्याऽपि लवणरसानपायात्, यथा वा घृतस्यौष्ण्यमुष्णसंस्पर्शो न घृतमन्यथयति एवमिदमपीत्यर्थः। आभ्यां दृष्टान्ताभ्यामयमप्यर्थः सूचितः, यथा जलाग्न्युपाधिविगमे लवणघृतयोः पूर्वावस्थापत्तिः पिण्डाकारेण तथा ब्रह्मतेजसोऽपि कायाग्निप्राणमनआद्युपाध्यपगमे स्वरूपेण चिद्घनावस्थापत्तिरिति न वेदस्यानित्यत्वमिति। इदानीं सुप्तप्रबोधवत् झटिति वेदात्मना चिदाविर्भावे दृष्टान्तमाह, अभिध्यातुर्विस्तृतिरिवैतदिति। एतद्वेदरूपेण चैतन्यप्रसरणमभिध्यातुरभिध्यानकर्तुः सङ्कल्पमात्रेण प्रासादादिकार्यनिर्मातुर्योगीश्वरस्य विस्तृतिर्विस्तार इव, अयमीश्वरचिद्विस्तारो वेद इत्यर्थः। अत्रास्मिन्नर्थे उदाहरन्ति पृच्छति शिष्य इत्यर्थः। किं तदाह, अथ कस्मादिति। उत्तरमाह, यस्मादिति।

द्युतो यस्मादुच्चारितमात्र एव सर्वं शरीरं विद्योतयति तस्मादोमित्यनेनैतदुपासीतापरिमितं तेजः।

पुरुषश्चाक्षुषो योऽयं दक्षिणेऽक्षिण्यवस्थितः।
इन्द्रोऽयमस्य जायेयं सव्ये चाक्षिण्यवस्थिता॥

यस्मादुच्चारितमात्र एवायं वेदः प्रणवात्मा सर्वं शरीरं जगदित्येतत् विद्योतयति प्रकाशयति तस्माद्वैद्युत इति वेद उच्यत इति योजना। यस्माद्घृतपिण्डवद्घनीभूतवेदावस्था प्रणवात्मकमिदं ब्रह्मासीत् तस्मादोमित्यनेनैतदपरिमितं ब्रह्मतेज उपासीत प्रणवमालम्ब्य ब्रह्म ध्यायीतेत्यर्थः। एतदुक्तं भवति सर्ववेदार्थावलम्बननिबन्धना हि सर्वे कामाः पुरुषार्थभूताः प्रसिद्धाः, ते सर्वे प्रणवालम्बनं ब्रह्म ध्यायतो भवन्ति प्रणवस्य सर्ववेदात्मकत्वाद्ब्रह्मणश्च सर्वार्थात्मकत्वात् सर्वपुरुषार्थरूपत्वाच्चेति। वेदोद्गमस्यानन्तरं निरूपणात् तदर्थप्रकाशकाः श्लोका मनः कायाग्निमाहन्तीत्यादय एवात्र यद्यपि निवेशयितुं युक्तास्तथापि ॐमित्यनेनैतदुपासीतेति परस्य तेजस उपासनविधानादुपास्यस्य तेजसो विशेषावस्थावस्थानं वक्तुं मध्ये पुरुष इत्यादयः श्लोका उपात्ताः। तेषाञ्च चाक्षुषः स्वप्नचारी चेति परत्र वर्तिष्यमाणैः श्लोकैरेकवाक्यता बोद्धव्या। तथा च यथापाठक्रममिह व्याख्यानेऽप्यर्थक्रमेणैवार्थसङ्गतिर्द्रष्टव्या। "पुरुषश्चाक्षुषो ० द्विधा सती" इति। योऽयं दक्षिणेऽक्षिण्यवस्थितश्चाक्षुषः पुरुषः प्रसिद्धो द्रष्टा अयमिन्द्रः परमेश्वरः, या

समागमस्तयोरेव हृदयान्तर्गते सुषौ ।
तेजस्तल्लोहितस्याच पिण्ड एवोभयोस्तयोः ॥

देवता सव्ये वामेऽक्षिण्यवस्थिता इयमस्येन्द्रस्य जाया पत्नीति योजना। उक्तञ्च बृहदारण्यके 'इन्धो ह वै नाम योऽयं दक्षिणेऽक्षन् पुरुषस्तं वा एतमिन्धꣳ सन्तमिन्द्र इत्याचक्षते परोक्षेण' (अ०६) इति। 'अथ यद्वामेऽक्षिणि पुरुषरूपमेषास्य पत्नी विराट्' (अ०६) इति च। इयमनयोर्जाग्रदवस्थोक्ता। स्वप्नमाह, समागम इति। हृदयान्तर्गते सुषौ छिद्रे नाडीजालसमावृते तयोरिन्द्रेन्द्राण्योः समागम एकस्थानेऽवस्थानं मिथुनीभाव इत्यर्थः। तयोरन्तर्हृदयाकाशे सुप्तयोस्तेजस्तेजनं जीवनमन्नमिति यावत्, तच्चलोहितस्य पिण्डः परिणामस्तदुभयोस्तयोरन्नमित्यर्थः। तथा च बृहदारण्यके 'तयोरेष संस्तावो य एषोऽन्तर्हृदय आकाशोऽथैनयोरेतदन्नं य एषोऽन्तर्हृदये लोहितपिण्डोऽथैनयोरेतत् प्रावरणं यदेतदन्तर्हृदये जालकमिव' इति यदन्नं पानञ्चोपयुज्यते प्राणिभिस्तदौदर्येणाग्निना पच्यमानं स्थूलमध्यमाणिष्ठभागतामापद्यते, तत्र स्थूलो भागः पुरिषमूत्रादिरूपो बहिर्गच्छति, मध्यमस्तु नाडीद्वारा सर्वं शरीरं रसलोहितमांसादिरूपेण परिणम्याऽनुप्रविशति, अणिष्ठस्तु मनआदीनुपचिनोति। तत्र यो मध्यमो रसभागः स लोहितपिण्ड इत्युच्यते तस्य शरीरस्थितिहेतुत्वात्, तयोस्तदन्नमिति तात्पर्यार्थः। इदानीं तयोः सञ्चरणमार्गमाह, हृदयादिति। या

2 G

हृदयादायती तावच्चक्षुष्यस्मिन् प्रतिष्ठिता ।
सारणी सा तयोर्नाडी द्वयोरेका द्विधा सती ॥
मनः कायाग्निमाहन्ति स प्रेरयति मारुतं ।
मारुतस्तूरसि चरन्मन्द्रं जनयति स्वरं ॥

नाडी हृदयान्निर्गता तावदायती दीर्घा यावच्चक्षुरतोऽस्मिंश्चक्षुषि प्रतिष्ठिता, सरतोऽस्यामिन्द्रेन्द्राण्याविति वा सारयत्येताविति वा सारणी नाम नाडी सञ्चरणमार्गभूता एकापि सती तयोर्द्वयोः सव्यदक्षिणाक्षिप्रापकत्वात् द्विधोच्यते इत्यर्थः, 'अथैनयोरेषा सृतिः सञ्चरणी यैषा हृदयादूर्ध्वा नाड्युच्चरति' (बृहदा०) इति श्रुत्यन्तरं । एवमनयोर्जाग्रत्स्वप्नावस्थातत्सञ्चरणमार्गा उक्ताः। इदानीं सुषुप्तिप्राप्तिक्रमेणावस्थात्रयातीतं तुरीयं पदमेकरसं तत्त्वमनयोर्वक्तव्यं तदिहार्थादुक्तमेवेति सिद्धवत्कृत्य प्रकृतं वेदाविर्भावविषयं श्लोकजातमुदाहरति "मनः ० एवमाहुः" इति। उद्बुद्धार्थवासनतयात्मविवक्षानुगृहीतया बुद्ध्या नियुक्तं मनः कायाग्निं शरीरस्थितमूष्मरूपमग्निमाहन्ति प्रबोधयति, स कायाग्निर्मारुतं वायुं प्राणाख्यं प्रेरयति व्यापारयति घोषवन्तमापादयतीत्यर्थः । मारुतस्तूरसि चरन् सञ्चरन् मन्द्रं स्वरं घोषं जनयति, ततः खजाग्नियोगात् निर्मन्थनकाष्ठं खज इत्युच्यते, खजस्थानीयेनाग्निना योगाद्धृदि उरःप्रदेशे सम्प्रयुक्तं सम्यगालोडितं तन्मारुतस्वरूपं मनोवृत्त्यपरक्तं प्रथममणोः

खजाग्नियोगाद्धृदि सम्प्रयुक्त-
मणोर्ह्यणुर्द्विरणुः कण्ठदेशे ।
जिह्वाग्रदेशे त्र्यणुकञ्च विद्धि
विनिर्गतं मातृकमेवमाहुः ॥

सूक्ष्मात् केवलान्मारुताद्धि यस्मात् अणुरेव मन्द्रस्वरात्मको जातः सः, पुनः कण्ठदेशे प्राप्तं द्विरणुर्द्विगुणितं, पुनर्जिह्वाग्रदेशे गतं त्र्यणुकं त्रिगुणितं विद्धि । एवं विनिर्गतं क्रमेणाभिव्यक्तं वर्णजातं, मातृकं सर्वपदवाक्यानां योनिभूतमाहुरध्यात्मविद इत्यर्थः । हृदि सम्प्रयुक्तमणु ह्यणुर्द्विरणुरिति यदि पाठस्तदा हृदि सम्प्रयुक्तमणु ततो ह्यणोर्द्विरणुरित्यादि योज्यं । इदानीं सर्वं शास्त्रार्थं विद्वत्प्रशंसामिषेणोपसंहरति "न पश्यन् ० सर्वशः" इति । एतस्मिन् शास्त्रे यत् तत्त्वं शाब्दब्रह्मणः परस्य च ब्रह्मणोऽनेकविधमुपपादितं तद्यथोक्तविधिनोपायोपेयभावेन पश्यन् स्वानुभवमापादयन् यो भवति स मृत्युं संसारं पुनर्न पश्यति न रोगं पश्यति व्याधिं न पश्यतीत्यर्थः । उत अपि दुःखतां दुःखमित्येतत् आधिमपि न पश्यतीत्यर्थः । देहद्वयसम्बन्धाभावान्नाधिव्याधिप्रसङ्गो जन्ममृत्युजरादिप्रसङ्गो वास्य सम्भवेदित्यर्थः । हि यस्मात् पश्यन् ज्ञानी सर्वं पश्यति सर्वमाधिव्याध्यास्पदं विषयत्वेनानुभवति न स्वधर्मत्वेनेत्यर्थः । यद्वा पश्यन् हि ज्ञानी सर्वं सर्वात्मकं ब्रह्म पश्यति, अतः सर्वशः सर्वात्मना सर्वं ब्रह्माप्नोति ब्रह्मैव भवतीत्यर्थः । तस्मा-

न पश्यन् मृत्युं पश्यति न रोगं नोत दुःखतां ।
सर्वं हि पश्यन् पश्यति सर्वमाप्नोति सर्वशः ॥
चाक्षुषः स्वप्नचारी च सुप्तः सुप्तात् परश्च यः ।

यथोक्तविधिना परापरब्रह्मतत्त्वावधारणमेव परमपुरुषार्थसाधनं परमानन्दादयं ब्रह्मैवात्माभेदेनाविर्भूतं पुरुषार्थ इति सिद्धमित्युपसंहारार्थो योज्यः। यत् पुनरिन्द्रेन्द्राण्योः सुषुप्तं तुरीयञ्च पदं वक्तव्यं सिद्धवत्कृतमित्युक्तं तदिदानीं प्रपञ्चयन्ती वेद्यतत्त्वमुपसंहरति "चाक्षुषः ० महात्मन इति" इति। यः पूर्वं पुरुषश्चाक्षुष इत्यादौ दक्षिणसव्याक्ष्णोरिन्द्रेन्द्राणीरूपमिथुनात्मना जाग्रदवस्थाभोक्तात्मा निर्दिष्टः स इह चाक्षुष उच्यते। स एव हृदयनाडीसुषिरेषु सञ्चरन् वासनामयविषयद्रष्टा स्वप्नचारी भवति। उभयविधदर्शनवृत्त्युपरमे च सुप्तः सुषुप्तिं गतः स भवति। एवमेते त्रयस्त्रिषूणामवस्थानां भोक्तारो विश्वतैजसप्राज्ञरूपका उक्ताः। यश्च सुप्तात् परः शुद्ध आत्मा स उक्तविश्वाद्यात्मत्रयापेक्षया तुरीय उच्यते, एवमुक्तप्रकारेणास्य चिदात्मनो भेदाश्चत्वारः प्रसिद्धाः, तेभ्यस्तेषु मध्ये तेभ्यो वा विश्वादिभ्यो विश्वाद्यपेक्षया ,तुर्यं तुरीयं चतुर्थं पदं महत्तरमतिशयेन महदत्यन्तमपरिच्छिन्नमित्यर्थः। तुरीयस्य महत्तरत्वमुपपादयति, त्रिष्विति। त्रिषु जाग्रदादिषु स्थानेष्वेकपात् तुरीयाख्यं ब्रह्म चरेत् सर्वकल्पनाधिष्ठानत्वेनानुस्यूतं वर्तत इत्यर्थः। त्रिपाद् ब्रह्म विश्वतैजसप्रा-

भेदाश्चैतेऽस्य चत्वारस्तेभ्यस्तुर्यं महत्तरं ।
त्रिष्वेकपाच्चरेद्ब्रह्म त्रिपाच्चरति चोत्तरे ॥
सत्यानृतोपभोगार्थाः* द्वैतीभावो महात्मनः । इति
द्वैतीभावो महात्मन इति ॥

ब्रह्म उत्तरे उत्तरस्मिंस्तुरीये चरति तदाश्रितं सद् वर्तत इत्यर्थः । एतदुक्तं भवति, कार्यं कारणमिति जगतोऽवस्थाद्वयं प्रसिद्धं, तत्र कार्यं स्थूलं सूक्ष्मञ्चेति द्विविधं, तयोः स्थूलकार्योपाधिर्विश्वः, सूक्ष्मकार्योपाधिस्तैजसः, एतयोः स्वस्वोपाधिपारतन्त्र्यात् तावन्मात्रपरिच्छिन्नाविति नैतौ महत्तरौ, कारणावस्थजगद्बीजोपाधिस्तु प्राज्ञः सकारणस्य स्वोपाधेः कार्यव्यापित्वादवस्थान्तरमपि व्याप्नुवन् पूर्वापेक्षया व्यापक इति महान् भवति, एतत् त्रितयं येनानवच्छिन्नप्रकाशात्मना साक्षिणा भास्यते यत्सत्तया च सदिति व्यवह्रियते तत् तुरीयं कार्यकारणोपाधिद्वयरहितं परिच्छेदकाभावादपरिच्छिन्नं महत्तरमिति । तदुक्तं 'कार्यकारणबद्धौ ताविष्येते विश्वतैजसौ । प्राज्ञः कारणबद्धस्तु द्वौ तु तुर्ये न सिध्यतः' इति । तर्हि किं परिच्छिन्नापरिच्छिन्नरूपेणात्मभेदोऽङ्गीकृतो नेत्याह, सत्येति । सत्यमनिदं चिदात्मरूपं, अनृतं पराग्रूपमवस्थात्रयतदभिमानिलक्षणं, ताभ्यां परस्पराध्यस्ताभ्यामुपभोगो व्यवहारः सत्यानृतोपभोगः, स एवार्थस्तस्मात् तन्निमित्तं महा-

---

* उपभोगार्थात् । इति समीचीनः पाठः ।

इति मैत्र्युपनिषदि सप्तमः प्रपाठकः ॥

॥ सम्पूर्णोऽयं ग्रन्थः ॥

त्मनः पूर्णस्य ब्रह्मात्मनो द्वैतीभावो नानात्वं मायिकं न परमार्थमित्यर्थः । अभ्यास उपनिषत्समाप्त्यर्थः ॥ ० ॥

इति श्रीमत्परमहंसपरिव्राजकाचार्य श्रीरामतीर्थविरचितायां मैत्र्युपनिषद्दीपिकायां सप्तमः प्रपाठकः समाप्तः ॥

नमस्तस्मै भगवते रामायाकुण्ठमेधसे ।
येनान्तर्हृदयस्थेन नुद्यमानो विचेष्टये ॥
विचारयाम्यहं नित्यं वेदतत्त्वार्थमादरात् ।
येषामनुग्रहात् तेभ्यो गुरुभ्योऽस्तु नमःशतं ॥
मैत्रीशाखोपनिषदां दीपिकेयं महात्मनां ।
अन्तर्वस्त्ववभासाय भूयादार्केन्दुतारकं ॥

॥०॥ सम्पूर्णः ॥०॥

सर्वोपनिषदर्थानुभूतिप्रकाशीय-
दशमोऽध्यायः ।

मैत्रायणीयनाम्नी या शाखा सा याजुषी मता ।
तेषां शाकायन्यमुनिर्बोधयामास भूपतिं ॥ १ ॥
बृहद्रथः स्वस्य राज्ये पुत्रं संस्थाप्य निर्गतः ।
वने महत्तपस्तप्त्वा विद्यार्थी मुनिमाययौ ॥ २ ॥
अशाश्वतं शरीरं मे कदा यायात् ततः पुरा ।
ज्ञास्याम्यात्मानमात्मज्ञो मुनिर्मां बोधयिष्यति ॥ ३ ॥
इत्यभिप्रेत्य साष्टाङ्गं प्रणिपत्य भुवि स्थितः ।
वृणीष्व वरमित्युक्तो वृतवानात्मवेदनं ॥ ४ ॥
राज्ञां भोगप्रधानानामात्मज्ञानं सुदुःशकं ।
वृणीष्व कामानित्युक्तः स मुनेः पादमग्रहीत् ॥ ५ ॥
पादं स्वमूर्ध्नवस्थाप्य स्ववैराग्यं प्रकाशयन् ।
आधारे करणे दोषानवोचद्भोक्तृभोग्ययोः ॥ ६ ॥
भोगाधिकरणं देहस्तस्य दोषा इमे स्फुटाः ।
अस्थिचर्मस्नायुमज्जामांसशुक्रादयोऽखिलाः ॥ ७ ॥
बीभत्साकारणेष्वेषु मज्जता भुज्यते कथं ।
विट्पूर्णखाते मग्नः सन् भुङ्क्ते कोऽपि न बुद्धिमान् ॥ ८ ॥

पुरा त्वविद्ययाऽऽच्छन्नदोषोऽहं भुक्तवांस्ततः ।
बालो विमूढो यत्किञ्चिदद्यादिष्टादिकं यथा ॥ ९ ॥
भोगाधिकरणे दोषा आसतां भोगसाधने ।
चित्तेऽपि बहवो दोषा वर्तन्ते हि निरन्तरं ॥ १० ॥
कामक्रोधौ लोभमोहौ विषादेर्ष्याभयादयः ।
ये सन्त्येतैर्ग्रस्तचित्ते भोगिनः किं सुखं भवेत् ॥ ११ ॥
श्रूयन्तां भोक्तृदोषाश्च भोक्तारो बहवो मताः ।
देहाभिमानिनो जीवा उत्तमाधममध्यमाः ॥ १२ ॥
दरिद्रा अधमाः ज्ञेया मध्यमाश्चक्रवर्तिनः ।
गन्धर्वाद्या उत्तमा स्युस्ते सर्वेऽपि क्षयिष्णवः ॥ १३ ॥
उत्पन्नध्वंसिनो यद्वत् क्षुद्रंशमशकादयः ।
तथैव सर्वे भोक्तारो म्रियन्ते स्वायुषः क्षये ॥ १४ ॥
भोक्ता न म्रियते किन्तु देह एवेति चेच्छृणु ।
देहस्यैव भोक्तृत्वं तन्नश्येद्वपुषा सह ॥ १५ ॥
दरिद्राणां भोगहेतुःश्रीर्भृत्याश्च न सन्त्यथ ।
सुद्युम्नप्रमुखानां ते विद्यन्ते चक्रवर्तिनां ॥ १६ ॥
इति चेत् सन्तु सर्वेषां मिषतामेव मध्यगः ।
म्रियते चक्रवर्ती तां सन्त्यज्य महतीं श्रियं ॥ १७ ॥
अन्तर्धानादिशक्तिश्च गन्धर्वादिषु विद्यते ।
विद्यतां नाम मृत्युस्तु तेषां शास्त्रेषु कथ्यते ॥ १८ ॥
भोक्तॄणां नश्वराणां को भोगः स्यान्मृत्युचिन्तया ।
शयानो भुवि नो कश्चिन्मुमूर्षुर्धनमिच्छति ॥ १९ ॥

तिष्ठत्वसौ भोक्तृदोषो भोग्येऽपि श्रूयतामयं।
अब्धिगिर्यादिकं सर्वं नश्वरं किमुतेतरत्॥ २०॥
दोषान् सोढ्वा सत्कुर्वन् संसारो नश्यतीति चेत्।
न, भोगैराश्रितस्यास्य संसारावृत्तिदर्शनात्॥ २१॥
भोगकाले कृतं कर्म कुतो जन्म ददाति नो।
अन्धकूपस्थितो भेक इवाहं संसृतिस्थितः॥ २२॥
संसारकूपे पतितमस्मादुद्धर्तुमर्हसि।
त्वमेव गतिरस्माकमन्या काऽपि न विद्यते॥ २३॥
राज्ञोऽस्य तीव्रवैराग्यात् दृष्ट्वा मुख्याधिकारितां।
तमाह कृतकृत्यस्त्वमात्मज्ञोऽसि न संशयः॥ २४॥
यज्ञदानादि कृत्यं ते जातं विविदिषोदयात्।
सफलं न पुनः कर्म कर्तव्यं तेऽत्र विद्यते॥ २५॥
विषयासक्तिरेवास्य ज्ञानस्य प्रतिबन्धिका।
एषा तु नास्ति ते ज्ञानं हस्तप्राप्तमिव स्थितं॥ २६॥
संसारहेयतां बुद्ध्वा त्यक्ते तस्मिन्नशेषतः।
योऽवशिष्टो भाति सोऽयमेवात्मेत्यवगच्छ भोः॥ २७॥
अवशिष्टो य आत्माऽसावहमित्येव गम्यते।
मतभेदादहम्बुद्धिर्बहुरूपस्ततोऽत्र को भवेत्॥ २८॥
देहः कर्ता च साक्षीति त्रयो वादिभिरीरिताः।
आत्मानस्तेषु कतमो भवतोऽभिमतो वद॥ २९॥
साक्ष्यात्माऽभिमतो नान्यौ तयोर्दोषास्त्वयेरिताः।
संसारान्तःपातिनौ तौ न तयोरात्मतोचिता॥ ३०॥

चाक्षुषव्यवहारेऽस्य भासकत्वेन साक्षिता ।
विवेक्तुं शक्यते तस्मादक्ष्युपाधौ समुच्यते ॥ ३१ ॥
देहमध्येऽस्ति हृत्पद्मं नाडीयुतमधोमुखं ।
नाड्यस्तूर्द्धमधश्चैतं देहं व्याप्य व्यवस्थिताः ॥ ३२ ॥
अहङ्कारोऽत्र चिद्युक्तः कर्ता भोक्ता हृदि स्थितः ।
मनोऽन्तःकरणं स्थित्वा हृदि वृत्त्या बहिर्व्रजेत् ॥ ३३ ॥
रश्मिवत्प्रसृता वृत्तिर्नाड्याप्नोत्यक्षिगोलकं ।
अस्वतन्त्रा बहिश्चक्षुरिन्द्रियेण सह व्रजेत् ॥ ३४ ॥
वृत्त्यवच्छिन्नचैतन्यं घटाकाशवदेतया ।
वृत्त्या सह बहिर्गत्वा तत्राज्ञानं नुदेत् क्षणात् ॥ ३५ ॥
तद्वृत्त्यागमनात्पूर्वमज्ञानेन समावृतं ।
बाह्यं जगत् तदज्ञानं तया वृत्त्याऽपसार्यते ॥ ३६ ॥
वर्तिनिष्ठो यथा दीपस्तमो नाशयते तथा ।
चैतन्यं वृत्तिनिष्ठं यत् तदज्ञानस्य नाशकं ॥ ३७ ॥
एष हृन्निष्ठचैतन्यपदार्थोऽक्ष्णा बहिर्गतः ।
व्याप्नुवन् निखिलं तत्र व्यथा नाप्नोति काञ्चन ॥ ३८ ॥
प्रतिकूलात् तु विषयाद्या व्यथा सा तु मानसी ।
न चैतन्यगतेत्येवमाचार्याः स्पष्टमब्रुवन् ॥ ३९ ॥
दुःखी यदि भवेदात्मा कः साक्षी दुःखिनो भवेत् ।
दुःखिनः साक्षिता नैवं साक्षिणो दुःखिता तथा ॥ ४० ॥
नर्ते स्याद्विक्रियां दुःखी साक्षिता का विकारिणः ।
धीविक्रियासहस्राणां साक्ष्यतोऽहमविक्रियः ॥ ४१ ॥

यः साक्षी चित्पदार्थोऽसौ जीवात्मा तस्य जीवता ।
अहङ्कारेण तादात्म्यभ्रान्त्यैव परिकल्पिता ॥ ४२ ॥
बोधयित्वा जीवतत्त्वं जीवस्य ब्रह्मरूपतां ।
बोधयामास सोऽप्यात्मा स्वेन रूपेण तिष्ठति ॥ ४३ ॥
आत्माऽहङ्कारदेहाभ्यां युक्तः कलुषितः पुरा ।
विवेचितः स्थूलदेहादीषदेव प्रसीदति ॥ ४४ ॥
अहङ्कारादिविक्तश्चेत् तदा सम्यक् प्रसीदति ।
आधिव्याध्यात्मकालुष्यं न चिन्मात्रेऽस्ति किञ्चन ॥ ४५ ॥
एष साक्षी सम्प्रसादो देहद्वयसमुत्थितः ।
शास्त्रसिद्धं परं ब्रह्म ज्योतिः प्राप्नोति वाक्यतः ॥ ४६ ॥
मत्तोऽन्यद्ब्रह्म परमं स्वप्रकाशमिति भ्रमः ।
पुरासीत् तत्त्वमस्यादिवाक्येनासौ निवर्तते ॥ ४७ ॥
अब्रह्मत्वभ्रमापाये ज्योतिःप्राप्तिरितीर्यते ।
ततोऽयं ब्रह्मणा स्वेन रूपेण व्यवतिष्ठते ॥ ४८ ॥
एवं व्यवस्थिते योऽसावात्माऽनुभवगोचरः ।
स एव मृतिभीत्यादिरहितं ब्रह्म नेतरत् ॥ ४९ ॥
श्रवणं मननं ध्यानं विद्यायाः साधनत्रयं ।
अज्ञानं संशयो भ्रान्तिरित्येतेषां निवर्तकं । ५० ॥
गुरूपदेशश्रवणादज्ञानं विनिवर्तते ।
उपपत्तिपरामर्शात् संशयानां निवर्तनं ॥ ५१ ॥
निरन्तरध्यानतस्तु नश्यति भ्रान्तिवासना ।
राजंस्ते श्रवणं जातं मननं कुरु यत्नतः ॥ ५२ ॥

प्रमाणे सम्प्रदाये वा तत्त्वे वा संशयो भवेत्।
उदितेऽनुदिते वेति होमः शास्त्रादिकल्पितः॥ ५३॥
न तथा ब्रह्म विज्ञेयं सर्वोपनिषदीरणात्।
न प्रमाणे संशयोऽतः सम्प्रदायेऽपि नास्त्यसौ॥ ५४॥
शाखाप्रवर्तको मैत्रो मह्यमाह न चापरः।
सोऽपि किञ्चिदुपाख्यानमुदाहृत्य ममाब्रवीत्॥ ५५॥
तत्त्वस्य संशयोऽपैति तदाख्यानमिदं शृणु।
मुनयो वालखिल्या ये ते प्रजापतिमब्रुवन्॥ ५६॥
अचेतनं शरीरं तत् केन चेतनवत्कृतं।
प्रेरको वास्य को ब्रूहीत्युक्तः प्रत्यब्रवीदसौ॥ ५७॥
वेदानामुत्तरे भागे श्रूयते परमेश्वरः।
स करोत्युभयं तस्य तात्त्विकं रूपमुच्यते॥ ५८॥
अज्ञानमिश्रणाभावाच्छुद्धः पापविवर्जनात्।
पूतो रूपेण नाम्ना च हीनत्वाच्छून्यमुच्यते॥ ५९॥
शान्तः क्रोधादिराहित्यादप्राणोऽचेष्टकत्वतः।
ईशत्वोपाधिराहित्यादनीशात्मा स्वतो भवेत्॥ ६०॥
कार्योपाधिरयं जीवः कारणोपाधिरीश्वरः।
कार्यकारणतां हित्वा पूर्णबोधोऽवशिष्यते॥ ६१॥
देशात् कालाद्वस्तुतश्च परिच्छेदविवर्जनात्।
अनन्तोऽपचयाभावादक्षय्योऽचलनात् स्थिरः॥ ६२॥
नित्यस्फूर्त्या शाश्वतोऽयमजो जन्मादिवर्जनात्।
स्वतन्त्रो न पराधीनः स्वमहिम्न्येव तिष्ठति॥ ६३॥

महिमाऽऽश्चर्यरूपत्वादखण्डैकरसात्मता ।
आधारान्तरराहित्यात् स्थितिरत्रोपचर्यते ॥ ६४ ॥
अनिच्छस्येदृशस्यैतद्देहनिर्वहणं कथं ।
इति चेत् स्वांशरूपेण देहेऽवस्थाय निर्वहेत् ॥ ६५ ॥
स एवांशो देहसाक्षी विद्वद्भिरनुभूयते ।
नेतरैः सूक्ष्मरूपोऽयमिन्द्रियाविषयत्वतः ॥ ६६ ॥
पूर्णत्वात् पुरुषाख्योऽसौ देहे स्वांशेन वर्तते ।
बुद्धिपूर्वं यथा सुप्तः स्वेच्छया प्रतिबुध्यते ॥ ६७ ॥
अध्यापकः प्रदोषेषु मध्यरात्रे च बुध्यते ।
स्वेच्छया परमात्मापि तथा त्वांशेन वर्ततां ॥ ६८ ॥
प्रतिदेहं तु चिन्मात्रो घटाकाश इव स्थितः ।
देहं साक्षितया जानन् क्षेत्रज्ञ इति कथ्यते ॥ ६९ ॥
सङ्कल्पाध्यवसायाभिमानैरेषोऽनुमीयतां ।
सर्वैरचैरुपेतत्वात् सङ्कल्पाद्यस्य सम्भवेत् ॥ ७० ॥
तेनावच्छिन्नचैतन्यरूपेणेदं वपुस्तथा ।
चेतनीकृत्य कार्येषु प्रेर्यतेऽश्वैर्यथा रथः ॥ ७१ ॥
अखण्डैकरसस्यांशो नेति चेच्छ्रूयतामिदं ।
अखण्डैकरसात्मैव माययेश्वरतामगात् ॥ ७२ ॥
मायाया अनृतत्वेन नाखण्डत्वं निरुध्यते ।
मायायां स्वच्छरूपायामात्मासौ प्रतिबिम्बति ॥ ७३ ॥
तदुपाधिक ईशोऽभूत्सृष्टेः प्रागेक एव सः ।
अतो नारमतैकाकी राजामात्यादिको यथा ॥ ७४ ॥

द्यूतक्रीडाभिवेशोऽसौ सृष्टिक्रीडामवैत्त्वत।
द्रव्यान्तरमुपादानमदृष्ट्वा स व्यचारयत्॥ ७५ ॥
बहु स्यामहमेवात्र प्रजारूपीति चिन्तयन्।
देहानसृजत स्थूलान् पाषाणप्रतिमा इव॥ ७६ ॥
स्वयमेव यथा स्वप्ने गिरिनद्यादिरूपतः।
कल्पितो भात्यसावात्मा भात्येवं बहुरूपतः॥ ७७ ॥
ज्ञानक्रियाशक्तिहीना देहाः क्रीडार्थमक्षमाः।
इत्यालोच्य क्रियाशक्तिः प्राणो भूत्वाऽन्तराविशत्॥ ७८ ॥
श्वासाधोगत्यन्नसाम्योद्गारादिव्याप्तिसिद्धये।
पञ्चधा व्यभजत् प्राणं प्राणोपाधिक ईश्वरः॥ ७९ ॥
उपांश्वन्तर्यामसंज्ञौ ग्रहौ द्वौ सोमयाजिनः।
नियतौ तद्वदुच्छ्वासनिःश्वासौ प्राणिनामपि॥ ८० ॥
लोहकारः स्वहस्ताभ्यां पर्यायेण दृतिद्वयात्।
वह्निं ज्वालयते यद्वज्जाठरो ज्वाल्यतेऽनलः॥ ८१ ॥
निश्वासोच्छ्वाससंदीप्तो भुक्तं पाचयतेऽनलः।
ईशस्य जाठराग्नित्वाकारो भगवतेरितः॥ ८२ ॥
'अहं वैश्वानरो भूत्वा प्राणिनां देहमाश्रितः।
प्राणापानसमायुक्तः पचाम्यन्नं चतुर्विधं'॥ ८३ ॥
कर्णौ पिधाय घोषं यं शृणोत्यन्तः स जाठरात्।
वह्नेर्जातो मुमूर्षुस्तु नैनं घोषं शृणोति हि॥ ८४ ॥
अन्नेनोपेतः पञ्चविधः प्राणो लिङ्गाभिधं वपुः।
प्राणोपाधिकचिद्रूपो ज्ञानशक्त्यापि युज्यते॥ ८५ ॥

ततो मनोमयो भूत्वा सत्यसङ्कल्पतां व्रजेत्।
यत् सङ्कल्पयते जीवस्तत् करोत्येव सर्वथा ॥ ८६ ॥
हृदि स्थितोऽसौ शब्दादीन् भुञ्जेऽहं विषयानिति।
सङ्कल्प्याक्षाणि सृष्ट्वा तैर्भुङ्क्तेऽसौ विषयान् सदा ॥ ८७ ॥
देहो रथः पञ्च हयास्तस्य कर्मेन्द्रियाणि हि।
ज्ञानेन्द्रियाणि यानि स्युस्तानि बन्धनरज्जुवत् ॥ ८८ ॥
मनोऽत्र सारथिः सर्वैरवच्छिन्नशतां व्रजेत्।
चिदात्मा चेतनं देहं कृत्वा प्रेरयते सदा ॥ ८९ ॥
तस्यापाये मृतो देहोऽचेतनो न प्रवर्तते।
चिदंशस्य प्रेरकत्वं ब्रवीति भगवान् स्फुटं ॥ ९० ॥
'ममैवांशो जीवलोके जीवभूतः सनातनः।
मनःषष्ठानीन्द्रियाणि प्रकृतिस्थानि कर्षति' ॥ ९१ ॥
अवच्छिन्नश्चिदात्मासौ स्वतो नेच्छति किञ्चन।
न भुङ्क्ते सुखदुःखे च तस्मिन् नारोप्यतेऽखिलं ॥ ९२ ॥
सर्वेष्वपि शरीरेषु भाति तद्धर्मवानिव।
न तिष्ठति स्वतस्तेषु नापि तद्धर्मसंयुतः ॥ ९३ ॥
ज्ञानेन्द्रियैर्न दृश्योऽयं ग्राह्यः कर्मेन्द्रियैर्न च।
स्वरूपसौक्ष्म्यादव्यक्तो वेदान्तैरवबुध्यते ॥ ९४ ॥
निर्ममत्वात् सर्वगोऽपि शरीरेषु च तिष्ठति।
अकर्ताप्यनभिज्ञैस्तु कर्तेवासौ विभाव्यते ॥ ९५ ॥
वेदानामुत्तरे भागे इत्यादिग्रन्थवर्णितं।
आत्मनो वास्तवं रूपं कर्तृत्वं नास्य विद्यते ॥ ९६ ॥

स सर्वोपनिषत्सिद्ध एष ह्युपलभ्यते।
शुद्धः स्थिरोऽचलो नास्य कर्मलेपोऽस्ति कश्चन॥ ९७॥
अव्यग्रो निस्पृहस्तूष्णीमुदासीन इव स्थितः।
स्वस्थो विक्षेपराहित्यादित्यात्मानं प्रपश्यत॥ ९८॥
ईदृशोऽप्यज्ञदृष्ट्याऽसौ सत्त्वादिगुणधारिणा।
मायापटेन सञ्छन्नो भुञ्जान इव लक्ष्यते॥ ९९॥
इत्थं बोधितवानेष वालखिल्यान् प्रजापतिः।
तत्त्वं बुद्ध्वाथ पप्रच्छुः कः संसारीति ते गुरुं॥ १००॥
श्रूयतां परमात्मोक्तस्तस्मादन्योऽस्ति कश्चन।
भूतात्माख्यो निकृष्टोऽयं पुण्यपापफलैर्युतः॥ १०१॥
विप्रक्षत्रादिसद्योनिं श्वराहादिकामपि।
असद्योनिमवाप्नोति भूलोके जन्म चेत् तदा॥ १०२॥
अन्यत्र जन्म चेत् तर्हि पुण्येन स्वर्गमश्नुते।
पापेन नरकं द्वन्द्वैरभिभूतः परिभ्रमेत्॥ १०३॥
मानावमानौ शीतोष्णौ द्वन्द्वानीत्यादिकानि हि।
यो भूतात्मोदितः सोऽथ विस्पष्टमभिधीयते॥ १०४॥
अपञ्चीकृतभूतैर्यज्जातं सूक्ष्मवपुर्हि तत्।
भूतैः पञ्चीकृतैर्जातं यत् तत् स्थूलमिदं वपुः॥ १०५॥
ज्ञानाक्षाणां क्रियाक्षाणां वायूनां पञ्चकत्रयं।
मनोऽहङ्कार इत्येवं लिङ्गं सप्तदशात्मकं॥ १०६॥
अहङ्कारे भौतिके यच्चैतन्यं प्रतिबिम्बितं।
स भूतात्माऽथ चिद्बिम्बं निर्लेपं ब्रह्म कथ्यते॥ १०७॥

भूतात्मा प्रकृतेर्जातैर्गुणैरेषोऽभिभूयते ।
तमोगुणाभिभूतत्वात् स्वात्मस्थं ब्रह्म नेक्षते ॥ १०८ ॥
अधिष्ठानतया ब्रह्म भूतात्मन्यपि तिष्ठति ।
पद्मपत्रे नीरबिन्दुरश्लिष्टो वर्तते यथा ॥ १०९ ॥
ईदृशोऽपीश्वरो मायायुक्तः सन् प्रेरयत्यमुं ।
भूतात्मानं स भूतात्मा विविनक्तीश्वरं न तं ॥ ११० ॥
सुखैर्वैषयिकैः सत्त्वगुणोद्भूतैः प्रहृष्यति ।
उद्रेके रजसः सोऽयं कलुषीक्रियते भृशं ॥ १११ ॥
तदानीं मतिचाञ्चल्यात् लुप्यते ह्यखिलात् फलात् ।
कृषिं प्रक्रम्य तां त्यक्त्वा तपः कुर्वंस्त्यजेदृढः ॥ ११२ ॥
तत्तत्फले मस्पृहत्वाद् व्यग्रो नाप्नोत्यसौ फलं ।
अहङ्कारेण बद्धः स्यात् जालेन विहगो यथा ॥ ११३ ॥
संसारभ्रमणं तस्य प्रोक्तं शाखान्तरेष्वपि ।
करणप्रेरकः कर्ता भूतात्मा संसरत्ययं ॥ ११४ ॥
चैतन्येन हि पूर्णेन सोऽन्तर्व्याप्तस्तमश्चिति ।
भ्रान्त्यारोपेण संसारस्तत्रासौ न तु वास्तवः ॥ ११५ ॥
दृष्टान्तोऽत्राऽग्निना व्याप्तो लोहपिण्डोऽभिधीयते ।
तप्तलोहं मुद्गरेण हतं बहुविधं भवेत् ॥ ११६ ॥
अहङ्कारे चिदाभासो भूतात्मा साक्षिभासितः ।
हन्यमानो गुणैः सत्त्वादिभिर्बहुविधो भवेत् ॥ ११७ ॥
यज्जन्म योनिलक्षाणां भवेत् चतुरशीतिषु ।
सोऽयं बहुविधो भावो लोहे दात्रकुठारवत् ॥ ११८ ॥

कुलालेन यथा चक्रं तथा मायाविना गुणाः ।
सत्त्वादयः प्रेरिताः स्युस्तैस्तु जन्मान्यनेकधा ॥ ११९ ॥
लोहे मुद्गरघातेन नाग्नेर्बाधस्तथा गुणैः ।
भूतात्मोपद्रवेणास्य साक्षिणो नास्त्युपद्रवः ॥ १२० ॥
एकैकदेहो नरको भवेत् भूतात्मनो महान् ।
मैथुनोद्भूत्यादिदोषाः प्रसिद्धा एव देहिनां ॥ १२१ ॥
देहे दोषा यथा चित्ते दोषास्तद्वदनेकशः ।
सम्मोहाद्यास्तामसाः स्युस्तृष्णाद्या राजसा मताः ॥ १२२ ॥
भूतात्मा तैः पूरितः संस्तैस्तैस्तामसराजसैः ।
कर्मभिर्बहुधा देहानवाप्नोति पुनःपुनः ॥ १२३ ॥
श्रुत्वा संसारिणं वालखिल्या विस्मयमाययुः ।
संसारस्य प्रतीकारं पप्रच्छुर्मुनयः पुनः ॥ १२४ ॥
यस्माद्भूतात्मता येन चिदात्मत्वं तु शिष्यते ।
तमुपायं गुरो ब्रूहीत्युक्तः सन् गुरुरुक्तवान् ॥ १२५ ॥
नद्यूर्म्यादिकदृष्टान्तैः संसारस्याप्यनिष्ठतां ।
मिथ्यात्वं च विनिश्चित्य भजेत् ज्ञानाधिकारितां ॥ १२६ ॥
या वेदेनोदिता विद्या सा भूतात्मप्रतिक्रिया ।
तपो योगः स्तुतिर्बोधश्चोक्तं वेदे चतुष्टयं ॥ १२७ ॥
स्वाश्रमोचितधर्मो यः स एवास्य तपो भवेत् ।
शान्ताः स्युर्मोहतृष्णाद्यास्तेन तामसराजसाः ॥ १२८ ॥
तच्छान्तौ सत्त्ववृद्धिः स्यात् सत्त्वेनैकाग्रता धियः ।
तयाऽऽत्मतत्त्वानुभवस्ततो मुक्तो न संसरेत् ॥ १२९ ॥

निरिन्धनाग्निवत् चित्तं शाम्येद्योगेन कारणे।
संस्कारभावशेषत्वात् न धीः संसर्तुमर्हति ॥ १३० ॥
तदानीं जीवचैतन्यं ब्रह्मण्येकीभवेद्यथा।
जले जलं वह्निरग्नौ व्योम्नि व्योम स्थितं तथा ॥ १३१ ॥
अद्वैतमनुभूयास्मिन् समाधौ व्युत्थितः पुनः।
स्तुवन् सर्वात्मतां तस्य ब्रह्मणोऽनुस्मरेत् सदा ॥ १३२ ॥
कुत्सो मुनिर्यथाऽस्तौषीत् त्वं ब्रह्मेत्यादिना तथा।
स्तुवन्नपनुदेद्द्वैतवासनां चिरमाश्रितां ॥ १३३ ॥
योगादद्वैतविज्ञाने वासनायाश्च सङ्क्षये।
सन्त्यज्य जीवताभ्रान्तिं परमात्मत्वमाप्नुयात् ॥ १३४ ॥
सा भ्रान्तिस्तमसा जन्या तमस्त्वाश्रितमात्मनि।
परमात्मत्वमावृत्य कल्पयेत् जीवताभ्रमं ॥ १३५ ॥
यदावरकमज्ञानमात्माऽस्मिन् प्रतिविम्वति।
ईश्वरः प्रतिविम्बोऽसौ सृष्ट्यादीनां प्रवर्तकः ॥ १३६ ॥
यदज्ञानं विक्रियते भवत्येष तमोगुणः।
दृश्यमानं जगदिदं तम एवाभवत् पुरा ॥ १३७ ॥
ईशेन प्रेरितं तत् स्याद्रजो जलतरङ्गवत्।
रजोऽपि प्रेरितं तद्वत् सत्त्वमेवं गुणात्रयं* ॥ १३८ ॥
समष्टिरूपोऽहङ्कारः सत्त्वात् सारः समुद्धृतः।
चिद्बिम्बप्रतिविम्बाभ्यां युक्तोऽसौ चेतनो भवेत् ॥ १३९ ॥
प्रतिदेहं व्यष्टिरूपः क्षेत्रज्ञत्वेन तिष्ठति।

---

* गुणत्रयमिति पाठान्तरं।

2 1 2

सङ्कल्पोऽध्यवसायश्च देहे तत्तत्त्वसाधकः ॥ १४० ॥
हिरण्यगर्भो वेदेषु समष्टिव्यष्टिरूपधृक् ।
सूयते यः स सूत्रात्मा प्रजापतिरिहोदितः ॥ १४१ ॥
तस्य श्रेष्ठास्त्रयो देहाः सृष्ट्यन्तस्थितिहेतवः ।
ब्रह्मा रुद्रो विष्णुरिति गुणत्रयसमुद्भताः ॥ १४२ ॥
यो यत् सृजति लोकेऽस्मिन् ब्रह्मा तत्राभिमन्यते ।
नाशाभिमानी रुद्रोऽयं विष्णुः स्थित्यभिमानवान् ॥ १४३ ॥
प्रजापतिस्त्रिधा भूत्वा भूयोऽपि बहुधाऽभवत् ।
वसुरुद्रादित्यभेदैर्गिरिनद्यादिभेदतः ॥ १४४ ॥
आत्मन्यध्यारोप एवं प्रोक्तो मायाविनिर्मितः ।
आत्माऽधिष्ठानरूपेण प्रविष्टः सर्ववस्तुषु ॥ १४५ ॥
इत्थं विवेचितस्यात्मा भात्याधिक्येन पालकः ।
नाधिष्ठानं विना किञ्चिदारोप्यं बाध्यते क्वचित् ॥ १४६ ॥
आरोपितस्य सर्वस्याधिष्ठानं तत्त्वमोच्यते ।
तस्मादन्तर्बहिश्चात्मा स्थितः सर्वेषु वस्तुषु ॥ १४७ ॥
प्रजापतिर्वालखिल्यान् मुनीनेवमबूबुधत् ।
शाकायन्यः कथामेतां राज्ञे प्रोवाच धीमते ॥ १४८ ॥
वैराग्यं परमात्माऽत्र जीवात्मा साधनानि च ।
तपो योगः स्मृतिर्बोध इति सर्वं व्यवस्थितं ॥ १४९ ॥
शाकायन्याय भगवान् मैत्रोऽखिलमुवाच ह ।
तत् सर्वमनुगृह्णातु विद्यातीर्थमहेश्वरः ॥ १५० ॥

इत्यनुभूतिप्रकाशे मैत्रायणीयोपनिषद्विवरणं दशमोऽध्यायः ।

TRANSLATION.

THE MAITRI UPANISHAD.

RÁMATÍRTHA'S INTRODUCTION.

"THIS is verily the Brahman sacrifice." Thus commences the Upanishad of the Maitráyaṇas. The following is its connection with the former (or ceremonial) portion of the Veda. Although in that previous portion, consisting of four books, a number of ceremonies, beginning with the Agnihotra, have been enjoined, and described as producing their higher or lower fruit, still these do not result in the highest end of man, for they all have an end which is to be produced, and whatever can be produced is transient—according to the law, "whatever is capable of being made is transient." Thus there is a sacred text (Śruti), "As in this life the enjoyment obtained by works passes away, so hereafter the enjoyment obtained by merit passes away," (Chhándogya Upan. viii. i. 6.); and again, "Whatever great meritorious work he here performs, who knows not thus, it all at the last passes away" (Bṛihad Áraṇyaka Upan. i. 4. 15.); and again, "Whosoever, O Gárgí, not knowing this indestructible being, offers oblations in this world, performs sacrifices, and practises austerities for many thousands of years, it all comes to an end." (Bṛihad Áraṇyaka Upan. iii. 8. 10.) Now the Veda intends to show to the man who desires an end which is in its own nature eternal and admits of no augmentation, the means for the accomplishment of his object. But, seeing that in the case of one whose internal organ is filled with the impressions of countless objects which have been experienced in the endless succession of past births, and who by his subjection to these impressions is led to continued activity, and whose mind is still set on external objects, it is impossible at once to turn him back from his external pursuits, and, after awaking in him a desire for the knowledge of the real nature of the individual soul as the means to the manifestation of the highest joy and that total cessation of ignorance which is man's highest good,* thus to lead him to the knowledge of the Supreme Soul, it at first teaches him outward ceremonies only as the means to attain the end of man. But after that a devotion to these has been produced, and the mind of the devoted worshipper has been gradually cleared by the performance of incumbent and voluntary ceremonial works, and has been completely purified by their subsequent performance, without any desire for selfish results, under the idea of surrendering them to Íśwara,—when he has attained to a clear discrimination between the eternal and the non-eternal, and is void of all desire for the enjoyment of the present or the hereafter,—when he is possessed of all the means, such as passionlessness, self-restraint, &c., and has no desire but final emancipation,—then, seeing that he is a worthy recipient, the Veda makes him know Brahman as the real individual Soul by rejecting all its falsely-ascribed attributes; and when, by thus knowing it, he is himself merged in the Soul, he attains to the recognition of that supreme oneness of the Brahman-soul, the sole essence of which is true knowledge and endless joy. Thus is the connection established between the earlier and latter portions of the Veda, since that portion which treats of ceremonial works is the means, and that which treats of the knowledge of Brahman is the end; and at the same time we have shewn† the

* Both the Calcutta MSS. read *vishayapravaṇatáparávartanenáparamapurushá-* &c., which I endeavoured to make into sense by an adverbial construction, *áparamapurushártharúpávidyánivṛitti*, but the British Museum MS. has the true reading,*-parávartanena paramapurushártharúpávidyánivṛitiparamánanda-* &c.

† These are the four so-called *anubandhas; scil.* the *sambandha*, the *vishaya*, the *prayojana*, and the *adhikárin*.

object-matter, the purpose, and the proper subject of this latter portion which we are about to explain. Since, then, the object of this treatise, the knowledge of the soul, cannot be attained by the evidence of the other Vedas, and it is self-evident that it is to be accomplished by the treatise now about to be explained, we will now proceed, to the best of our ability, to explain its meaning word by word. In the former portion the various ceremonial works, as laying the sacred fire, &c., have been described, and this is common to all the Soma sacrifices besides the Agnishṭoma;* therefore all the ceremonial works are considered as included in this; and so the Śruti proceeds to shew that all ceremonial works, inasmuch as they contribute to produce the knowledge of the Supreme Soul, are themselves indirect causes of the highest end of man.

* The *agnichayana*, or ceremony of arranging the fireplace for a sacrifice, is an essential preliminary for all *ishṭis* and *darvihomas*; but as it is also, under certain circumstances, an integral part of the *yajnakratus* or soma-offerings, i.e. the *agnishṭoma*, *uktha*, *shodaśin*, and *atirátra*, it may be called the representative of all sacrificial rites.

THE MAITRI UPANISHAD.

FIRST CHAPTER.

THIS is verily the Brahman sacrifice,*—the laying of the fire (and whatever else) of the former works† (has been declared.) Wherefore let the sacrificer, having laid these fires, meditate on the Soul.‡ Thus of a truth doth the sacrifice become complete and perfect in all its parts. Who is this that is to be meditated on? He who is called the vital air (Práṇa).§ Of him follows the story. (1)

Verily once a king, by name Bṛihadratha,‖ regarding this body as transitory, and having ceased to feel all desires, established his son in his empire and went forth into the forest. There practising the greatest penance, he stands, with arms uplifted, gazing at the sun. At the end of a thousand days¶ came unto him, like a fire without smoke, burning as it were with

* The Brahman-Sacrifice, or sacrifice to Brahman, is properly one of the five mahâyajnas, i.e. reading and teaching the Veda. See Manu, iii. 70. Áswal. Gṛihya Sút. iii. 2. Taittiríya Árany. ii. 10, 11. The meaning here is that all the former ceremonial works are to be considered as modes of worshipping the Supreme Soul.

† The Scholiast says that, in the Maitráyaní Śákhá, the first book of the Karma Káṇḍa treats of the Agnichayana. All the works before enjoined are now to be performed without any thought of recompense, the sacrificer giving them over to the Supreme Being. Cf. Bhag. Gítá, v. 10.

‡ I. e. let him meditate on the individual soul as identical with the Supreme.

§ "That which breathes by the breath is thy soul, which is within every being." Bṛihad Áraṇyaka Up. iii. 4.

‖ There are several kings of this name in Hindu tradition. See Indische Stud. i. p. 275.

¶ Another reading is, "a thousand years."

splendour, the knower of the soul, the adorable son of Śákáyana. He said to the king, "Rise, rise, choose a boon." He made his obeisance, and answered, "Oh adorable one, I know not the soul; we have heard that thou knowest its nature, teach it unto us." "Of olden time was this thing which thou askest accomplished, but now it is hard to be attained; oh son of Ikshwáku, choose other desires;" thus spake the son of Sákáyana. Touching the sage's feet with his head, the king then recited this song.* (2)

"Oh adorable one, in this stinking unsubstantial body, a mere mass of bones, skin, sinews, marrow, flesh, semen, blood, mucus, tears, rheum, ordure, urine, bile, and phelgm, what have I to do with the enjoyments of desires? In this body assailed by desire, wrath, greed, delusion, fear, sorrow, jealousy, separation from the loved, union with the unloved, hunger, thirst, old age, death, disease, emaciation, and the rest, what have I to do with the enjoyments of desires? (3)

"And all this (body) we see to be perishing, just as these gad-flies, gnats, &c., or the grass and trees, for they all alike are produced and destroyed.† But why talk of these? There are others higher,—mighty archers, emperors in ancient time, Sudyumna, Bhúridyumna, Indradyumna, Kuvalayáśwa, Yauvanáśwa, Vadhryaśwa, Aśwapati, Śaśabindu, Hariśchandra, Ambarísha, Nanaktu, Saryáti, Yayáti, Anaraṇya, Ukshasena‡

* Gáthá is properly a verse used in a religious ceremony, but not taken from the Vedas; it is also employed in Buddhist literature as the name of those poetical legends in barbarous Sanskrit, which alternate with the prose account in the Vaipulyasútras. Here, however, it seems only used to mean rhetorical prose.

† The Commentator draws this out into a regular syllogism. I may add here that the word *vimata* in p. 9, l. 11. is a technical name for the minor term in an argument,—unless there be a dispute as to the connection of the minor with the major, why have recourse to any middle term to prove it? Instead of *vimata* we have *vivádapada* in the Sarva Darś. Sangraha, p. 123, l. 7. Cf. ibid. p. 82. l. 1. So *vivádáspada* in the Sánkhya Prav. Bh. p. 28, l. 18.

‡ Dr. Weber (Ind. Stud. i. p. 277.) quotes Mahábh. xii. 906—1042, to illustrate this list.

and the rest, or again, kings like Marutta,* Bharata and such as they. While all their kindred were yet looking on, they left their mighty glory and passed away from this world to the next. But why talk of these? There are others higher still—gandharvas, asuras, yakshas, rákshasas, bhútas, gaṇas, piśáchas, snakes and vampires,† and the rest: these too we see destroyed. But why talk of these? There are others higher yet—the great oceans are dried up, the mountains fall, the pole star moves from its place,‡ the wind cords § (of the stars) are cut, the earth is submerged, and the heavenly beings depart from their homes. In such a world as this what have I to do with the enjoyments of desires? yea, even if one were fed therewith to the full, he must still return to earth again and again. Wilt thou therefore deign to deliver me? I am here in this world as a frog in a well without water. Oh adorable one, thou art our refuge, thou art our refuge!" (4)

SECOND CHAPTER.

Then, well pleased, the adorable son of Śákáyana‖ spake unto the king, "Oh king Bṛihadratha, the banner of the race of Ikshwáku, thou hast speedily attained thy desire and knowest the Soul; thou art renowned far and wide by the name of the wind.¶ This soul whom thou seekest is thine own." "Oh adorable one, which soul meanest thou?" He then thus addressed him. (1)

* For his legend, see Śatap. Br. xiii. 5. 4. 6.

† Grahas are properly imps, which seize children: their chief is Pútaná, the presiding deity of convulsions.

‡ "*Dhruvasya prachalanam*" probably only refers to a pralaya; then even the "never-ranging pole-star" is forced to move.

§ See Wilson's Vishṇu Purána, p. 230, "All the celestial luminaries are in fact bound to the polar star by aerial cords," (i.e. the winds, Pravaha, &c.) Cf. Aristotle's *ἐνδεδεμένα ἄστρα*. (De Coel. 2.)

‖ The dialogue between Bṛihadratha and Śákáyanya goes on till vi. 30.

¶ The Schol. interprets this as implying that he will be called either

"That which, without ceasing the breathing,* mounts up to the subtil body (in sleep) and wandering in various directions and yet wandering not,† dispels the darkness of illusion,—that is the soul. Thus said the adorable Maitri."

Thus the sage spake to the king. "And again that which perfectly calm (in sound sleep), having risen above both these bodies,‡ attains to the supreme Light and appears in its own proper nature—that is the soul;" thus spake the sage,—"This is the immortal and the unfearing, this is Brahman." (2)

"Of a truth, oh king, this is the knowledge of Brahman, and the knowledge of all the Upanishads, as taught to us by the adorable Maitri; § I will tell it unto thee. There were certain saints, known in the Śruti by the name Válakhilyas,|| pure from all sin, surpassing in might, and with all their passions under subjection. Once on a time they thus spake to the Prajápati Kratu.

Pṛishadaśwa, which he interprets as "he that has great horses," a name of the wind nearly equivalent to Bṛihadratha; or Jagatpráṇa "the soul of the world," (Du Perron has "magnitudo tua celebris est.") Pṛishadaśwa however properly means, "he who has for his horses deer flecked with white spots" (Sáyaṇa, ad Ṛigv. i. 87. 4.) Bṛihadratha is called Marut, *infra*, vi. 30.

* In sleep the senses are absorbed in the soul, but the vital airs remain awake, see Praśna Upan. iv. 2, 3. Another interpretation reads *á*vishṭambhanena for *a*vishṭ—, "that which, hindering the vital air from departing out of the body, (i.e. keeping the body alive,) mounts upward (from the heart and pervades the body), and, though itself unchanged, assuming the form of various objects (sound, &c., as the hearer, &c.) makes objects manifest—that is the Soul."

† Experiencing the changes of the mind as affected by various impressions, and yet being in reality unmoved.

‡ By the absorption of both bodies, the gross and the subtil, the impurity contracted from contact therewith is destroyed.

§ Maitri, the first proclaimer of this Śákhá, *etat-śákhá-pravaktá*. The Anubhúti-prakáśa calls him Maitra.

|| For the Válakhilyas see Prof. Müller's Rig Veda transl. pref. p. xxxiv. The Vishṇu Puráṇa, i. 10, makes them the sons of Kratu by his wife Sannati, and describes them as "the 60,000 pigmy sages, no bigger than a joint of the thumb, chaste, pious, resplendent as the rays of the sun." The Rámáyaṇa (iv. 40.) places them on the Saumanasa peak of the Udayaparvata.

'Oh adorable one, this body is without intelligence like a cart; to what being, then, imperceptible to the senses, belongs that power by which it is yet made to appear intelligent, and who is the mover thereof? Oh adorable one, tell us what thou knowest.' He thus answered them. (3)

"He who is described in the Śruti as abiding above all, like the ascetics untouched amidst sensible objects,*—he is this stainless one, the purifying, the undeveloped, the tranquil, the unbreathing, the unthinking,† the undying, the indestructible, the unchangeable, the eternal, the unborn, the self-dependent; he abides in his own greatness;—by him is this body made to appear intelligent and he is the mover thereof." They said, "Oh adorable, how by such an one, abiding aloof, can this body be made to appear intelligent, and how is he the mover thereof?" He thus answered them. (4)

"Verily this subtil incomprehensible imperceptible one, named the Spirit, dwells in part in the body without volition;‡ just as one in sleep awakes without his volition, even so it is here. This part of the Soul is verily He, who is pure thought, reflected in the internal organ, the conscious embodied being,§ whose presence is proved by reflection,‖ assurance, and appropriation, the

* Another interpretation is "He who, oh ascetics, is described in the Śruti as dwelling amidst worldly objects and yet placed above them all."

† Nirátmá is here explained as *mano-rahitaḥ*, "mindless," i e. without the attributes of volition, assurance, &c. The Anubhútiprakáśa seems to read *aníśátmá* (śl. 60).

‡ The Anubhútiprakáśa reads *buddhi-púrvam*.

§ *Kshetrajna.*

‖ *Sankalpa* is usually defined as "discrimination," see Tattwa Kaumudí, p. 34. ll. 11, 12; it is the faculty by which the mind pronounces determinately on an object presented confusedly by the senses—"it is thus—it is not thus." Rámatírtha, unless the reading be erroneous, seems to explain it as the vague undetermined cognition, corresponding to the Naiyáyik *nirvikalpakam jnánam*. Some authors (as Vijnána Bhikshu, Sánkhya Prav. Bháshya, p. 122, and Rámatírtha himself, p. 73, l. 18,) explain *sankalpa* as a moral rather than an intellectual faculty, "resolution" (*chikírshá*). Both faculties in fact equally belong to *manas*, as it stands midway between the organs of knowledge and action.

true Prajápati, the Universal One. By him, the intelligent, is this body made to appear intelligent, he is the mover thereof." They said, "Oh adorable, how by such an one, abiding aloof, is this body made to appear intelligent, and how is he the mover thereof?" He answered them. (5)

"Prajápati* verily before creation existed, the one; he joyed not; he meditated on himself and created many creatures.† He looked on them—they were as stones, mindless, lifeless, stark as stocks. Still he joyed not; he reflected, 'I will enter within to animate them.' He made himself as air, and entered within. But as one he could not: therefore he divided himself fivefold, and hence is he named by five names, Práṇa, Apána, Samána, Udána, and Vyána. That air which goes upwards is Práṇa; that which goes downwards is Apána; that by which these two former are served is Vyána (or the circulating air); that which carries off to the lower bowel the grosser parts of the food, and conveys the finer to each several limb, is named the Samána (or equalising air). The Vyána comes after the others, and the rise of the Udána is interposed before it.‡ That which belches forth or keeps downwards§ the food eaten or drunken, this is the Udána. Now the Upánśu depends on the Antaryáma and the Antaryáma on the Upánśu;‖ between these two the

* Prajápati is here Hiraṇyagarbha, produced at the beginning from the Supreme Being (the Sach-chid-ánanda), when become multicolor (or "adulterate," see Dr. Hall, Refut. Hindu Philos. p. 201) by ignorance. R.

† I. e. He became multiform by pure will. R.

‡ This is to explain the original order in l. 12, which differs from that adopted in the subsequent explanation. The Vyána is placed last in the list above, because its action is all-important for the health of the body and is best carried on when the others rest from their functions. The práṇa and apána are said to blow up the digestive fire, and the samána distributes the digested juices through the limbs; the udána is the air whose functions are swallowing and eructation; and the vyána supports the strength and growth of the body.—The Schol. takes it as *uttaram eteshám vyánasya rúpam chántará.*

§ *Nigirati* is explained as *tirodadháti*, "conceals."

‖ This alludes to the grahas of the Somayága. The so-called Upánśu and Antaryáma grahas (or vessels for holding the Soma juice) are placed on either side of the upánśusavana or stone used for bruising the soma plant.

self-resplendent produced heat; now this heat is the soul;* the soul is the Vaiśwánara fire.† It hath been also said elsewhere,‡ 'It is the Vaiśwánara fire which dwells within the body, by which is digested the food that is eaten; it is this whose noise a man hears when he thus closes both his ears. When he is about to depart, then he hears not that noise.' Verily having divided itself fivefold, it dwells in the internal cavity,§ seeming to be made up of mind, with the práṇas as its body, with light as its form, having determined volitions,|| and its nature as ether.¶ Having its purpose yet unattained, it thought from within the heart, 'let me enjoy objects.' Then having burst these apertures** it enjoys objects by means of its five reins. Thus the organs of sense,—these are its reins; the organs of action are its steeds; the body is the car; the mind is the charioteer; character †† is the whip. Driven by this whip this (car of the) body goes round and round as a wheel whirled by a potter. Thus this body is made to appear intelligent; this verily is the mover thereof. (6)

"This is the Soul which the wise desire,—unassailed, as it were, by bright or dark fruits of action, it wanders in the several

The three are often used as an illustration of the práṇa, apána, and vyána (see Taitt. Sanhitá, I. iv, 2, 3, VI. iv. 5, 6.) but here the upánśusavana is used as a metaphor for Prajápati manifesting himself as the vital or digestive heat.

* I. e. the jívátman, the upholder of the body in the form of heat or fire. R.

† Called Vaiśwánara or Viśwánara, as leading or supporting all living bodies.

‡ This is the first of those frequent quotations from the Áraṇyakas and older Upanishads, which are a peculiar characteristic of this Upanishad. For the present quotation see Bṛihad Áraṇyaka Up. v. 9; a similar passage occurs in Chhándogya Up. iii. 13.

§ *Guhá* is explained as "intellect" *buddhi*, because it conceals or envelopes the excess of knowledge, joy, &c. "The full meaning is that the Vaiśwánara fire is modified as the internal sense in order to be individualized." R.

|| See the Anubhútiprakáśa, śl. 86.

¶ Having its nature unattached and imperceptible, as ether. R.

** I. e. the eyes &c. in the head, and the pores of the skin.

†† *Prakṛiti*, i. e. the impressions of former cognitions and actions. R.

bodies; (yet is recognised as independent), from its non-manifestation, its minuteness, its invisibility, its incomprehensibility, and its purity from all egoism; in reality abiding nowhere, and itself not an agent, and appearing to be an agent only as abiding in the non-existent.* This verily is pure, unchanging, unmoving, undefilable, unstirred by passion or desire, abiding in itself as the spectator; and, having veiled itself in the web of the three qualities,† it stands as the enjoyer,—it stands as the enjoyer." (7)

THIRD CHAPTER.

The Válakhilyas answered, "O adorable one, if thou thus declarest the greatness of this soul, then what can this other be which is also called soul,‡ which, assailed by bright or dark fruits of action, obtains accordingly honourable or mean births; and thus its course is upward or downward and it wanders about assailed by the various pairs?"§ (1)

(Prajápati answered,) "There is indeed another, called the elemental soul,‖ which, assailed by bright or dark fruits of action, obtains accordingly honourable or mean births, and thus its course is upward or downward and it wanders about assailed by the various pairs. This is the description thereof. The five rudiments are called by the name 'element;' next the five gross elements are called by the name 'element;' and the aggregation of these is called 'the body.'¶ That which verily rules in the

* Scil. ignorance.

† Having veiled itself in the covering of ignorance composed of the three qualities, as in a cloth composed of threads. R.

‡ Scil. the *jívátman.*

§ I. e. cold, heat, honour, dishonour, pleasure, pain, &c.

‖ *Bhútátman,* the elemental soul, as being conceived as undistinguished from the component elements of the body. R.

¶ I. e. the *linga śaríra* is composed of the *práṇáḥ,* the *indriyáṇi,* the *antaḥkaraṇam* and the *tanmátráṇi*; the *sthúla śaríra* of the five gross elements. R.

body is called 'the elemental soul.' Thus its immortal nature, which in itself is as a drop of water on a lotus leaf, becomes assailed by the qualities of nature. From thus being assailed it suffers bewilderment, and from its bewilderment it sees not the adorable lord, the true cause of action,* dwelling within itself. Borne along and soiled by the stream of qualities, uncertain, unstable, bereft (of all true knowledge,) full of desires and forlorn, it becomes subject to self-consciousness. Thinking such thoughts as 'I,' 'he,' 'this is mine,' it binds itself by itself as a bird with a snare.† Entangled in the fruits of its own actions, it obtains honourable or mean births, and thus its course is upward or downward and it wanders about assailed by the various pairs." "Which is it?" they asked. Thus did he answer them. (2)

"It hath also been said elsewhere, 'that which acts is the elemental soul, but that which causes to act by the organs is the internal Soul.' As a ball of iron, informed by fire, and hammered by the workman, becomes manifold,‡ so too this elemental soul, informed by the internal Soul, and hammered by the qualities, becomes manifold. The aggregation of the elements, as developed into the four tribes, the fourteen worlds, and the eighty-four varieties,§—this is its becoming manifold. These multiplications||

* The Comm. here quotes a passage from the Kaushítaki Upanishad iii. 8, and it is worth noticing that he follows the same recension as Śankara does, see the preface to my edition, p. v.

† Another, but less probable, interpretation is "as the silkworm in a hole binds itself with its cocoon." Much of this is repeated in vi. 30.

‡ Flying off in the form of sparks. R. But better, with the Anubhúti-prakáśa, "as assuming various forms" (śl. 118.)

§ "The four tribes" are the four classes of living organisms, as born from a secundine, from an egg, from hot moisture, or from a shoot (Manu, i. 43—46); "the fourteen worlds" are the seven upper, Bhúr &c., and the seven lower, Atala &c.; "the eighty-four varieties" seem to allude to some early speculations in natural history, the Scholiast (with a truer insight) suggests eighty-four laks or even more.

|| Such is the Commentator's explanation of the neuter *guṇáni*, (*etáni chaturaśítyádiprakáráṇi guṇyante punaḥ punar ávartanta iti guṇáni*). The Anubhútiprakáśa takes it as used for *guṇáḥ*, śl. 119.

are impelled by the Soul as the wheel by the potter. As when the ball of iron is hammered, the fire is not overpowered, so this soul is not overpowered; it is the elemental soul which is overpowered by its connection (with the component elements of the body). (3)

"It hath also been said elsewhere, 'This body first sprang from sexual intercourse, next it grew in a place like hell, thence it issued by the urinary passage; it was heaped with bones, bedaubed with flesh, enwrapped in skin, filled up with ordure, urine, bile, phlegm, marrow, fat, oil, and all kinds of diseases besides, as a treasure-house with wealth.' (4)

"It hath also been said elsewhere, 'Confusion, fear, despondency, drowsiness, sloth, inattention, old age, sorrow, hunger, thirst, niggardliness, wrath, atheism, ignorance, envy, mercilessness, folly, shamelessness, irresolution, rashness, fickleness,—these are the effects of (the quality of) darkness.* Internal thirst, fondness, inordinate affection, covetousness, maleficence, love, hatred, dissimulation, jealousy, fruitless restlessness, caprice, excitement, emulation, pursuit of wealth, conciliation of friends, dependence upon one's family, aversion to undesired sensual objects, attachment to those desired, backbiting, largess-scattering—these are the effects of (the quality of) passion. With these it is filled, by these it is overpowered; therefore this elemental soul assumes various forms—assumes various forms.'" (5)

FOURTH CHAPTER.†

THEY (the Válakhilyas), with all their passions under subjection, in utter amazement approached him and said, "O adorable one, worship to thee! do thou teach us further; there is none other

* In §. 4 the evils inseparably connected with the gross body were enumerated; here we have those connected with the subtil body.

† In the previous chapter it has been shewn that the one Soul, identical with pure intelligence, appears to be mundane through the non-discrimination of its disguise, the elemental soul, and it consequently appears to be

refuge for us. What is the manner by which the elemental soul, having escaped from this (condition) attains to conjunction with the soul?" Thus he spake to them: (1)

"It hath also been said elsewhere, 'As the waves in the great rivers, what has been done by it aforetime cannot be stayed; its advance towards death, like the tide of the sea, cannot be put back,—bound as a cripple by the bonds of good and evil consequences, bereft of liberty as a prisoner in his cell, full of manifold fears as one who stands before his judge, intoxicated with delusion as one intoxicated with wine, driven hither and thither by sin as one possessed, bitten by external objects as one bitten by a great serpent, blinded by passion as the darkness of midnight, full of delusion as enchantment, full of false apparitions as a dream, unsubstantial as the pith of the banana tree, changing its dress every moment as an actor, and falsely fair as a painted wall.' Hence it has been said, 'Sound, touch, &c., though in themselves unreal, seem real to a mortal; and devoted to these the elemental soul remembers not the supreme sphere.' (2)

"This is the way to counteract the elemental soul; the understanding (true) knowledge through the Veda, (and) the performance of one's duties,—the adherence to the orders of one's cast,*—this is the canon of one's duty;† all else is (worthless) as the branch of a bush. By this way he possesses the Supreme, by all other ways he sinks downward. That alone is one's duty which is declared in the Vedas. By transgressing the duties of

affected by the latter's affections and to be subject to change; but that this apparent connection with these defects does not really belong to it, for in its own nature it is eternally void of attributes and ever pure. The Válakhilyas now inquire for some means of attaining to the nature of this pure soul, by annihilating that of the elemental soul which hides it. R.

* The knowledge of the jnána káṇḍa is the primary means,—the others are only secondary, as purifying the intellect for the attainment of this essential knowledge.

† He who desires final liberation will perform obligatory duties, but not those which are voluntary (*kámya*).

an order one attains not that order; and when men say 'he is one who adheres not to the orders, or an ascetic,' it is wrong.* (Yet on the other hand) there is no attainment of the true knowledge of the Soul to him who practises not asceticism, nor even are his ceremonial works complete. For thus is it said, 'by ascetic observance purity† is obtained, from purity is obtained intelligence, from intelligence is obtained the soul,‡ having obtained which he comes not back again.' (3)

"'Brahman is,' thus spake one who knew the knowledge of Brahman; 'this (asceticism) is the door to Brahman,' says he whose sin is purged away by ascetic observance; 'Om is the greatness of Brahman,'§ says he who continually meditates thereon, thoroughly concentrated in his thought; therefore by knowledge, by asceticism, and by meditation ‖ is Brahman obtained. Such an one proceeds beyond the inferior Brahman;¶ he attains to divinity above the gods; he enjoys a bliss indestructible, infinite, subject to no decay, who, possessed of such knowledge, worships Brahman with this triad. Completely filled, he verily attains to union with the Soul, released for ever from all those things by which he was once overpowered and reduced to a mere charioteer." (4)

* It is necessary to fulfil the duties of one's cast and its *áśramas*, although asceticism (*tapas*) is equally essential.

† Literally *sattwam*, or a state of soul in which the quality of goodness predominates.

‡ *Manas*, or 'intelligence,' is explained as *vivekavijnánam*, "discriminative knowledge;" this leads to *átman* or 'Soul'—the supreme Brahman.

§ All things are united with the words which express them, and all words are contained in the mystical word Om. See Chhándogya Upan. ii. 23.

‖ "Since it is impossible that these three states should be simultaneously produced in one man, we must here understand a successive process, as in the boiling of the Yavágú in the Agnihotra offering." R. The Yavágú is a kind of rice gruel, said to be composed of four parts of rice to sixty-four of water, which are boiled down to one half of the original quantity. It is enjoined to be offered in the Agnihotra by one who wishes to obtain the ownership of a village. (Taitt. Bráhm. ii. 1, 5, 6.)

¶ Hiranyagarbha, or the Sound or Speech Brahman (*Śabda Brahman*), see *infrá*, vi. 22.

C

Then said (the Válakhilyas,) "Oh adorable one, thou art the explainer, thou art the explainer! All this which thou hast said has been duly laid up in our minds. But now answer a further question. Agni, Váyu, the Sun, Time which is Práṇa, Food, Brahman,* Rudra, Vishṇu,—some meditate on one of these, some on another; tell us which one of these is the best, for he shall be ours." He thus answered them. (5)

"These are verily but the principal forms of the supreme, immortal, unembodied Brahman. Each man in the world rejoices in that to which he clings,"† thus he spake. "Brahman verily is this all. These (deities), which are but his principal forms, let a man meditate on, and worship (as Brahman) and reject (their individuality). Thence becoming united with these, he wanders in higher and higher worlds,‡ and at last at the dissolution of the Universe he becomes absorbed in the Soul—in the Soul."§ (6)

* Scil. the Brahman of the Hindu triad.

† Another interpretation is, "whatever being is the object of a man's affection, rises to him as an image of Him (the Supreme)," scil. *pratimá udati* (for *udeti*).

‡ These are the Jana, Tapas, and Satya Lokas, the highest of the seven upper worlds.

§ "The Śruti says, 'whatever a man worships, that he becomes,' and again, 'becoming a god he goes to the gods;' hence if a man worships under the idea that one of these special deities is the soul, then at the end of his appointed time of enjoyment, he returns again to this world (see Vedánta Sútras, iv. 3. 15). But if he worships them, under the idea that the self is Brahman, then at the dissolution of Hiranyagarbha, who is the totality of existence and the soul of all the gods, and who dwells in the Satya Loka, he becomes united with the perfect Soul (the Supreme Brahman), and attains to eventual emancipation (*krama mukti*). The following is the law. He who meditates on Brahman as identical with the individual soul by dissolving the disguising veil of cause and effect, obtains immediate emancipation even in this life, and his body only remains for a while, just to experience the fructescent effects of former actions. He who worships Brahman as cause and effect and thus apprehends the identity of the self and Brahman, proceeds by the path of flame &c. to the world of Brahman, (see Bṛihad Áraṇyaka Upanishad, vi. 2. 15), and there at the end of the enjoyment earned by his worship, through the perfect knowledge produced there,

FIFTH CHAPTER.

"Now follows Kutsáyana's hymn of praise: 'Thou art Brahman,* and thou art Vishṇu, thou art Rudra, thou art Prajápati;† thou art Agni, Varuṇa, Váyu; thou art Indra, thou art the Moon; thou art Food,‡ thou art Yama, thou art Earth, thou art All,§ and thou art the Imperishable; manifold is the dependence on thee for proper and for relative good.|| Glory to thee, lord of the world, thou art the world itself, the maker of all, the enjoyer of all; thou art all life and the lord of all pleasure and joy. Glory to thee, the tranquil-souled, glory to thee, the most hidden, the inconceivable, the indemonstrable, who hast neither beginning nor end.' (1)

"Verily this was at the first darkness alone; it abode in the Supreme; then, being set in motion by the Supreme,¶ it passes into inequality. This condition becomes Activity; this Activity, being set in motion, passes into inequality. This becomes the condition of Goodness. This Goodness alone was set in motion;

he will obtain eventual emancipation. But whosoever worship the limited (cf. Vedánta Sútras, iv. 1. 4.) under the idea that 'food is Brahman,' 'life is is Brahman,' 'the sun is Brahman,' 'the mind is Brahman,' &c. they, not having performed the true Brahman-sacrifice, will enjoy the proportionate fruits of their worship in the worlds lower that the Brahma-loka, and will again return to this earth. But some have even attained to the world of Brahman, who have intently pondered the five fires, &c. (see the Bṛihad Áraṇyaka Up. *ibid*)." R.

* *Sc.* Hiraṇyagarbha.

† *Sc.* Viráj.

‡ *Anna*, masc., is explained as 'he who treats everything as food,' or 'he who acts as food;' i.e. he who devours all, or is devoured by all. Cf. Taittiríya Upan. ii. 2.

§ *Viśwam.*

|| The former (*swártha*) is explained as the four common ends, wealth, enjoyment, merit, and emancipation; the latter (*swábhávika*) as that which belongs to each creature's peculiar nature or temperament.

¶ It was pervaded by the semblance of intelligence as a seed by water, &c. R.

and Flavour* flowed forth. This is a portion† [of the Soul] which is only measured by the Soul, reflected in each individual, cognizant of the body and possessing as its signs volition, ascertainment, and consciousness. Prajápati,‡ Viśwá,§—these and the like, before-mentioned, are its forms.‖ As for its darkness-characterised portion, that, O ye students, is the same as Rudra; as for its activity-characterised portion, that, O students, is the same as Brahman; and as for its goodness-characterised portion, that, O students, is the same as Vishṇu. He truly is one, existing as threefold, as eightfold, as elevenfold, as twelvefold, as infinitefold;¶ he is manifested everywhere, and, from being thus manifested, he is the Being; he enters and pervades all beings, he is the lord of beings. Thus He, the Soul, is within and without, within and without."** (2)

SIXTH CHAPTER.††

"THIS (Soul) verily bears a twofold form, Práṇa and yonder Sun. These are its two paths, within and without; these revolve

* *Sc.* essence, the manifestation of the joy-thought. Cf. Tait. Up. 2. 7; "He becomes Flavour; a man, having attained flavour, becomes possessed of joy." We might almost imagine the rhetorical speculations of the Hindus to have arisen from such passages.

† This is as it were a portion or peculiar condition of the Soul, as the condition of the infinite ether in the hollow of a tree. R.

‡ I. e. Viráj, as the sum total of created existence.

§ As the deity presiding over all individual existences. So Schol., but cf. § 1.

‖ *Sc.* forms of the individualised Soul, i. e. the Soul as reflected by the development of goodness. R.

¶ The eight forms are the five vital airs, the sun, moon, and asterisms, or, by another reckoning, the three last-mentioned and the five elements; the eleven are the eleven organs of sense and action, which become twelve by separating mind (*manas*) and intellect (*buddhi*). Rámatírtha explains the infinity by the endless number of functions (*vṛitti*) of these senses, &c. in various individuals.

** Within he exists as the witness, the knower, the doer, &c.; without, as Íśwara, time, the gods, &c. R.

†† In the preceding part of the work the meaning which regards those

in a day and night. Yonder sun is the external soul, Práṇa is the internal; hence it is said that from the external soul's motion is inferred the motion of the internal soul.* But whosoever is wise, void of sin, the master of his senses, clear-minded, firmly abiding in Him, having his eyes withdrawn (from all external objects), he indeed says that from the internal soul's motion is inferred the motion of the external soul. Now that golden being within the sun who beholds this earth from his golden sphere, is the same who abiding within, in the lotus of the heart, devours food.† (1)

"Now that which dwelling within in the lotus of the heart devours food, the same, dwelling as the solar fire in the sky, being called Time, and invisible, devours all beings as its food." (The Válakhilyas asked) "What is its lotus and of what composed?" (Prajápati answered), "Its lotus is the same as the ether;‡ the

who desire liberation, has been all set forth, viz., that the One Supreme Soul is to be known as the individualized Brahman and also to be contemplated as under many different states as Brahman, &c.; and liberation has been declared as the attainment of identity with the Supreme Soul. The sacred text, now, revealing the manifold greatness of this Supreme Soul in order to his being worshipped in various ways, proceeds in this latter portion to set forth, for the dull and mediocre students, various modes of his worship, together with their respective vehicles, (as Om, &c., see §. 2), and also certain means which relate to the pursuit of spiritual knowledge. As this portion is, however, supplementary (*khila*), mutual connection between the parts is not universally kept in view; still we shall explain it, seeking out the connection to the best of our judgment. R.

* The sun revolves within the world in a day and night, keeping his right side to Meru, and Práṇa also in the form of breath circulates within the body; hence its revolution as established in the śástra is inferred, viz., that in the 24 hours or the space of the sun's revolution round Meru there are 21,000 breaths of Práṇa. (The number is more exactly 21,600 inhalations and exhalations. See Sarva Darśana S. p. 175.) Or the analogy may be inferred from the declaration of Śruti that the full duration of human life is an hundred years, these years being measured by accumulations of such daily solar revolutions. R.

† *Sc.* the various objects presented by the senses, as sound, &c. R.

‡ The lotus of the heart, connected with the individual soul, is no other than the sky or ether, connected with the gods,—there is no difference between them. Hence the ether is equally the so-called "lotus," whether it exist in

four quarters and the four intermediate points are its petals. These two, Práṇa and the Sun, revolve near to each other;—let him worship them both, by the syllable Om, by the mystical words,* and by the Gáyatrí.† (2)

"There are two forms of the supreme Brahman, the material and the immaterial; the material is unreal, the immaterial is real, is Brahman. That which is Brahman‡ is light; that which is light is the Sun. This Sun was identical with Om; it divided itself into three parts, for Om consists of three *mátrás*. 'By these are woven the warp and woof of all things, and this am I,' thus He speaks.§ Meditate on this, that the Sun is Om,—fix your soul thereon. (3)

"It hath been also elsewhere said,—'What the Udgítha is, that is Om; what Om is, that is the Udgítha; thus yonder Sun is the Udgítha, he is Om;' thus saith (the Śruti.‖) The Udgítha called praṇava, the commencer of rites, whose essence is brightness, void of all sleep, inviolable by age or death, possessed of three steps,¶ possessed of three letters, and again to be known as fivefold, concealed in a cavern;** thus saith (the Śruti). The Supreme Brahman with its three feet†† has its

the heart or in the world. Each has its own system of petals, which substantially indeed are identical,—those of the ether being the eight points of the compass. R.

* The vyáhṛitis, *sc.* the mystic words, *bhús, bhuvaḥ, swar.*

† Here called the Sávitrí, or the *ṛich* whose deity is Savitṛi the sun.

‡ The reading here is not certain. The British Museum MS. reads "*tad brahma, yad brahma taj jyotiḥ sa ádityaḥ,*" but the true reading would seem to be *yat satyam tad brahma yad brahma taj jyotir yaj jyotis sa ádityaḥ.*

§ Sc. The sun.

‖ The Udgítha is properly the principal part of a Sáma verse; it is preceded by *Om* and chanted by the Udgátṛi. The Udgítha of the Sáma Veda priests thus corresponds to the Om or praṇava of the Rig Veda priests. This quotation comes from the Chhánd. Upan. i. 5.

¶ These three "steps" or "words" (*pada*) are, in the case of práṇa, the three states or stages of waking, slumber, and sound sleep; in that of áditya the three *vyáhṛitis*, as symbolising the three worlds. The three letters are $a+u+m=Om$.

** Sc. as placed in the cavity of the heart and circulating in the body as the five vital airs.

†† *Tripád*, alluding to Rig V. x. 90. 3. (Cf. White Yajur V. 31. 3. Chhánd.

root upward;* the branches are ether, air, fire, water, earth and the rest; thus the world is one holy fig-tree, it is Brahman. The splendour thereof is yonder Sun; and it too is the splendour of Om. Therefore let a man by Om worship ceaselessly this (Práṇa-Áditya). There is one verse which utters its praise; thus saith (the Śruti.)—'This is the holy syllable, this the supreme syllable; whosoever knoweth this syllable, whatever he desireth is his.'† (4)

"It hath been also elsewhere said:—the sound-endowed form‡ of this (Práṇa-Áditya Soul) is Om; masculine, feminine, and neuter,—this is its gender-endowed form; fire, wind, the sun,—this is its light-endowed form; Brahman, Rudra, Vishṇu,—this is its lord-endowed form; the *gárhapatya*, the *dakshiṇa*, the *áhavaníya* fires,—this is its mouth-endowed form; the Ṛich, the Yajus, the Sáman,—this is its knowledge-endowed form; *bhús, bhuvas, swar,*—this is its world-endowed form; the past, the present, the future,—this is its time-endowed form; breath, fire, the sun,—this is its heat-endowed form; food, the waters, the moon,—this is its increase-endowed form; intellect, mind, consciousness,—this it its intelligence-endowed form; *práṇa, apáṇa, vyána,*—this is its *práṇa*-endowed form. Therefore by the aforesaid Om are these forms praised, worshipped, ascribed.§ Thus saith (the Śruti), 'O Satyakáma, this' syllable 'Om is the Superior and the Inferior Brahman.'‖ (5)

Up. iii. 12). "All created beings are his first foot (or 'a quarter of him'), his three feet ('or three-fourths of him') are what is immortal in heaven."

* Cf. Kaṭha Up. vi. 1.

† From the Kaṭha Up., ii. 16, with one or two variations.

‡ Each member of each triad is respectively apportioned to the letters *a, u, m,* as parts of Om, and thus the whole Om becomes identified with each form "*Swanavatí*," &c.; and, hence, each of these forms is to be meditated on as a distinguishing quality of the Práṇa-Áditya Soul. R.

§ Sc. transferred to the Práṇa-Áditya Soul as its attributes.

‖ Praśna Upan. v. 2. These are the words of Pippaláda to his pupil Satyakáma. Rámatírtha explains this quotation as meaning that the word

"This (world) was once unuttered. Then verily Prajápati,* having kindled his latent consciousness, uttered in order the words, *Bhús, bhuvas, swar.* These are Prajápati's grossest body,—the world-endowed. *Swar* is the head thereof, *bhuvas* the navel, *bhúṣ* the feet, the sun the eye. The wide range of the soul depends on the eye, for by the eye it ranges over objects. The eye verily is truth, for the soul dwelling in the eye ranges over all things; therefore let a man worship (the Sun) as *Bhús, bhuvas, swar.* Thereby is Prajápati, the soul of the world, worshipped like the eye of the world.† Thus saith (the Śruti); The Sun is Prajápati's world-bearing form; in it is all the world absorbed, and in the world is it absorbed;‡ therefore let a man worship it. (6)

"*Tat savitur vareṇyam;*§ 'in these words (of the Gáyatrí) yonder Sun is the *savitṛi,* he verily is thus to be chosen by him who desires the soul,'—so say they who declare spiritual knowledge. Again, *bhargo devasya dhímahi,*—'here *Savitṛi* is the deity (*deva*), therefore I meditate on that which is called its *bhargaḥ,*'—so they say who declare spiritual knowledge. Again, *dhiyo yo naḥ prachodayát,*—'here *dhiyaḥ* means thoughts,—

Om is the vehicle of the worship and knowledge of the Superior and Inferior Brahman.

* The Schol. takes *sa satyam Prajápatiḥ* as a separate clause,—"he Prajápati, the substantial truth or essence of the world (was unuttered)."

† The eye of the world is the sun. The Schol. draws out a formula from these lines;—the eye (sc. the sun)=truth, but Prajápati=truth (see note * above), ∴ the sun=Prajápati.

‡ The world is absorbed in the sun from its light universally covering it; the sun is absorbed in the world because common men do not distinguish between the light and the objects which it illumines [Cf. Bishop Whately's Life, by his daughter, vol. ii., pp. 321, 322], or because, as práṇa, it pervades all things. R.

§ The Gáyatrí was mentioned in §. 2. It is here explained as meaning, "we (sc. I) meditate on that desirable splendour (sc. the soul) of the deity the sun; may he move our thoughts." The genitives *sávituḥ* and *devasya* are not used here to express the relation of *swa* and *swámin* (Páṇ. 2, 3, 50), for *bhargaḥ* implies its subject's very essence and not its attributes,—*bhargaḥ* is not *its*, but *it*.

who may move our thoughts,'—so say they who declare spiritual knowledge. As for *bhargaḥ,* he is called *bhargaḥ* who is placed in yonder sun or is the pupil in the eye. 'His going forth (*gatiḥ*) is by rays' (*bhábhiḥ*),—thence he is *bhargaḥ;* or 'he parches' (*bharjayati*), thence is he *bhargaḥ* or Rudra, O sages. Or the *bha* implies that he enlightens (*bhás*) all these worlds; the *ra* that he gladdens (*ranj*) all these beings; the *ga* that all these creatures go (*gam*) into him and come from him,* thence is he *bhargaḥ.* From the soma being continually expressed (*su*) he is called *súrya*;† from bringing forth (*su*) *savitṛi;* from taking (*ádá*) *áditya;* from purifying (*pú*) *pávana* (fire); from giving increase (*pyai*) *apaḥ* (water); thus saith (the teacher.) The soul, whose name is immortality,‡ is the impeller of the body, the thinker, the perceiver, the goer, the evacuater, the delighter, the doer, the speaker, the taster, the smeller, the seer, the hearer, and the toucher, §—he pervades, having entered into the body; thus saith (the teacher). Where the pure intelligence seems multiplied, || there it is said to hear, to see, to smell, to taste, and to cause touch, for the soul knows all. But where the pure intelligence is seen in its unity, ¶ there it is divested of effect, cause, and action,** it is bare of title, likeness, or predicate;—what is it? It cannot be told.†† (7)

* They are absorbed into him during sound sleep and in the intervals between successive creations,—they are developed from him in waking and at creation. R.

† The sun by his rising, culmination, and setting, determines the three times for the soma libations.

‡ There is a śruti, "práṇa is verily immortality."

§ These thirteen epithets shew that the soul is conditioned as the vital air, intellect, mind and the ten organs of action and sense.

|| As in waking and dreaming.

¶ As in sound sleep, &c.

** *Sc.* the determining notions of the object, the organ, and the organ's operation.

†† It is a step in philosophical ideas to recognise the action of the soul as underlying the senses; but a still greater to recognise the soul itself as apart from subject or object. "The ascribing actions, forms, or names to the pure soul is only caused by the illusive impositions of ignorance." R.

"Yea, this soul* is the Lord, Śambhu, Bhava, Rudra,—he is Prajápati, the Creator, Hiraṇyagarbha, the Truth, Práṇa, Hansa, —he is the Ordainer, Vishṇu, Náráyaṇa,—he is the Sun, Savitṛi, the Upholder, the Maker, the King, Indra, the Moon. Yea, he is this sun who warms, concealed by the thousand-eyed golden ball,† as a lamp is overpowered by a (great) fire. It is he who is to be inquired after and to be sought. Having produced fearlessness to all living creatures, having gone to the forest and having put at a distance all the objects of the senses, let a man from his own body comprehend the Soul. 'He who bears all forms, the seizer of all, who knows all beings, the supreme support, the one light, he who dries up all things, the thousand-rayed, abiding in an hundred ways, the life of all creatures, this Sun rises.' ‡ (8)

"Therefore he who thus knows both these souls § contemplates them only in the soul, in the soul only he offers them; such a contemplation, the mind thus absorbed in worship, is approved by the wise. Let him then purify the filth of the mind by the hymn-verse *uchchhisṭopahatam.* ‖ 'Be it food-leavings, or food touched by leavings, be it food given by a sinner, or touched after the birth of a dead child,—may the cleansing power of Vasu, may Agni and the beams of Savitṛi purify my food and all my other sin.' He first (in thought) wraps up (the soul) with water; ¶

* This is said to meet the objection that although there is no real multiplicity in the bodily soul, still it is different from the divine Sun-soul; the Śruti now shews that all these twenty well-known titles of God are only powers of this same soul, as severally characterised by the *guṇas* of darkness (1—4), activity (5—10), and (11—13) goodness, or as the sun (14, 15), the earth (16), the Maker (17), Indra (18, 19), or the moon.

† *Aṇḍa* may be here the ball of the sun, perforated by innumerable apertures, or the universe as the *brahmáṇḍa*.

‡ Praśna Up. i. 8.

§ I. e. he who knows that the individualised soul is both prána and áditya.

‖ The Śruti now describes how taking food at a meal is to the wise man a mystical sacrificial act.

¶ *Ápo'śána* (Comm. p. 103. 2 infra), is the formal rinsing the mouth (*áchamana*) at the beginning and end of meals. Cf. Chhánd. Up. v. 2.

'*swáhá* to the air of respiration, *swáhá* to the descending air, *swáhá* to the circulating air, *swáhá* to the equalising air, *swáhá* to the ascending air,'—with these five mantras he makes the offering. Then in silence he eats the remainder. Afterwards again he wraps it up with water. Having washed his mouth, let him, worshipping the soul, meditate on the soul with these two mantras, '*práṇo 'gniḥ*' and '*viśwo 'si.*' "The supreme Soul, having entered (the body), is práṇa, composed of the vital airs, and the (digestive) fire; may He, the all-enjoyer, being satisfied, satisfy all." "Thou art all, thou art the universal fire, by thee is upheld all that is born; let all the oblations enter thee; all creatures (live) where thou art the life-giver of all." He who eats according to this rule becomes not in turn the food of aught else. (9)

"Again, another thing must be known. There is yet another modification of this worship of the soul, as discerning the food and the eater of the food,—this is its description. The thinking Spirit, abiding within Nature (*pradhána*),—he verily is the enjoyer, he enjoys the food supplied by Nature. Verily, also, the animal principle* is also his food, Nature is the maker thereof. Therefore the food is composed of the three *guṇas*; the Spirit, abiding within, is the enjoyer. Here sight is the evidence; for, since animals spring from seed, it is the seed which is ultimately consumed; and by this it is made clear that it is Nature (the ultimate cause) which is the real food. Therefore the Spirit is the enjoyer, and Nature that which is enjoyed; he enjoys, abiding therein. The food supplied by Nature, since it is the development of the different three *guṇas*, begins with Intellect and ends with the separate elements,† and is itself the sign (of

"Verily life asked, 'what shall be my raiment?' They answered, 'Water.' Hence, those who eat wrap it up before and after the meal with water. It thus obtains a garment; it remains not naked."

* *Bhútátman*, the animal principle as embodied in the compound of organs and gross elements,—the elemental soul, cf. iii. 2.

† The word *viśesha*, as here applied to the five gross elements, occurs in the Sánkhya káriká, 38.

the Intelligent Soul). By this has been set forth the nature of the fourteenfold path.* This world becomes food, being called pleasure, pain, and delusion; so long as there is no production, there is no laying hold of the taste of the cause.† The vital principle also becomes food in its three conditions,—childhood, youth, old age; its very development proves it to be food. So, too, Nature, when it passes into manifestation, becomes apprehended; intellect and the rest—ascertainment, volition, and consciousness—are the means of seizing its flavour. Thus for the objects of the senses, the five (senses) are the means of seizing their flavour; and so for all the actions of the five organs and the actions of the five vital airs. Thus the manifested (effects of Nature) are food, and equally is the unmanifested cause food.‡ The unconditioned Soul is the enjoyer thereof. From the fact that he is the enjoyer, his intelligence is established. As fire is the food-devourer of the gods and soma is the food, so he who thus knows eats food by fire.§ This vital principle is called Soma, but (as pervaded by pure intelligence) it also has nature for its mouth and is called fire. (This is proved) from the saying, 'Spirit with the unmanifested as its mouth enjoys the three *guṇas*.' He who knows thus, he is the ascetic, he is the *yogin*, he performs the sacrifice of the soul.‖ As one (of subdued passions) touches not wanton women who intrude into a lonely house, so he who touches not the objects of the senses when they intrude, is the ascetic, the *yogin*, and it is he that offers the sacrifice of the soul. (10)

* I. e. the different functions of the ten organs of sense and action and the four *vṛittis* of the internal organ.

† I. e. nature, the original cause, is only recognised by an inference from its effects.

‡ Or "thus has been established the manifested food and the unmanifested food."

§ He eats food as being identified with fire, and so, like fire, is not defiled by the faults of the food. R.

‖ *Atmayájin*, he who performs a sacrifice for the purifying of the soul. R.

"Supreme* is this form of the Soul, which is (called) food; for this vital principle (práṇa) is composed of food. If it eats not, then it thinks not, it hears not, it touches not, it sees not, it speaks not, it smells not, it tastes not, and it lets loose the vital airs; thus saith (the Śruti.†) But if it eats, then, being full of vigour, it thinks, it hears, it touches, it speaks, it tastes, it smells, it sees. Thus saith (the Śruti;)‡ From food are creatures born, whatsoever inhabit the earth; thenceforth by food alone they live, and ultimately thereto also they return. (11)

"It hath been also said elsewhere; All these creatures verily wander about day by day, desiring to seize food. The sun by his rays takes food, by this he warms. Refreshed by food these vital airs digest.§ By food verily fire blazes. By Brahman‖ desiring food was all this world produced. Therefore let a man worship food as the Soul.¶ Thus saith (the Śruti); from food creatures are born; being born, by food they grow; it is eaten and it eats beings, therefore it is called food.** (12)

"It hath been also said elsewhere; This is the world-bearing body of the adorable Vishṇu, namely this food; life is the essence of food, mind of life, knowledge of mind, joy of knowledge. He who knows thus, possesses food, life, mind, knowledge, and joy. Whatsoever beings here eat food, he who knows thus, eats food dwelling within them all. Food truly is the undecaying; food,

* "Having in the first ten chapters described the worship of the Soul under its character of práṇa and the Sun, with its series of ceremonies and its result emancipation,—the Śruti now commences a new section to set forth various modes of worship of the individualised Brahman as essential intelligence, which have bliss as their ultimate end." R.

† Cf. Chhándogya Upan. vii. 9. 1.

‡ Taitt. Up. ii. 2.

§ *Sc.* perform their respective functions and bring their objects to the enjoyer, Soul.

‖ Prajápati.

¶ The Scholiast here refers to the Vedánta Sútras, iv. 1. 4, 5, to remind the reader, that although food and the Supreme Soul are thus identified, he is not thereby to identify himself with food.

** *Sc. anna* from *ad.* Cf. Taitt. Up. ii. 2.

by tradition, is called that which is to be worshipped; food is the life of living beings; food is the eldest-born; food is called the physician. (13)

"It hath been also said elsewhere;* Food is the cause of all this (world of living beings), and time of food. (The sun is the cause of time; and the nature of time is made up of the space of moments, &c.,—composed of twelve months, identical with the year. One-half thereof belongs to Agni, one-half to Varuṇa.† Again, the half commencing with the asterism Maghá, and (ending with) the half of Śravishṭhá belongs to Agni, while the sun performs his southern journey; the half beginning with the constellation (Aśleshá,) sacred to the serpents, and ending with the other half of Śravishṭhá,‡ belongs to the Moon (Soma), while the sun performs his northern journey. Among these (asterisms) each set of nine-fourths is a part of the year-soul, characterised by the sun's progress.) This is the evidence for the existence of time, since it is imperceptible to sense;—by this is time proved. Apart from the proof there is no apprehension of the thing to be proved. But from the apparently distinct nature (of time and its parts) even the subject of the proof (time) may become a proof to establish the true cognition of itself.§ Thus saith (the Śruti);

* The sun as identical with time is now viewed as the Soul; and, hence, as food is dependent on time and time on the sun, the worship of food is succeeded by the worship of this time-sun.

† The six months of the sun's northern journey are sacred to Agni, as including the hot months; the six months of his southern journey are sacred to Varuṇa, as including the rainy months. R. But cf. Weber, Ind. Stud. ix. 363.

‡ The sun's southern journey takes in 13½ asterisms (i.e. $6\times2\frac{1}{4}$), *sc.* from Maghá to the first half of Śravishṭhá; the northern journey takes in 13½ asterisms, reckoning backwards from Aśleshá to the second half of Śravishṭhá. This reverse order is adopted to make the two halves more distinct. The latter set of asterisms are said to be sacred to Soma or the Moon, because men look for its cooling influence during the heat; the former set to Agni, because they seek his warmth during the cold.

§ It may be objected that we cannot use the parts of time to prove the existence of time as a whole; but we may view them as distinct, in order to prove the existence of the latter, just as we infer the lamp from the lamp's light. R.

Yonder (sun) proceeds through all the parts of time; he who worships time as Brahman, from him time retires afar off. Thus saith (the Śruti); from time all beings flow; from time they grow; and into time they set; time is embodied and unembodied.* (14)

"There are two forms of Brahman, Time and non-Time; what was before the sun, that is non-Time, destitute of parts; what is preceded by the sun, that is Time, possessing parts. The form of that which possesses parts is the year. From the year verily are these creatures born; by the year, when born, they here grow; into the year they set. Therefore the year is Prajápati, Time, food, the nest of Brahman, the Soul. Thus saith (the Śruti); Time dissolves all beings in the great Soul:† but he who knows that in which time is itself dissolved,—he knows the Veda. (15)

"This embodied Time is the ocean of creatures. Yonder (orb), called the sun, abides therein (as its cause), from which are born‡ the moon, the stars, the planets, the year, and the rest. From these comes all this; whatever is seen in this world of good or evil comes from these. Therefore the soul of the sun is Brahman; therefore let a man worship the Sun under his name Time. Some say "The Sun is Brahman." Thus saith (the Śruti); the offerer, the enjoyer, the offering, the hymn, the sacrifice, Vishṇu, Prajápati, all these are he, the lord, the witness, who shines in yonder orb. (16)

"Brahman was verily in the beginning (all) this. He was one, infinite; infinite to the east, infinite to the south, infinite to the west, infinite to the north, infinite above and below; infinite every way. Of him, indeed, there are no such limits as eastern, &c.; there is no across, nor above, nor below.§ This supreme Soul is

* Sc. embodied as the sun, and unembodied as the parts of time, from the moment to the year. R.

† Sc. the non-Time.

‡ Or "are nourished by entering into its light."

§ The true reading is here अथ तिर्यग्वावाङ् वोर्द्धं वा. *Aváṅ* seems to be here a neuter form, cf. *paráṅ*, Aitareya Up. iii. 3.

not to be apprehended; he is unmeasured, unborn, not to be reasoned about, not to be conceived. He is void of all contact like the ether.* In the destruction of all he alone wakes. Beginning with ether, he awakens all this world, which is only thought;† by him verily is all this contemplated; and in him it all dissolves. That is his brilliant form which warms in yonder sun, and which is the manifold splendour in smokeless fire, or which as the fire abiding in the belly digests food. Thus saith (the Śruti); This is one Soul, which is in fire, in the heart, and in the sun; he who knows this attains to union with the one. (17)

" In the same way ‡ (is declared) the rule of the exercise of this (means for the concentration of the mind). This concentration (*yoga*) has six parts, § restraint of the breath (*práṇáyáma*), restraint of the senses (*pratyáhára*), meditation (*dhyána*), attention (*dháraṇá*), self-examination (*tarka*),‖ absorption (*samádhi*). When, beholding by this contemplation, he beholds the golden-coloured, the doer, the lord, the spirit, Brahman, the cause; then the seer, abandoning his merits and sins, reduces everything to unity in the supreme indestructible (Soul). Thus saith (the Śruti); As beasts and birds approach not a blazing mountain, so faults never approach those who know Brahman. (18)

" It hath been also said elsewhere: when the sage, conditioned

* Cf. Bṛihad Áraṇyaka Upan. iv. 2. 4; 3. 16. Hence there is no obstacle to his infinity.

† It is "only thought," as being pervaded by the semblance of intelligence. R.

‡ Having thus shewn the form of Brahman to be contemplated and the mode of contemplation, the Śruti, for the accomplishment of this contemplation, i.e. this fixing of the intellect on its object, now proceeds to declare Yoga with its parts as the means for attaining the complete mastery of the intellect. R.

§ Compare these six *angas* with the eight mentioned in the Yoga Sútras, ii. 29. *Yama* "forbearance," *niyama* "religious observances," *ásana* "postures," *práṇáyáma*, *pratyáhára*, *dháraṇá*, *dháyna*, and *samádhi*.

‖ *Tarka* is explained by the Commentator as the examination whether the mind has become transfused or not into its object; or as the investigation into the hindrances of concentration caused by the inferior powers gained by meditation and attention; or as the technical *savikalpaka-samádhi*.

as práṇa, has obtained the mastery over his mind and left outside all the objects of the senses, then let him remain void of all volition. Since the individual soul called práṇa springs from the non-práṇa;* hence let the (apparent) práṇa fix itself in the fourth stage.† Thus saith (the Śruti), That which is itself apart from intellect, which yet abides in the midst of intellect, the inconceivable, the supremely secret,—on *this* let him fix his intellect;‡ thus this subtil body, having no subject, is merged.§ (19)

"It hath been also said elsewhere: there is yet a higher exercise of attention (*dháraṇá*) for the sage; after pressing the end of his tongue against his palate and restraining his voice, mind, and breath,‖ he beholds Brahman by contemplation. When thus, by the annihilation of the mind, he beholds the self-manifesting soul, the less than the least, as identified with the Supreme Soul, —then, having seen the soul thus identified, he becomes divested of self. Being thus divested, he becomes unlimited, destitute of (material) support, only an object of pure thought. This is the great secret,—final Emancipation. Thus saith (the Śruti); By the serenity of the intellect he destroys all action, good or bad; with serene soul, abiding in the Soul, he enjoys undying bliss. (20)

"It hath been also said elsewhere: The artery, called Sushumná, which supplies the passage for the vital air, rises upward (from

* *Scil.* the Supreme Intelligence, void of all distinctions such as práṇa, &c.

† Let the soul, abandoning the notion that it is práṇa, meditate on itself as the non-práṇa, or pure intelligence, and so, having passed the three stages (of waking existence, sleep, and sound sleep), fix itself in the fourth stage of pure intelligence.

‡ Let him fix his intellect (*chitta*) thereon, i. e. let him bring his intellect into unity therewith by causing it to become identical in form.

§ This last clause, *tachcha lingam nirásrayam*, is explained in two ways. This which is called práṇa, i.e. the individual soul as characterised by the subtil body, will thus no longer appear in its separate individuality from the absence of any conscious subject; *or* this subtil body bearing the name of intellect will thus become void of all objects.

‖ This process is called *lambikáyoga*, and its resultant state *unmaníbháva*.

D

the heart) and is interrupted in the middle of the palate. By means of this artery, conjoined with the prâṇa (brought under subjection), the mind (merged by contemplation into its object, Brahman), and the repetition of (the mystic syllable) Om, let him rise upwards,* turning the end of his tongue on the palate, and uniting the senses (with the prâṇa and mind).† Let the absence of limitations contemplate itself.‡ Then he attains the freedom from all organs;§ from this freedom he is no longer capable of pleasure or pain; he gains absolute unity. Thus saith (the Śruti);

"First having mastered prâṇa, then having fixed it (on the palate), having crossed the state of limitation, let him, in the crown of the head, merge (the soul) in the unlimited (Brahman). (21)

"It hath been also said elsewhere: Two Brahmans are indeed to be contemplated, Sound and non-Sound. By Sound is the non-Sound manifested. Of these two Om is the Brahman called Sound. By means of this (Om), rising above (all things) ‖ a man becomes merged in the (supreme Brahman called) non-Sound. This is the end, this is immortality, this is absorption and beatitude. As the spider, rising up by its thread, reaches a free space, so this thinker, rising up by means of Om, reaches absolute freedom. But others who maintain the Brahman called Sound, hold otherwise. By fixing their thumbs on their ears, they listen to the sound in the ether within the heart. It hath a

* By entering into the piece of flesh which hangs like a breast above the palate, cf. Aitareya Upan. i. 6. 1; Kaṭha Upan. vi. 16; Praśna Upan. iii. 6. The coronal artery (Sushumnâ) is said to terminate where the roots of the hair are divided or distributed.

† The Comm. reads here *sanyojya*, but notices the reading of the Sansk. text *asanyojya*, i.e. dissolving the connection of the bodily sites of the senses with the mind and prâṇa.

‡ *Scil.* "let him, thus entirely freed from limitations, contemplate, or be conscious of, the absence of limitations, i. e. the full unlimited perfection of the world of Brahman."

§ The ten external organs, and the internal organ, *manas*.

‖ As Om pervades all sounds expressing all objects, he rises by means of its repetition, beyond all objects of cognition, whether they be words which express or objects which are expressed. R.

sevenfold similitude. It is like the sound of rivers, or a bell, or a brazen vessel, or a wheel, or the croaking of frogs, or rain, or a sound heard in a still place. Passing beyond this variously-likened sound, they lose themselves in the Supreme non-Sound, the unmanifested Brahman. Therein they merge all their individual attributes, they can no longer be severally distinguished, as the various flavours of the flowers are lost in the honey. Thus saith (the Śruti); Two Brahmans are to be known, the Sound-Brahman and the Supreme; he who is versed in the Sound-Brahman, attains to the Supreme.* (22)

"It hath been said elsewhere: The syllable Om is Sound; its end is silence,† soundless, void of all fear or sorrow, full of joy and satisfaction, firm, immoveable, indestructible, imperishable, certain,—its name is Vishṇu. To attain this state other than all else, let a man worship these two. Thus saith (the Śruti); He who is the Deity, Superior and Inferior, Om by name,—who is without Sound and absolute—on Him let a man meditate in the topmost place.‡ (23)

"It hath been said elsewhere: The body is the bow, Om is the arrow, its point is the mind; having pierced the error-distinguished darkness § he proceeds to that which is unenveloped by darkness.‖ Piercing that which was (once) enveloped thereby,¶

* This śloka occurs in the Mahábh. xii. 8540, and it is quoted in the Sarvadarśana Sangraha, p. 147, in the Páṇini-darśana, where *śabda* is taken to mean "speech," "words." It also occurs in the Amṛita Vindu Up. (Ind. Stud. ii. 62.)

† The earlier Upanishads divide Om into four parts (3½ mátrás), but in the Rámatápaníya Upanishad (Weber's ed. pp. 312, 315) we find a division into seven, *scil.* 1. *a*, 2. *u*, 3. *m*, 4. *vindu*, 5. *náda* (the nasal half-circle?), 6. the *śakti* (the *namaḥ* of *Om namah?* cf. Weber's *Rámatáp.* pp. 292, 312), 7. *śánta* or the ensuing silence after the word is uttered. (In p. 333 the *ardhamátra* of Om is called the fourth, and *vindu* and *náda* the fifth and sixth, *aksharas*).

‡ This is explained as either the heart or the conjunction of the brows and nose, called *avimukta*.

§ I. e. the primeval ignorance.

‖ I. e. the soul as separate from the bodily organization.

¶ I. e. the soul as the supposed site of egoism.

he beholds Brahman flashing like the circle of a whirling torch, in colour like the sun, full of vigour, beyond the bounds of darkness,* (that Brahman) which shines in yonder sun, and in the moon, fire, and lightning.† Then having verily seen him,‡ he goes into immortality. Thus saith (the Śruti);

"The contemplation is fixed (first) on the objects,§ (then) on the internal supreme Brahman; thus the dim perception attains distinctness. All that belongs to the mind being thus absorbed, the bliss which is its own witness (arises)—this is the indestructible, resplendent Brahman, this the end, this is the only world.‖ (24)

"It hath been also said elsewhere: He who with all his senses absorbed as in sound sleep, with his intellect perfectly clear, dwelling in the cavern of the senses, but not subject to their power, beholds, as in a dream, the mover,¶ called Om, manifest as light, the sleepless, the ageless, the deathless, the sorrowless,—he too himself becomes the mover, called Om, manifest as light, the sleepless, the ageless, the deathless, the sorrowless. Thus saith (the Śruti); Since he thus joins (*yuj*) or they join to práṇa and Om all the world in its manifold variety; hence is this called in tradition *Yoga.* The uniting of the práṇa, the mind, and the senses,—the abandonment of all individual existence,—this is (also) called *Yoga.*** (25)

"It hath been also said elsewhere: As the fisherman by his nets draws out the denizens of the waters and offers them in the fire in his belly, so too a man by this word Om draws out these

* These epithets of Brahman are in the masculine, to shew the identity between the neuter Brahman and the masculine soul.

† Cf. Bhagavad Gíta, xv. 12. "That splendour which abiding in the sun illumines the whole world, which abides in the moon and in fire,—that splendour know to be mine."

‡ Sc. the soul as Brahman.

§ Sc. the body, Om, the mind, and the place of the mind's absorption. R.

‖ *Loka eva,* the fruit of all means. R.

¶ I. e. the Supreme considered as the *Antaryamí Íswaraḥ.*

** The first couplet describes the ultimate Yoga which is the end; the second describes the previous or minor Yoga which is the means. R.

práṇas and offers them in the perfect* fire (of the Brahman-Soul); hence this fire is like the heated Mahávíra pot.† Just as the ghee in the heated earthen pot blazes up at the contact with grass and sticks, so verily this (fire of the Soul) which bears the name of the non-Práṇa, blazes up‡ at the contact with the práṇas. That which blazes up is the form of Brahman,§ it is the highest form of Vishṇu, it is the essence of Rudra. It is this which, dividing itself in infinite ways, fills these worlds. Thus saith (the Śruti); As the sparks from the fire and as the rays from the sun, so again and again in succession the práṇas &c. proceed therefrom.|| (26)

"It hath been also said elsewhere: The warmth of the body is the heat of the supreme, immortal, unembodied Brahman; this (body) is the ghee thereof.¶ This heat thus revealed is placed in the ether. This ether within the heart they intently lay bare, and there is produced as it were its light. Hence he (the worshipper) speedily becomes identified with it. As a ball of iron placed in the earth speedily becomes earth, and as the ball, having assumed the appearance of a clod, is no longer subject to the action of fire, smiths, or the like; so the reflected intelligence

* *Anámaya* is also applied to Brahman in the Śwetáś. Upan. iii. 10, and is there explained by Śankara 'devoid of the three kinds of pain as arising from one's own organization or other organized bodies or supernatural agents.'

† The Mahávíra is a large earthen pot used at the Pravargya ceremony; it is heated with sticks and burning coals; milk, ghee, &c. are then thrown into it and afterwards poured out upon the Áhavaníya fire. The fire in the heated pot communicates itself as *heat* to the contents, but does not become visible as *flame* until they come in contact with the blazing sticks, &c. So the Soul, though in the body, is not manifested until the práṇas, &c. are absorbed in it.

‡ I. e. becomes manifest. R.

§ Sc. Hiranyagarbha, the creator.

|| The práṇas, &c. are absorbed in deep sleep and in the intervals between successive creations; they are again called into activity at waking and at creation. Cf. Bṛihad Áraṇy. Upan. ii. 1. 20, and *infra*, §. 31.

¶ By it that splendour or heat (*tejas*) of Brahman, which is otherwise unmanifested, is manifested, as fire blazes up at the contact with ghee. R.

with its substratum (the intellect) vanishes. Thus saith (the Śruti); This (Brahman), which is the ether in the heart, the storehouse (of all existence), the joy-giver, and the ultimate end,—this is our true nature and our goal; this too is the splendour of fire and sun. (27)

"It hath been also said elsewhere: Having passed beyond the elements, the senses, and their objects,—having then seized the bow whose string is a mendicant life and whose stick is fortitude, with the arrow of unselfishness he strikes down the first warder* of the door of Brahman. Having infatuation as its crest, desire and jealousy as its ear-rings, sloth, sleep, and sin as its staff,—this lord of ambition, seizing its bow, with anger as the string and lust as the stick, by the arrow of will slays all beings. Having slain this (warder), and by the raft of the word Om having crossed over the ether within the heart, the (Brahman) within the ether being manifested, let him enter the hall of Brahman, as the digger, seeking (buried) metals, slowly enters within the pit. Then let him by the instruction of the teachers pierce through the veil of Brahman† with its four wrappings.‡ Then pure, clean, undeveloped, calm, escaped from *práṇa* and *átman*, infinite, indestructible, immoveable, eternal, unborn, absolute, he abides in his own greatness. Then having beheld the Soul abiding in its own greatness, he looks on at the wheel of mundane existence as the revolving wheel of a chariot. Thus saith (the Śruti); The endless, secret, and perfect Yoga is accomplished by the embodied

* Egoism, *ahankára*.

† The *ánandamaya kośa*, or "sheath" composed of pure joy. This sheath or envelope is described as consisting of the primeval ignorance with the quality of goodness predominant (*sattwapradhánájnana.*). It is interesting to compare this passage with the words of Hippolytus in the Philosophumena, i. p. 29. τοῦτο δὲ τὸ φῶς ὅ φασι λόγον τὸν θεὸν, αὐτοὺς μόνους εἰδέναι Βραχμᾶνας λέγουσι, διὰ τὸ ἀπορρίψαι μόνους τὴν κενοδοξίαν, ὅ ἐστι χιτὼν τῆς ψυχῆς ἔσχατος.

‡ Sc. the four *kośas, annamaya, práṇamaya, manomaya*, and *vijnánamaya*, or the successive "sheaths" which encase the soul, viz. the subtil body composed of the last three, and the gross body formed of the gross elements.

spirit, released from all sensuous ties, and for six months intent on concentration; but it never takes place to him, however fired (by instruction), who is harassed by passion and darkness and remains attached to child, wife, or family." (28)

Thus having spoken, the son of Śákáyana, with his heart fixed on his inner self, having made his obeisance to him, said; "by this knowledge of Brahman, O King, did the sons of Prajápati* mount the path to Brahman. By the practice of Yoga a man attains to contentment, to the endurance of contraries, and dispassionateness. Let him not reveal this deepest mystery to one who is not a son or a pupil and dispassionate.† Let him give it to him who is entirely devoted to his teacher and possessed of all virtues. (29)

Om! Seated in a pure place, himself pure and abiding in the quality of goodness,‡ let him continue studying Brahman, speaking of Brahman, meditating on Brahman, worshipping Brahman. He becomes absorbed in the perfect Brahman who yearns towards the perfect (man). Then himself, now another (from his own incorporated individuality), with all his bonds cut asunder by the earned manifestation of Brahman, void of all hope, void of all fear from others as from himself, void of all desire,—he attains to imperishable, unbounded happiness. This entire absence of desire is, as it were, the highest outcome of the supreme treasure. For he, as man, is by nature all made up of desires, characterized by (the transitory conditions of) certitude, volition, and self-consciousness, and therefore in bonds; hence he who is the opposite of all this, is emancipated. Now some say§ that

* The Válakhilyas.

† Śwetáśw. Up. vi. 22.

‡ Sc. with his mind perfectly calm.

§ These are the Sánkhyas, who maintain that it is not the Soul which is bound; but that it is the Intellect (*buddhi* or *mahat*)—the first production of the *guṇas* in *prakṛiti*, and therefore here called *guṇa*—which becomes bound by the peculiar function of intellect, *adhyavasáya*, through the influence of the old impressions from former actions which have hardened, as it were, into a new special nature round it. The fault attaching to *adhyavasáya* is the devotion to those external objects which it belongs to that function to pronounce upon with transitory certainty. The Upanishad

"the *guṇa;* by the force of a special nature of its own, becomes bound with the bond of certitude; and hence its emancipation arises from the destruction of the fault attaching to this certitude." But by the mind only does one see, by the mind only does one hear.* Desire, volition, doubt, belief, disbelief, firmness, want of firmness, shame, understanding, fear,—all these are nothing but the mind. Borne along and soiled by the stream of qualities, uncertain, unstable, destitute (of all true knowledge), full of desires and forlorn, (the soul) becomes subject to self-consciousness. Thinking such thoughts as "I," "he," "this is mine," &c., it binds itself by itself as a bird with a snare. Hence the soul becomes apparently characterised by certitude, volition, and consciousness, and is bound; and hence when it is the opposite to all this, it is emancipated. Therefore let a man abide void of certitude, void of volition, void of self-consciousness. This is the definition of emancipation; this is of all paths the path to Brahman; this is the opening of the door. By this shall he pass to the other side of this darkness. Herein are all desires contained. Thus do the sages declare it; "When the five organs of knowledge remain with the mind and the intellect makes no effort, that state they call the highest aim."†

Thus having spoken, the son of Śákáyana, with his heart fixed on his inner self, ceased. The king named after the wind,‡ having made his obeisance to him and duly offered his homage, went, with his aim attained, to the northern path.§ There is here no going by any by-way. This is the path to

maintains, on the contrary, that apparent action does not belong to *buddhi* at all, since it is only an instrument.

* The internal organ (*antaḥ-karaṇa*), whether called mind, intellect, or egoism, is the instrument of the apparently acting soul; still the soul is not really an actor. The soul can use such phrases as "I desire," &c., only by becoming erroneously identified with these its organs and thus transferring their characteristics and affections to itself, as the red of the china rose is reflected on the crystal.

† Kaṭha Upan. vi. 10.

‡ Cf. ii. 1.

§ Praśna Upan. i. 10.

Brahman. Bursting open the door of the sun, he departed by the upward path.* On this point the sages declare;

Endless are the rays † of that soul which abides like a lamp in the heart,—white and black, brown and blue, tawny and reddish. One of these‡ rises upward which pierces the orb of the sun; by this, having passed beyond the world of Brahman, they attain to the supreme abode. The other hundred rays § of the heart also rise upward; by them a man obtains the special mansions of the different classes of the gods. But those rays which are many-hued, downward-pointing and of faint lustre, by these a man passes on helpless to receive here the fruit of his works.

Therefore yonder adorable Sun is the cause of creation, of heaven, and of emancipation.|| (30)

One asks,¶ "With what are these senses identical, when they go forth to their objects, and who sends them forth or restrains them?" Another answers, "They are identical with the soul; the soul sends them forth or restrains them; so do the Apsarasas,** and the sun's rays. By its five rays†† the soul devours its objects." Which of these is the soul? It is that which is defined by such marks as pure, clean, undeveloped, calm, &c.; it is to be apprehended by its own signs. This is the sign of that which

* Or this may be taken "they departed," i. e. those who worship the conditioned (*saguṇa*) Brahman, as opposed to those who, like Bṛihadratha, worshipped the unconditioned (*nirguṇa*) Brahman.

† These are the various arteries from the heart, Cf. Chhándogya Up. viii. 6; the various hues are caused by the varying proportion of the three humours.

‡ The *sushumná* artery.

§ Cf. Kaṭha Up. vi. 16.

|| If he is not worshipped at all, he gives continual births; if he is worshipped as a god, he gives heaven to the worshipper; if as Brahman, he gives emancipation. R.

¶ The tale of Sákáyanya and Bṛihadratha is now finished; and the Sruti proceeds to discuss certain questions hitherto left undetermined.

** The Apsarasas are explained to mean here the various enticing objects of the senses; and the sun's rays are said to include metonymically the various other deities of the organs (see Aitareya Up. i. 1. 3.)

†† The five senses.

in itself has no signs. As heat and the thing pervaded thereby are the sign of fire,—as the pure sweet taste is of water; [so intelligence is the sign of the soul;] thus say some.* Others† say, speech, hearing, sight, the mind, the vital air, [are its signs.] Others say, intellect, firmness, memory, knowledge.‡ But these things are only signs of it, just as the shoots here are of the seed, or the smoke, the blaze, the sparks are of the fire. Thus they declare; As the sparks from the fire and the beams from the sun, so the vital airs &c. again and again come forth here in their order from the soul. (31)

From this Being abiding in the soul § come forth all the vital airs, all the worlds, all the Vedas, all the gods,|| and all beings. Its mystery is this, viz. the truth of the truth.¶ Just as when a fire is kindled of green wood, jets of smoke burst forth, so, as a sigh of this great Being, come forth the Ṛig Veda, the Yajur Veda, the Sáma Veda, the Atharvángirasas, the Itihása,** the Puráṇa,†† the scientific treatises,‡‡ the Upanishads, the Ślokas,§§ the Sútras,|||| the explanations,¶¶ the confirmatory narratives.⸸ All these things belong to him. (32)

* Cf. Śwetáś. Up. vi. 13.

† Cf. Kena Up. 2.

‡ Cf. Aitareya Up. iii. 2. For प्रज्ञा तद् read with the British Museum M.S. प्रज्ञानम्

§ Or, as the Schol. takes it, "from this Soul thus abiding in itself."

|| The Comm. explains "the Vedas" here as "all the means of knowledge," i.e. all the functions of intellect; and "the gods" as the deities, fire, &c., who preside over the various organs.

¶ The mystic word *sat-tyat* (*satya*) is supposed here to represent the five elements, and the soul is the *satya* or transcendental substratum thereof. Cf. Chhánd. Up. vi. 1.

** The *Itihásas* are the Vaidic legends, as that of Jánaśruti, in Chhándogya Up. iv. 1.

†† Accounts of the creation, &c.

‡‡ Books on the science of worship.

§§ Verses such as those continually introduced in this Chapter.

|||| Sentences summing up a subject in a few words as the address to Bṛihadratha in ii. 1, "this soul whom thou seekest is thine own."

¶¶ As the section which follows in ii. 2.

⸸ As that of the colloquy between the Válakhilyas and Prajápati.

This (Gárhapatya) fire with its five bricks is the year. These are the bricks thereof:—the spring, the summer, the rains, the autumn, the winter. By these this fire becomes possessed of a front, two sides, a back, and a centre. This (earth) is the first laying of the bricks of Prajápati, the knower of the soul. (This fire), tossing up the sacrificer with its hands to the firmament, presents him to Váyu. Verily Práṇa is Váyu.*—Práṇa is (the Dakshiṇa) fire. These are the bricks thereof,—the vital air that goes upward, that circulates, that goes downward, that equalises, that goes forth. By these this fire becomes possessed of a front, two sides, a back, and a centre. Yonder firmament is the second laying of the bricks of Prajápati, the knower of the soul. (This fire), tossing up with its hands the sacrificer to heaven, presents him to Indra. Yonder sun is Indra.—He, Indra, is the (Áhavaníya) fire. These are the bricks thereof,—the Ṛig, the Yajus, the Sáma, the Atharvángirasas, the Itihása, the Puráṇa.† By these this fire becomes possessed of a front, two sides, a back, and a centre. Yonder heaven is the third laying of the bricks of Prajápati, the knower of the soul. (This fire) with its hands offers the sacrificer to Prajápati, the knower of the soul. The knower of the soul, tossing him up, presents him to Brahman;‡ abiding in him, he becomes possessed of all happiness and joy. (33)

The earth is the Gárhapatya fire, the firmament is the Dakshiṇa fire, heaven is the Áhavaníya fire. Hence§ are they called the Pavamána, the Pávaka, and the Śuchi,‖ since by these is the

* Váyu is thus identified as Práṇa and Hiraṇyagarbha.

† These last two are considered as one.

‡ I. e. the inferior Brahman (masc., not neuter); as we learn from the Vedánta Sútras, on the authority of the sage Bádari, that there can be no such thing as motion mentioned, when the Supreme Brahman is the end attained. R.

§ The Schol. would read *ta eva* for *tata eva*,—"these are called," &c.

‖ These are sacrificial epithets of Agni as "the pure," "the purifier," "the bright" (see Sáyaṇa on Taitt. Bráhm. i. 1, 5.) After the ceremony of laying the fire (*ádháña*) at the Agnihotra, three oblations are offered to Agni

sacrifice of those fires performed. The digestive fire is also an embodiment of Pavamána, Pávaka and Śuchi; therefore Fire is to be worshipped with oblations; he is to be laid with bricks; he is to be praised with hymns; he is to be meditated upon. The sacrificer, having taken the oblation, is thus to meditate on the deity; "Bright of hue as gold—like a bird—abiding in the heart and in the sun, as a diver bird, as a swan—of mighty lustre—Him (the Soul) we worship in this fire." Thus saying, he is to search out the meaning of the *mantra;* that adorable splendour of the Sun is to be meditated on by him who abiding in his own heart meditates thereon. Here he attains the place of perfect mental calm; he holds within his own soul the object of his meditation. On this point there are these verses:—"As the fire without fuel abides tranquil in its source, so the intellect, after the cessation of its functions, abides tranquil in its source.* When the mind through the desire for truth remains tranquil in its source, the false impulses, following blindly former actions, cease, which characterised it while deluded by the senses and their objects. It is the intellect which causes the round of births, let him cleanse it with every effort; what he thinks upon, that does he become,—this is the eternal mystery. When the intellect is at rest, he destroys all actions, good or bad; abiding in the soul, with his own soul calm, he attains to eternal joy. As the intellect of a living being is attached to the objects of sense,—were it but *thus* fixed upon Brahman, who would not be released from his chain? The mind is described as twofold, pure and impure; it is impure from the contact of desire, it is pure when it is delivered from all desire.† Having made the mind perfectly motionless, free from sleep and agitation,—when he passes into that state where the

under these three characters. These three deities thus form the connecting link between the earlier and later portions of the sacrifice, and consequently the three fires may be identified with them.

* Ignorance is the source or *yoni* of the intellect (*chitta*), as the subtil element (*tejas*) is that of the element fire.

† This and some of the following vv. are found in the Amṛitavindu Up., see Ind. Stud. ii. p. 60.

mind itself vanishes, then is that the highest place. So long is the mind to be kept under, until it becomes lost in the heart; this is knowledge, this is liberation; all the rest is but book-prolixity. The happiness which comes to that mind which has washed away its defilement by intense abstraction and which has merged itself in the Soul,—this cannot be uttered by the voice; it is apprehended by its own perception alone. As one cannot distinguish water in water, nor fire in fire, nor ether in ether, so he whose mind is thus absorbed, is completely emancipated. The mind alone is to mortals the cause of bondage and liberation; cleaving to objects of sense, it is only for bondage; when it is void of all objects it is called liberation."

Hence to those who offer not the Agnihotra, who lay not the bricks for the fires, who are destitute of knowledge and who meditate not on the Soul, the pursuit of the empyrean * of the abode of Brahman is utterly barred. Therefore is Fire to be worshipped with oblations, to be laid with bricks, to be praised with hymns, to be meditated upon. (34)

Adoration † to Agni, abiding in the earth, the rememberer of the world; do thou give the world to me the worshipper. Adoration to Váyu, abiding in the firmament, the rememberer of the world; do thou give the world to me the worshipper. Adoration to the Sun, abiding in the sky, the rememberer of the world; do thou give the world to me the worshipper. Adoration to Brahman, abiding in all, the rememberer of all; do thou give all to me the worshipper. The countenance of the true (Soul) is hidden by a golden disc; O Púshan, open it, that I may obtain the truthful Vishṇu. He who is the being in the sun,—I am He.

This is the truthful One,—the essential nature of the Sun. It is bright, in the form of a man,‡ devoid of sex;§ it is but a portion of that splendour that pervades space, which appears in

* Lit. "the ether or sky," *vyoman*, so named as being destitute of all form.

† Here follow mantras for the spiritual worship of the fire, &c.

‡ Chhándogya Upan. i. 6. 6.

§ Śwetáśw. Upan. v. 10.

the midst of the sun and in the eye and in fire. This is Brahman, this is immortal, this is light. This is the Truthful; it is but a portion of that splendour that pervades space, which appears immortal in the midst of the sun, whose shoots are the moon and the vital airs. This is Brahman, this is immortal, this is light. This is the Truthful; it is but a portion of that splendour that pervades space, which shines as the Yajus in the sun, as Om, the waters, light, moisture, ambrosia. Brahman is bhús, bhuvas, swar, is Om.

The eight-footed, the pure, the *hañsa,* bound with three threads, the minute, the imperishable, blind to the two attributes,* kindled with splendour,—seeing *Him,* a man sees all. Of that splendour that pervades space those two rays are only a portion, which rise in the midst of the sun. These (rays) are the sun,† the truthful, these are the Yajus, these are devotion, these are Agni, these are Váyu, these are Práṇa, these are the waters, these are the moon, these are strength, these are immortality, these are the means for the attainment of Brahman, these are the ocean-like sun.‡ In that (ocean) the worshippers are drowned, as a lump of salt (in the sea). This is their identity with Brahman;§ there all desires are collected together. Thus do the sages declare: The worshipper, absorbed in the gods, flashes like a lamp fanned by a gentle wind; he who knows thus is the knower, he knows duality, he goes to an unique abode and becomes identified therewith. Those individual existences which continually rise like the spray drops (whirled by the wind), like

* The eight feet are the eight half-quarters; *hañsa* is a name of the sun, as going everywhere; the three threads are the three Vedas with which the sun is identified; the two attributes are merit and demerit.—This śl. is a curiously corrupted version of the Chúliká Up. i. 1; cf. Ind. Stud. ix. 11.

† The Schol. explains *savit* as *savitṛi,* but it may mean "the knower," as in p. 187, last line.

‡ The Schol. explains *bhánur-arṇavaḥ* as either one word, "a mass of brightness," or, if divided, as the rain-bringing sun. The words occur in Rig Veda iii. 22. 2, as applied to Agni, and Sáyaṇa explains them as "resplendent, great like the ocean."

§ *Scil.* the inferior Brahman.

the lightning flashes of the cloud-concealed light in the highest empyrean,—they, from bearing the reflection of the light of the Supreme Glory, (seem multitudinous) as the flickering flame-crests which follow the fire. (35)

There are these two manifestations of the Brahman-light,*—the one is calm, the other abundant. The home of the calm is ether, the home of the abundant is this (visible) food. Therefore must offerings be made in the sacrificial area with hymns, corn, ghee, flesh, cakes, food cooked in the *sthálí*, &c.,† and with meats and drinks thrown‡ into the mouth; § (let a man eat these latter) thinking, "my mouth is the Áhavaníya fire." (Let this be done) for the increase of vigour, for the attainment of heaven, and for immortality.|| On this point they declare: Let him who desires heaven offer the Agnihotra, by the Agnishṭoma he wins the kingdom of Yama, by the Uktha the kingdom of Soma, by the Shoḍaśin the kingdom of the Sun, by the Atirátra the heaven (of Indra), by the continued sacrifices (from those of twelve successive nights) up to those which last a thousand years the heaven of Prajápati. As the lamp consists of the union of the wick, the vessel, and the oil, so from the union of the individual body and the world exist the Individual Soul and the pure Sun.¶ (36)

Therefore let him devoutly honour the aforesaid (round of ceremonial rites) by repeating the word Om (at their commencement.) Unbounded is its might, and located in three sites,—in the fire,

* *Scil.* the self-manifestation of thought which is identical with Brahman.

† These offerings are to be made to Brahman as Iśwara.

‡ The Schol. reads here *avaśishtaiḥ*, i. e. with the meat and drink remaining after the offering.

§ These offerings are to be made to Brahman as the Jívátman.

|| The two former objects belong to the inferior worshippers; the third object belongs to the worshipper who desires liberation, and who therefore must not neglect these rites.

¶ As the lamp burns until all the oil in the wick and the vessel is consumed, so the light of Brahman remains divided as the individual soul and the Sun, until all the latent influences of previous actions in the incorporated being and in the world are exhausted. R.

the Sun, and in práṇa.* Thus this channel (of offering) abounds in food, for it carries to the Sun the oblation offered in the fire, and the moisture which flows therefrom rains down as with the sound of a hymn; by this rain all these living beings (*praṇáḥ*) grow, and from these living beings (thus invigorated) progeny are born. On this point thus declare the sages: The oblation which is offered in fire, it bears up to the sun; the sun rains it down by his rays, by it is food produced, and from food living beings arise. Thus too saith (Manu †); The oblation duly cast into the flame ascends (in smoke) to the sun; from the sun it is born as rain, from rain comes food, and from food living beings. (37)

He who performs the Agnihotra cuts through the net of greed; then, having cut through infatuation and no longer approving anger, he meditates on his high desire.‡ Then, piercing through the veil of Brahman with its four wrappings,§ he enters next into the pure ether‖ (of the Supreme). There, having pierced through all the spheres of the Sun, Moon, and Fire, characterized by the quality of goodness,—being himself perfectly pure, he beholds at last the Supreme self-dependent Intelligence abiding in its own majesty; dwelling within the quality of goodness, immoveable, immortal, imperishable, firm, bearing the name Vishṇu, the supreme abode, endowed with true desires and infinite knowledge.¶ On this point thus declare the sages: In the midst of the sun abides Soma, in the midst of Soma Fire, in the midst of Fire (the quality) Goodness, in the midst of Goodness the Imperishable.

* These three represent respectively the site of the offering, the deity of the rite, and the enjoyer of the fruit attained thereby.

† *Institutes*, iii. 76.

‡ Scil. the desire of emancipation.

§ Cf. *supra* §. 28.

‖ Cf. Chhánd. Upan. viii. 14, "Ether (or space, *ákáśa*) is the bearer of name and form,—*that* is Brahman, in the midst whereof these two abide."

¶ The Scholiast remarks that these last two epithets, being incongruous in the description of the absolute Brahman, are added to shew that this final

Having meditated on the Soul, which is less than the least, which reveals itself (within the lotus) of the size of the thumb, in the span (of the heart) within the body, he becomes identified with the Supreme; there all desires are collected together. On this point thus declare the sages: Revealing itself within (the lotus) of the size of the thumb, in the span (of the heart) within the body, like the flame of a lamp burning dimly or brightly,* that Brahman, the object of universal praise, the great deity, entered all beings. Om! adoration to Brahman! Adoration! (38)

SEVENTH CHAPTER.

AGNI, the Gáyatrí metre, the Trivṛit Stoma,† the Rathantara Sáman, the Spring, the vital air that goes upward (práṇa), the lunar mansions, the Vasus,—these rise to the east (of the sun‡), they warm, they rain, they praise, they re-enter within (the sun), they look through the opening.§ He (the Sun) is inconceivable, formless, unsearchable, concealed, faultless, compact, deep, void of qualities, pure, resplendent, the enjoyer of the three qualities, terrible, uncreated, the Lord of *yogins,* omniscient, mighty, immeasurable, without beginning or end, possessing all excellence, unborn, wise, indescribable, all-creating, the soul of all, all-enjoying, the ruler of all, he who is within the inner life of all. (1)

Emancipation is progressive; the worshipper first obtains the causal Brahman, and then subsequently rises to identity with the absolute τὸ ὄν.

* Literally "manifesting itself in two or three ways," i.e. in an inferior, middle or superior way, in proportion to the degree of purity in the internal organ, as a lamp burns dimly or brightly according to the nature of the oil and wick. R.

† See Haug's Aitareya Bráhmaṇa, vol. ii. p. 237.

‡ The Sun is to be contemplated as thus attended by these embodied powers.

§ Anquetil du Perron, "hæc, è viâ radii solis, volitionem aquæ vitæ acquirendæ faciunt," or, as Schol., "by the door or path of the action of the sun's rays they behold the ambrosia to be enjoyed."

F

Indra, the Trishṭubh metre, the Panchadaśa Stoma,* the Bṛihat Sáman, the summer, the vital air that circulates, Soma,† the Rudras,—these rise to the south (of the sun), they warm, they rain, they praise, they re-enter within (the sun), they look through the opening. He is without beginning or end, unmeasured, unbounded, not to be set in action by another, independent, without sex, without form, of infinite power, the creator, the illuminator. (2)

The Maruts, the Jagatí metre, the Saptadaśa Stoma, the Vairúpa Sáman, the rainy season, the vital air that goes downward, Śukra, the Ádityas,—these rise to the west (of the sun), they warm, they rain, they praise, they re-enter within (the sun), they look through the opening. This is the calm, the soundless, the fearless, the sorrowless, itself all joy, satisfied, firm, immoveable, immortal, imperishable, sure, the supreme abode, bearing the name Vishṇu. (3)

The Viśwe deváḥ, the Anushṭubh metre, the Ekavinśa Stoma, the Vairája Sáman, the autumn, the vital air that equalises, Varuṇa, the Sádhyas,—these rise to the north (of the sun), they warm, they rain, they praise, they re-enter within (the sun), they look through the opening. He is pure within, clean, void, calm, without *práṇa* or *átman*, and without end. (4)

Mitra and Varuṇa, the Pankti metre, the Triṇava and Trayastṛinśa Stomas, the Śákwara and Raivata Sámans, the cold and dewy seasons, the vital air that goes forth, the Angirasas, the moon,—these rise above (the sun), they warm, they rain, they praise, they re-enter within (the sun), they look through the opening. He is the leader, bearing the name Om, in form pure light, the sleepless, the ageless, the deathless, the sorrowless. (5)

Saturn (Śani) the ascending node (Ráhu), the descending node (Ketu), the serpents, the Rákshasas, the Yakshas, men, birds; śarabhas, elephants, &c.,—these rise below (the sun), they warm,

* See Haug's Ait. Bráhm., ii. p. 238.

† Anquetil du Perron, "luna;" but *chandramas* is mentioned in §. 5.

they rain, they praise, they re-enter within (the sun), they look through the opening. It is he who is wise, the supporter, who abides within all, the imperishable, the pure, the clean, the resplendent, the patient, the calm. (6)

It it this which is the soul within the heart, infinitesimal, kindled like fire, assuming all forms; his is all this (visible) food; on him are all these creatures woven. This is the soul, from which all sin is abolished, the ageless, the deathless, the sorrowless, beyond all hunger or thirst*, whose volitions are absolute, whose desires are absolute—this is the Supreme Lord, this is the King of beings, this is the protector of beings, this is the preserving dyke of creation. This Soul, the Lord, is Śambhu, Bhava, Rudra, Prajápati, the Creator of all, Hiraṇyagarbha, the Truth, Práṇa, Hansa, the Ruler, the eternal, Vishṇu, Náráyaṇa,—he is the one being who dwells in fire, who dwells in the heart, and who dwells in the sun. Adoration to thee, assuming all forms, who abidest in the true ether. (7)

Now follow the impediments† to the attainment of knowledge, O King! This is verily the source of the net of infatuation,—that he who is fit for heaven has intercourse with those who are not fit for heaven; this is the source. Even though a tree with wide-spreading branches is pointed out before them, they take up with the mean bush. Those too, besides, who are for ever lured by pleasure, for ever sent on another's errands, for ever begging, for ever living by mechanical trades,—and those too who beg in cities, who perform sacrifices for those who should not offer them, the disciples of Śúdras, and Śúdras who read the sacred books; and those too who are knaves, who wear matted hair,‡ dancers,

* The Schol. explains *avichikitsaḥ* as *vividhá chikitsá yasya násti*, "he who has no need of various kinds of food as a remedy for hunger," and *avipásaḥ* as for *apipásaḥ*. But the true reading is probably *vipásaḥ*, i. e. "he who is free from all doubts or bonds."

† Having described the various means, with their ends, which are to be followed by those who desire the summum bonum, the Śruti now proceeds to declare the hindrances in the path to its attainment which are to be avoided. R.

‡ The Schol. explains *jaṭa* as "one who uses improper language," but

soldiers, religious mendicants, actors, those employed in kings' business, outcasts,* &c.; and also those who worshipping wealth pretend to propitiate the yakshas, rákshasas, goblins, the *gaṇas*, *piśáchas*, snakes, imps, &c.; also those who under false pretexts wear red garments and earrings and skulls; and also those who oppose the followers of the Veda by false arguments and examples, deceptions and magic,—with all these let him not associate. They are all open thieves and unfit for heaven. Thus saith (the Śruti;) The world, bewildered by juggling denials of the soul,† and by false examples and reasons, knows not what is the difference between the Veda and (pretended) science.‡ (8)

Verily Bṛihaspati, § having assumed the form of Śukra, created this false science‖ to give security to Indra and destruction to the Asuras. By this false science (the sceptics) declare good to be evil and evil to be good; they say "let men ponder on those rites of the Veda, &c., which produce suffering." Therefore let him not read this (pretended knowledge). This (science) is all false and fruitless; present enjoyment is its only fruit as of him who violates his cast. Let not this science be even attempted. Thus saith (the Śruti¶); That which is known as non-Science and as Science,—widely are these opposed to each other and divergent; I think thee, Nachiketas, desirous of knowledge, for even many objects of desire do not draw thee

it seems more natural to connect it with *jaṭá* which belongs to the *arśa ádi* gaṇa of Páṇ. v. 2. 127.

* I. e. "those who have committed some heinous crime, or have been banished." R.

† Alluding to the Mádhyamika Buddhists who maintain the doctrine of an absolute void (*sarvam śúnyam*), and the Yogácháras, who allow the existence of momentary consciousness.

‡ Or "what is Veda and what is other knowledge."

§ This section seems to allude to the Bṛihaspati-ślokas quoted in the section of the Sarvadarśanasangraha on the Chárváka philosophy. Cf. Harir. 28.

‖ *Avidyá.*

¶ Kaṭha Upan. ii. 4.

away.—He* who knows both together, science and non-science,† crosses death by non-science and enjoys by science immortality. Those‡ who dwell enwrapped in the midst of non-science, but fancy themselves wise and learned, go round and round, hurrying hither and thither deluded, as the blind led by the blind. (9)

The Devas and Asuras who desired the knowledge of the Soul, approached Brahman. Having worshipped him, they said, "Oh adorable one, we desire the knowledge of the Soul, do thou tell it unto us." Then, having long pondered, he reflected, "these asuras think the soul to be something other than itself." Therefore he told to them something far other than the truth. This (false idea) do these men, infatuated, now follow devotedly, abolishing that which supplies the only means of transport,§ speaking falsely; they look on falsehood as truth, as in a magic shew. Hence what is declared in the Vedas, that is truth; what is declared in the Vedas, that do the wise follow. Therefore let not a Bráhman study aught contrary to the Vedas, for this would be the fruit.|| (10)

This verily is the essential nature of the Veda,—the supreme splendour of that ether which abides in the cavity of the heart,—this splendour is located in three sites, in the fire, the Sun, and práṇa.¶ The syllable Om is verily the essential nature of that ether which abides in the cavity of the heart. By this syllable, Om, that (splendour) germinates, it shoots upward, it expands, it becomes continuously the vehicle of the worship of Brahman.** Accom-

* Vájasaneya Upan. 11.

† *Avidyá* is explained to mean here the devotion to external ceremonies.

‡ Kaṭha Upan. ii. 5. The printed text of the Kaṭha reads *vartamánáḥ* for *veshṭyamánáḥ*.

§ Sc. the Veda, by which alone right knowledge is produced.

|| *Scil.* he would fall into hell or some lower birth. Cf. Chhánd. Up. *ad fin.*

¶ Cf. *supra*, vi. 37.

** That splendour germinates in the form of the mystic syllable Om, as a seed germinates, i. e. it is manifested as the primeval form of the Veda,—it next shoots upward as the internal sound, Om; and lastly it expands as an audible effort of the breath in the uttered syllable itself.

panied by the air within the belly, it rises in the place where the digestive fire conceals itself, (and proceeds on its course), as the smoke branching up in the air, when the wind blows, climbs upward round the tree, bough by bough.* As salt when thrown into the water (loses not its saltness) or as the heat in the ghee (destroys not the nature of the ghee, so the light of the pure Intelligence changes not†). All this manifestation is but as the illusive work of the magician when he projects his will.‡ Thus do the sages declare. "How is this?" (asks the pupil.) The Veda is called Lightning, since in the moment when it is uttered, (as Om,) it enlightens every incorporated being; therefore by the syllable Om let a man adore the infinite splendour (of Brahman.) The being in the eye, who abides in the right organ, is Indra; it is his wife (Indráṇí) who abides in the left.§ Their union takes place (in sleep), in the cavity within the heart; the lump of blood in the heart is the life-food of both. There is a channel which goes forth from the heart and is fixed in the eye; this one artery, divided into two, serves for both. The mind stirs up the fire of the body, the fire sends forth the wind (práṇa), and the wind, as it passes through the breast, produces a low sound. Set in motion in the heart by the churning-stick of the fire, at first it is less

* As the ascending smoke climbs round the tree, and, coming in contact with the different boughs, assumes their several forms, so when the *agni-maṇḍala* (or sphere of fire), above the *múládhára* (or mystical circle above the organs of generation) is heated by the fire within it, and when this fire is fanned by the air of the breath as it bears the syllable Om, the Brahman-light, or pure Intelligence, veiled behind the fire and breath, manifests itself at first as the one undivided sound Om; but as it successively comes in contact with the various organs of utterance it assumes the form of different letters and branches out into the various recensions of the Veda.

† As the salt reappears when the water is dried off, or the melted butter resumes its original nature when cool, so the Brahman-intelligence reappears in its primeval nature when its disguises, the body, fire, práṇa, mind, &c., pass away.

‡ Scil. to create palaces, &c., which have no substantial existence.

§ On this whole passage compare Bṛihad Áraṇy. Upan. iv. 2. 2, 3, with Śankara's Comm.

than the least; it then becomes doubled in the throat; when it reaches the tip of the tongue, know that it is threefold; but when it issuesforth (as speech), they call it the mother (of words). He who sees all this, no more sees death or disease or misery; he, the seer, sees the All, everywhere he obtains the All.* He who dwells in the eye, he who wanders in dreams, he who enjoys sound sleep, and he who abides beyond,—these are the four conditions† (of the Soul), and the fourth is the greatest of all. In the three walks the one-footed Brahman, and the three-footed walks in the last;‡ by reason of the experience of the false and the true, the great Soul appears possessed of duality,—he appears possessed of duality. (11)

* Scil. seeing Brahman as all, he becomes himself Brahman.

† These four conditions correspond to the states, respectively called Vaiśwánara, Taijasa, Prájna, and the fourth or absolute, as given in the Mánḍukya Upanishad.

‡ There are two states of mundane existence, viz., as cause (sc. δυνάμει) and as effect (sc. ἐνεργείᾳ). The effect is twofold, as gross or subtil. The first or waking condition of the Soul, Vaiśwánara or Viśwa, is disguised and limited by the gross effects, the second, or dreaming state, Taijasa, by the subtil effects. The third state, that of sound sleep, or Prájna, is only disguised and limited by ignorance as the general cause of all mundane existence—this remains for the present latent in it, but is still capable of being called out into actuality. The fourth condition (Turíya) is undisguised by either cause or effect, and therefore unlimited and absolute. The Scholiast quotes here a śloka from Gauḍapáda's káriká (i. 11), "The conditions Viśwa and Taijasa are bound by the cause and its effects (*sc.* by the original ignorance and the ideas of mundane existence which it produces); the condition Prájna is only bound by the cause (*sc.* ignorance), but neither the cause nor the effect can exist in the Turíya." (For *turyeṇa* in p. 221, l. 16 read *turye na.*)